MARCUS JUNKELMANN

# DIE REITER ROMS

*Teil I: Reise, Jagd, Triumph und Circusrennen*

VERLAG PHILIPP VON ZABERN · MAINZ AM RHEIN

293 Seiten mit 49 Farb- und 234 Schwarzweißabbildungen

*Umschlag:* Einritt zum gestellten Rennen im Circus des Maxentius an der Via Appia (siehe Abb. 116).

*Vorsatz:* Wagenrennen (Ausschnitt aus Abb. 91).

*Bibliografische Information der Deutschen Nationalbibliothek*

Die Deutsche Nationalbibliothek verzeichnet diese Publikation in der Deutschen Nationalbibliografie; detaillierte bibliografische Daten sind im Internet über <*http://dnb.d-nb.de*> abrufbar.


4. Auflage 2008
ISBN: 978-3-8053-1006-2

Printed in Germany by Philipp von Zabern
Printed on fade resistant and archival quality paper (PH 7 neutral) · tcf

D. M. GUNTHERI GROHMANN

Kapitel VI Reiterschlacht und Reitersieger 174

Kapitel VII Das Reiterdenkmal 197

Kapitel VIII Triumphus 208

Kapitel IX Das Pferd und die Götter 221
Iuppiter 221
Iuno 224
Sol und Luna 227
Victoria 227
Consus und Neptum 228
Fortuna 228
Mars 228
Die Dioskuren 232
Pegasus 232
Der Thrakische Reiterheros 243
Epona 244

Nachwort 264

Quellenverzeichnis 268

Literaturverzeichnis 269

Fotonachweis 279

Register 282

# *Vorwort*

Die wissenschaftlichen Ergebnisse des Marsches in römischer Legionarsausrüstung von Verona über die Alpen nach Augsburg/*Augusta Vindelicum* veranlaßten das Limesmuseum Aalen, Herrn Dr. Marcus Junkelmann und seine Freunde für die Erforschung der römischen Reiterausrüstung und Bewaffnung zu gewinnen. Eine der Hauptaufgaben des in dem Lager der *Ala II Flavia pia fidelis milliaria* erbauten Limesmuseums ist die Erforschung der Bewaffnung und Ausrüstung der Auxiliarkavallerie. In dem 6 ha großen Kastell Aalen, dem größten römischen Reiterkastell nördlich der Alpen, waren von ca. 150 n. Chr. bis 260 n. Chr. 1000 Reiter und die dazugehörenden Pferde am rätischen Limes stationiert.

Eine großzügige Spende von Herrn Axel Guttmann, Berlin, hervorragender Kenner und Sammler antiker Waffen und Rüstungen, ermöglichte es, das wissenschaftliche Experiment in die Wege zu leiten. Durch Vermittlung von Frau Angela Paysan, passionierte Wanderreiterin, und Herrn Dr. Peter Horstmann, Vorsitzender des deutschen Camarguezüchtervereins, war es möglich, in der Camargue Pferde zu kaufen. Die Camargue-Pferde kommen den Pferden römischer Zeit sehr nahe. Zunächst hat Herr Junkelmann mit erfahrenen Fachleuten des In- und Auslandes begonnen, Zaumzeug, Riemenverteiler und vor allem den römischen Hörnchensattel zu rekonstruieren und zu erproben. Nicht zuletzt mußten die in Freiheit aufgewachsenen Camargue-Pferde an ihre neue Umgebung im Gehege des Schlosses Ratzenhofen in Niederbayern gewöhnt werden, wo Herr Junkelmann und seine Freunde, unterstützt von der Hilfsbereitschaft und Gastlichkeit der Familie Zierer, ein Übungslager einrichten konnten. Mit viel Idealismus, Einsatzbereitschaft, Interesse und unendlicher Geduld wurden die Pferde unter fachmännischer Anleitung zugeritten und an das römische Zaumzeug sowie die am Sattel befestigten Kasserollen, Geschirre, Ledertaschen gewöhnt.

Während eines Limesrittes entlang des rätischen, obergermanischen und niedergermanischen Limes bis zum Hadrians- und Antoninswall in England – also bis nach Schottland, zu dem von Agricola im Jahre 73 n. Chr. angelegten Legionslager Inchtuthil/*Castra pinnata* – soll die Ausrüstung von Reiter und Pferd erprobt werden. Reiter und Pferd mußten in Etappen an den Wanderritt gewöhnt werden – an das Übernachten am Lagerfeuer unter freiem Himmel, an das Reiten bei Regen, Sturm und Sonnenschein. Im Juli 1988 war es endlich soweit: In 30 Tagen haben die Reiter der *Ala II Flavia pia fidelis milliaria* mit den Pferden Pegasus, Incitatus Eroticus, Castor, Iulius, Pius, Pollux und Taurus etwa 850 km am rätischen und obergermanischen Limes zurückgelegt. Die durchschnittliche Tagesetappe betrug ca. 33 km. Vom Kastell Eining an der Donau führte der Limesritt über die Kastelle Pförring – Kösching – Pfünz – Weißenburg – Gunzenhausen – Dambach – Halheim – Rainau – Aalen – Böbingen – Schirenhof – Lorch und entlang des obergermanischen Limes (Odenwaldlinie): Welzheim – Murrhardt – Benningen – Walheim – Bad Wimpfen – Oberscheidental – Hesselbach – Obernburg – Seligenstadt – Echzell – Butzbach bis zur Saalburg bei Bad Homburg vor der Höhe.

Dies war aber erst der Proberitt, die Hauptunternehmungen, die Ritte in Schottland, England, den Niederlanden, in West- und Süddeutschland entlang den Nordwestgrenzen des Reiches werden im Herbst 1990 und im Sommer 1991 stattfinden. Über die bisherigen Ergebnisse hat Herr Junkelmann in den Schriften des Limesmuseum Aalen berichtet. An einer Figurine wurden für den Museumsbesucher Kleidung, Ausrüstung und Bewaffnung nach den neuesten Erkenntnissen ausgestellt, um einen lebendigen Eindruck vom Aussehen der Reiter Roms zu vermitteln. Die Vorbereitung und die Durchführung dieser Experimente hat Herrn Junkelmann auf die oft unterschätzte Rolle aufmerksam gemacht, die das Pferd in der römischen Welt gespielt hat, nicht nur im Krieg, sondern auch in friedlichen Lebensbereichen. Die Früchte seiner jahrelangen theoretischen und praktischen Beschäftigung mit dem Pferd der Römerzeit sind nun in dieses zweibändige, vom Verlag Philipp von Zabern herrlich ausgestattete Werk eingegangen. Es ist eine über die ursprüngliche Zielsetzung unseres Rekonstruktionsvorhabens weit hinausgehende, den bisherigen Forschungsstand in vieler Hinsicht sehr wesentlich ergänzende und korrigierende, in ihrem unerwarteten Facettenreichtum faszinierende Geschichte eines folgenschweren Mensch-Tier-Verhältnisses in der Antike geworden.

Dr. Philipp Filtzinger
Württembergisches Landesmuseum Stuttgart

# *Einleitung*

Dieses Buch, das den ersten Teil eines zweibändigen Werkes über das Pferd in der römischen Welt darstellt, ist hippologischen Fragen, der Zucht und Pflege der Pferde zur Römerzeit, ihrer friedlichen Nutzung für Reise, Transport, Nachrichtenübermittlung und Arbeit, den Circusrennen und den sie begleitenden Phänomenen des Massensports, dem Pferd auf der Jagd und schließlich seiner Bedeutung als Repräsentationstier und Machtsymbol im öffentlichen Leben, in der Kunst und in der Religion gewidmet. Im zweiten Band werden das Reitzubehör und die Reittechnik, sowie die Entwicklung der römischen Kavallerie, ihre Organisation, ihre Bewaffnung, ihre Einsatzweise behandelt.

Die vorliegenden Untersuchungen sind in direkter, wenn auch fast zufälliger Nachfolge meiner Arbeiten zum Alltag römischer Legionäre („Die Legionen des Augustus. Der römische Soldat im archäologischen Experiment") zustande gekommen. Ende 1985 fragte mich Dr. Filtzinger vom Württembergischen Landesmuseum, ob sich die römische Kavallerie nicht in ähnlicher Weise rekonstruieren ließe, wie wir das für die Infanterie mit unserem Alpenmarsch geleistet hatten. Dieses Ansinnen war vor allem darin begründet, daß das von ihm betreute Limesmuseum in Aalen/Württemberg auf dem Areal des Castells der *Ala II Flavia miliaria pia fidelis* liegt, des einzigen 1000 Mann starken Kavallerieregiments am ganzen Obergermanisch-Raetischen Limes.

Schon bald stellte es sich heraus, daß die realistische Rekonstruktion römischer Kavallerieausrüstung ohne praktisches Experimentieren ganz undenkbar ist, zumal über fast alle Aspekte des römischen Reitzubehörs große Unklarheit herrscht, über die Art des Hufschutzes, über den Einsatz des „Hackamores", über die Konstruktion des Sattels, über die Funktionsweise der Hebelstangentrense, über die Reittechnik ohne Steigbügel. Im Juli 1988 wurde ein vierwöchiger Proberitt entlang dem Limes von Eining bis zur Saalburg unternommen, im Juni 1989 folgte ein fünfwöchiges Übungslager am Meeresstrand südlich von Rom. Im Herbst 1990 und im Sommer 1991 sollen dann die Nordwestgrenzen des Römischen Reiches in Schottland, England, den Niederlanden und Deutschland abgeritten werden. Ferner sind Ritte entlang dem spätrömischen Rhein-Iller-Donau-Limes in der Schweiz, in Süddeutschland und in Österreich geplant. Von den anstehenden Unternehmungen darf man sich noch weitere Aufschlüsse zur römischen Reitausrüstung und Reitweise erwarten.

Es ist unmöglich, an dieser Stelle allen Freunden, Mitarbeitern und Förderern in angemessener Weise zu danken, durch deren tatkräftige Hilfe die Vorbereitung und Durchführung dieser „archäologischen Experimente", sowie die Entstehung des vorliegenden Buches erst möglich wurden, doch seien einige von den vielen kurz genannt.

Der geistige Vater des Unternehmens, Dr. Philipp Filtzinger vom Württembergischen Landesmuseum Stuttgart, gab nicht nur den ersten Anstoß, sondern kümmerte sich um das Projekt auch in den vielen, oft unübersichtlichen und ständigen Modifikationen unterworfenen Phasen seiner Entwicklung.

Die Vorbereitungen hätten nicht in Gang kommen können ohne die großzügige Spende des Berliner Sammlers und Mäzens Axel Guttmann.

Erhebliche finanzielle Unterstützung haben ferner geleistet Dr. med. Luise Vormann, Stuttgart; die Stadt Aalen; die Kreissparkasse Aalen; der Verlag Philipp von Zabern, Mainz; und die Firmen Willy Götz, Benningen, und Messerschmitt–Bölkow–Blohm.

Unglaublich war der Einsatz meiner Mitreiter Friedrich Bronsart, Weiden; Roland Heiß, Borken; Heiner Knorr, Mannheim; Wolfgang Meighörner-Schardt, Vettelschoß; Georg Nußbaum, Zuzenhausen; Dan Peterson, Frankfurt a. M.; Ludwig Pfaud, Donauwörth; Karl Pfrogner, Eichstätt; Bruno Pöpping, Borken, und Wolfgang Schuster, Feldkirchen. Sie nahmen und nehmen größte Risiken und Strapazen und enorme Opfer an Zeit und Geld auf sich, um das Unternehmen in seinem schließlichen Umfang zu ermöglichen. Auch die Frauen und Familien der Mitreiter zeigten großes Engagement, einige beteiligten sich sogar an der Herstellung der Kettenhemden und anderer Ausrüstungsgegenstände.

Bei der Beschaffung, Betreuung und Unterbringung der Pferde sowie bei der Ausbildung von Roß und Reiter leisteten unschätzbare Hilfe Ludwig Bauer, Eichstätt; Dr. Josef Donner, Augsburg; Jean-Pierre Godest, Hoxfeld; Familie Dr. Peter und Frauke Horstmann (Verein der Freunde und Züchter des Camarguepferdes in Deutschland), Rhedebrügge; Dr. Eduard Jordan, Siegenburg; Johann Kellerer, Ratzenhofen; Gertraud Knorr, Glonn; Krzysztof Olczak, Haselbach; Angela Paysan, Stuttgart; Carola Pietsch, Ratzenhofen; Anton Pitzl, Lindkirchen; Silke Reclam-Klinkhardt, Hamburg; Fritz Rödder, Happach; Familie Ignatz Schiele, Adelschlag; Familie Georg und Hannelore Zierer, Ratzenhofen. Jürgen und Birgit Maurer, Bremerhaven, transportierten im Juni 1989 nicht nur die Pferde mit ihrem Bus nach Italien, sondern kümmerten sich die ganze Dauer des Aufenthalts über mit großem Einsatz um das Wohlergehen der Tiere.

Wissenschaftliche Unterstützung leisteten Prof. Dr. Dietwulf Baatz, Saalburg-Museum, Bad Homburg v. d. H.; M.C. Bishop, University of Newcastle upon Tyne, England; Prof. Dr. Joachim Boessneck, Universität München; Drs. Marijke Brouwer, Rijksmuseum van Oudheden, Leiden, Niederlande; Peter Connolly, Spalding, England; Dr. Walter Drack, Uitikon-Waldeck, Schweiz; Dr. Carol van Driel-Murray, Universität Amsterdam, Niederlande; Dr. Thomas Fischer, Prähistorische Staatssammlung München; Dr. Jochen Garbsch, Prähistorische Staatssammlung München; Dr. Michael Gechter, Rheinisches Amt für Bodendenkmalpflege, Bonn; Dr. Gudrun Gerlach, Archäologischer Park und Regionalmuseum Xanten; Dr. Friedrich Giesler, Bonn; Prof. Dr. Wolf Herre, Kiel; Dr. Mostefa Kokabi, Universität Tübingen; Dr. Marit Kretschmar, Deutsches Hippologisches Institut und Pferdemuseum, Verden; Dr. Diethelm Krull, Kerpen-Sindorf; Prof Dr. Günter Nobis, Zoologisches Forschungsinstitut und Museum Alexander Koenig, Bonn; Dr. Dieter Planck, Landesdenkmalamt Stuttgart; Michael Simkins, Nottingham, England; Prof. Dr. Wilfried Stroh, Universität München, und Prof. Dr. Günther Ulbert, Universität München.

In handwerklicher und künstlerischer Hinsicht halfen uns Sattlerei Lamberto Bartolozzi, Tolfa, Italien; Claus Baumgartner, Kranzberg; Reitbedarf Max Benz, München; Werner und Elfriede Bodensteiner, Nürnberg; Toni Feldon, München; Dagmar Heilmann, Oberschleißheim; Kunstschmiede Karl Huber, Train; Dieter Krompholz, Schierling; Firma Lehner und Fisch, Nittendorf; Cordula Meighörner-Schardt, Vettelschoß; Klaus Meßmer, Heidelberg; Marai Moskopp, Düsseldorf; Erich Plaschke, Vettelschoß; Alfons Rauch, Berufsschule für Sattlerei, Mainburg; Manfred Sachse, Mönchengladbach; Georg Schindlbeck, Schierling; Wolfgang Schmidt, Forst; Sattlerei Hermann Schnierle, Augsburg; Peter Shorer, Ilford, Essex, England; Helfried Trost, Offenbach; JürgenWoltz, München; Antal Csispes, Budapest; und die Werkstätten für Behinderte des Dominikus Ringeisen-Werks, Ursberg.

Organisatorisch unterstützten uns neben vielen anderen Erich Bäcker jr., Donauwörth; Friedrich Bauer, Frankfurt a. M.; Walter Funk, Sport- und Kulturreferat der Stadt Aalen; Dr. Egon Johannes Greipl, München; Dr. Rainer Heilmann, Oberschleißheim; Dr. Ritter Georg von Kern,

München; Manfred Levec, Magstadt; Dr. Rudolf Peitel (Förderkreis für Präventivmedizin), Rothenburg o.d.T.; Christa Peitz-Siebner, Aiglsbach; Oberbürgermeister Ulrich Pfeifle, Aalen; Maria Sandor-v. Kern, Budapest; Ulrich Sauerborn, Limesmuseum Aalen; Maria Schöttl, Elsendorf, und Bürgermeister Dr. Eberhard Schwerdtner, Aalen. Ganz undenkbar wäre die Organisation des Unternehmens gewesen ohne die vielfältige und aufopfernde Hilfe von Marlies Höbel-Gall, Lindkirchen. Sie kümmerte sich um das Wohlergehen und das Training der Pferde ebenso wie um das organisatorische und „finanzpolitische" Chaos im Umfeld einer solchen Unternehmung. Man könnte sie als den guten Geist der Ala II Flavia bezeichnen.

Während des Proberitts im Juli 1988, bei dem wir fast überall auf gastliche Aufnahme durch Gemeinden, Schulen, Vereine und Privatpersonen stießen, liehen uns ihre besondere Hilfe Dipl.Ing. Karlheinz und Hilke Eckart, Benningen; Otto Fütterling, Schwäbisch Gmünd; Bürgermeister Roland Gauermann, Rainau–Schwarzenberg; Bürgermeister Peter Haaf, Benningen; Familie Dr. Friedrich und Gudrun Heberlein, Schernfeld; Martin Hedrich, Mainbernheim a. M.; Bürgermeister Peter Hochmuth, Großkrotzenburg; Erwin Huber, Schierling; Dr. Werner Karl, Apian-Gymnasium Ingolstadt; Lion's Club Bad Homburg v.d.H.; Familie Horst Mayer, Nürtingen; Familie Rupert Schuster, Langquaid; Michael Städtler, Langenhagen; Otto Suntal, Daimler Benz AG, Schwäbisch Gmünd; Isolde Wörner, Stuttgart; Siegbert Zeh, Daimler Benz AG, Schwäbisch Gmünd, sowie der Reitverein Lorch.

Bei unserem Übungsaufenthalt in Italien im Juni 1989 unterstützten uns Familie Gabriele Bruckner, Sezze Romano, ganz besonders Claudia Bruckner; Tenente De Meo von der Capitaneria di Porto di Roma, Anzio; Dotta. Irene Iacopi, Soprintendenza di Foro Romano, Rom; Familie Giovanni Jozzi, Sezze Romano; Familie Arturo und Christel Martino, Ludwigsburg; Monica Michieli, Rom; Dotta. Giuseppina Pisani Sartorio, Stadtverwaltung Rom, Archäologische Abteilung, sowie die Kommune von Norma.

Die photographische Dokumentation des Unternehmens übernahmen Lynn Spiegl und Johannes Keh (C.A.T. Medienproduktion), Bamberg, und Wolfram Kotzurek, Erlangen, die filmische Lothar Spree Film Productions, Frankfurt a. M. Die graphische Gestaltung des vorliegenden Buches ist vor allem das Werk von Dr. Nikolaus Grohmann, München; Almut Höbel, Lindkirchen, und Gudrun Pfrogner, Adelschlag.

Besonders zu danken habe ich dem Verlag Philipp von Zabern für die geduldige Betreuung und großartige Ausstattung des Buches und seinen Mitarbeitern Gabriele Graser-Schmidt und Lothar Bache.

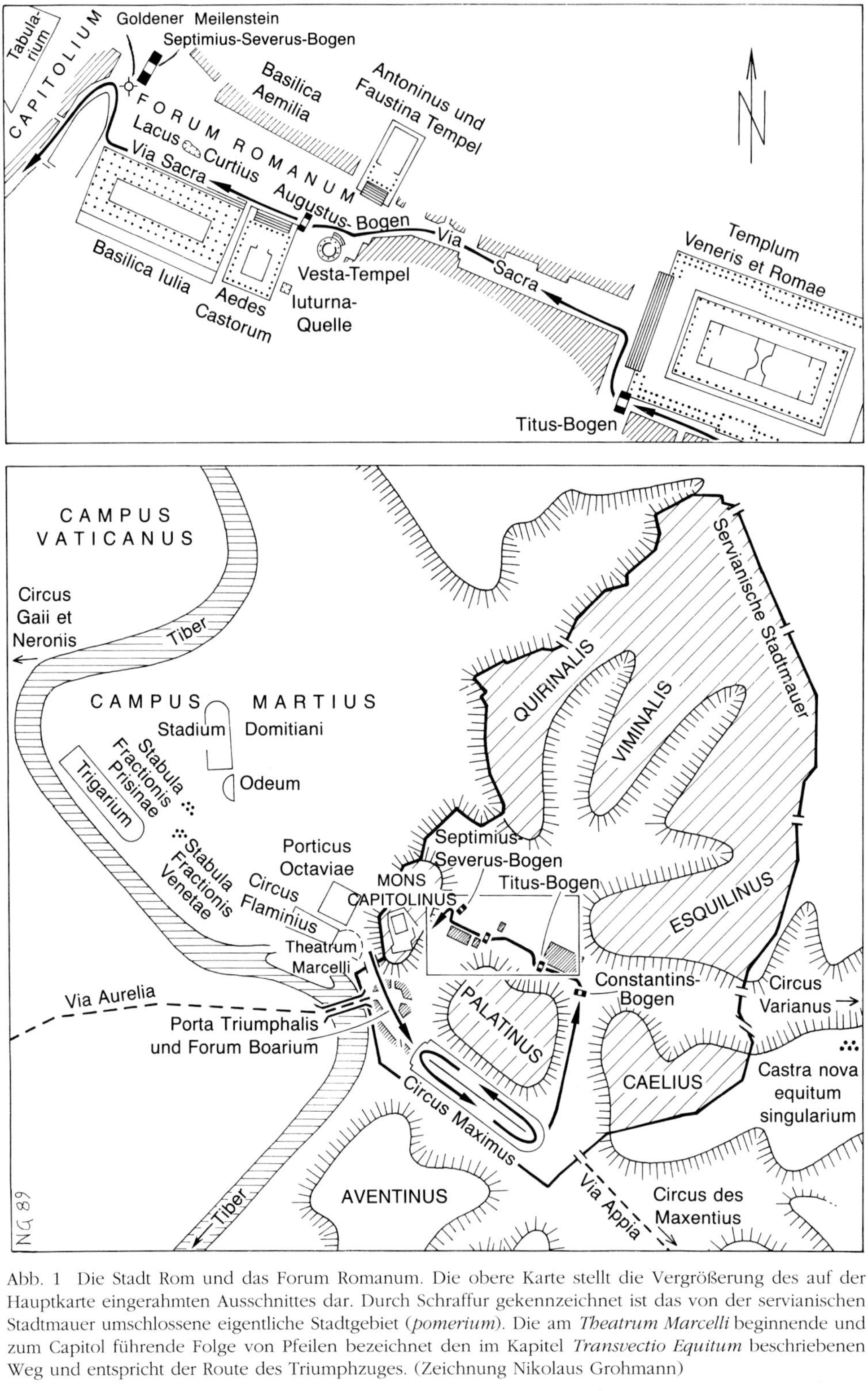


Abb. 1 Die Stadt Rom und das Forum Romanum. Die obere Karte stellt die Vergrößerung des auf der Hauptkarte eingerahmten Ausschnittes dar. Durch Schraffur gekennzeichnet ist das von der servianischen Stadtmauer umschlossene eigentliche Stadtgebiet (*pomerium*). Die am *Theatrum Marcelli* beginnende und zum Capitol führende Folge von Pfeilen bezeichnet den im Kapitel *Transvectio Equitum* beschriebenen Weg und entspricht der Route des Triumphzuges. (Zeichnung Nikolaus Grohmann)

KAPITEL I

# *Transvectio Equitum*

Alljährlich spielte sich an den Iden des Monats Juli auf dem römischen Forum ein glanzvolles Schauspiel ab, die *transvectio equitum*, die große Parade der römischen Ritter. Sie erinnerte an die Schlacht am See Regillus im Jahre 499 v. Chr. (nach manchen war es 496), als die göttlichen Reiterzwillinge Castor und Pollux den Römern zu Hilfe kamen und dann, der Bevölkerung den Sieg anzeigend, ihre Tiere an der Quelle der Iuturna am Fuße des Palatin tränkten. Am Castor-und-Pollux-Tempel, der sogleich neben dieser Quelle errichtet worden war, fand die Parade ihren Höhepunkt. Die *equites* opferten ihren Schutzpatronen und traten mit ihren Pferden, ausnahmslos Schimmeln, vor die Censoren, die jeden einzelnen musterten und darüber entschieden, ob er in der Ritterschaft blieb oder seinen *equus publicus*, das vom Staat gestellte Kampfpferd, hergeben mußte. Der Festzug wurde dann in Richtung auf das Capitol fortgesetzt und endete am Tempel des *Iuppiter Optimus Maximus Capitolinus,* des obersten der römischen Staatsgötter. *Abb. 1*

Die *transvectio equitum* gab den Anstoß zu der Idee, unseren Übungsaufenthalt am Meer südlich von Rom im Sommer 1989 mit einem Ritt durch die Innenstadt des *caput mundi* zu beenden. Gewiß, es war nicht der 15. Juli, sondern der 2. dieses Monats, und wir konnten auch nicht im Ornat der römischen Adelsreiterei, in der *trabea,* der scharlachrot und purpurn gefärbten *toga,* reiten, da wir uns auf die Rekonstruktion von Auxiliarkavalleristen des 1. und 2. Jahrhunderts n. Chr. konzentriert hatten. Aber es war auch gar nicht unsere Absicht, eine bestimmte Zeremonie exakt nachzustellen, sondern die Erinnerung an die Prozessionen und Paraden des römischen Staatskults zu verbinden mit einem Vorbeiritt an verschiedenen Örtlichkeiten im Herzen Roms, an denen die vielfältige und oft verkannte Bedeutung, die das Pferd für die Römer besessen hat, vor Augen tritt. Ganz unberechtigt war unsere Ausstaffierung als Auxiliarreiter aber auch nicht, denn ab dem späten 1. Jahrhundert n. Chr. lagen keine 2 km vom Titusbogen entfernt, den wir beim Einritt ins Forum passieren würden, die Kasernen der *Equites Singulares Augusti,* der aus der Auxiliarkavallerie gebildeten 1 000 Mann starken Gardereiterei, die den Kaiser nicht selten auch über das Forum geleitet haben dürfte. Die jüngere dieser zwei Kasernen stand an der Stelle der heutigen Lateransbasilika.

Unsere *transvectio* sollte am 2. Juli 1989 stattfinden, einem Sonntag. Seit Wochen waren wir und das uns begleitende Fernsehteam damit beschäftigt, all die Erlaubnisse zu erwirken, die man für so ein außergewöhnliches Unterfangen braucht. Die letzten Genehmigungen trafen buchstäblich am Vorabend ein. Die Nacht zum Sonntag verbrachten wir an der Via Appia antica im Circus des Maxentius, in dem wir am Samstag ein Pferderennen veranstaltet hatten. Wir, das sind die *equites* der „reaktivierten" *Ala II Flavia miliaria pia fidelis,* des größten und vornehmsten Kavallerieregiments am Obergermanisch-Raetischen Limes, das im heutigen Aalen in Württemberg sein Lager hatte. Zu der kleinen Reiterschar gehören der Oberstleutnant Friedrich Bronsart, der Bauingenieur Ludwig Pfaud, der Ausstellungsleiter der Stadt Bonn Wolfgang Meighörner-Schardt, der Museumsleiter Dan Peterson, der Geschichtsstudent Wolfgang Schuster *Abb. 116–120* und ich selbst. Dann, nicht zu vergessen, unsere Camarguepferde Pius, Iulius, Taurus, Castor, Incitatus Eroticus und Pegasus.

Den Einritt über die Via Appia antica hat uns die Polizei nicht erlaubt, also werden im Morgengrauen die Reittiere mit Jürgen Maurers bewährtem Pferdebus zum Circus Maximus gefahren. Es ist 6 Uhr morgens, die Straßen sind noch menschen- und autoleer. Unsere Route beginnt ganz in der Nähe, am Marcellustheater, also auf dem Marsfeld außerhalb des *pomerium*, dem Bereich der antiken Innenstadt. Der *campus Martius* war seit alters her der Übungsplatz der
*S. 103* römischen Reiter. Neben dem Marcellustheater erstreckte sich der *Circus Flaminius*, von dem es keine sichtbaren Reste mehr gibt. In ihm fanden alle fünf Jahre die kultischen Pferderennen
*S. 93* statt, die zu den *ludi Taurii* gehörten. Am *Circus Flaminius* begannen die Triumphzüge der siegreichen römischen Feldherren. Deshalb hatten hier zahllose Monumente ihren Platz gefun-
*S. 200f.* den. In der *Porticus Octaviae*, von der noch eine Säulenfront hinter dem Marcellustheater aufrechtsteht, waren die lebensgroßen Reiterstandbilder der 25 am Granikos gefallenen Gardereiter Alexanders des Großen aufgestellt, die Caecilius Metellus in Makedonien erbeutet hatte. Von diesen Skulpturen des Hofbildhauers Lysipp nahm die Entwicklung des römischen Reiterdenkmals ihren Ausgang.

Unsere kleine Turma ist aufgesessen – ohne Steigbügel selbstverständlich –, das Kamerateam in Stellung gegangen, es kann losgehen. „*Equites pergite!*“ – die Schimmel setzen sich in Bewegung. Taurus ist beschlagen, da er in Deutschland viel auf mit Basaltschotter bestreuten Wegen hatte geritten werden müssen, seine Hufe klappern laut übers Pflaster, von den anderen hört man nur ein sachtes Plopp–Plopp–Plopp. Die Route folgt dem Weg der *pompa triumphalis*, des Triumphzuges. Im Mittelpunkt dieser düster-großartigen Staatszeremonie stand der *currus triumphalis*, der von vier Pferden gezogene Prunkwagen, auf dem der triumphierende Feldherr im Ornat des *Iuppiter Optimus Maximus* stand. Die Quadriga, der Vierspänner, war das Fahrzeug der Götter und Könige, und der Triumphator wurde für diesen Tag den Unsterblichen nahegerückt.

*Abb. 3* Der Weg führt am *Forum Boarium*, dem alten Viehmarkt, vorbei, und schon nach wenigen hundert Metern wird das *pomerium* erreicht. Hier stand die *porta triumphalis*, aber es ist nichts mehr zu sehen. Kein Fahrzeug durfte untertags die Stadtgrenze passieren, der Triumphwagen bildete eine der wenigen Ausnahmen. Wir nähern uns dem weiten Tal zwischen Aventin und
*S. 104ff.* Palatin, das einst ganz von der riesigen Anlage des Circus Maximus eingenommen wurde. Der Umriß des Circus ist wiederhergestellt, vom aufgehenden Mauerwerk steht nur noch ganz am
*Abb. 101* östlichen Ende etwas. Dort ist abgesperrt, da die Archäologen am Werke sind. Wir umreiten

Abb. 2 Reiter in der rekonstruierten Rüstung eines Auxiliarkavalleristen des 1. Jahrhunderts n. Chr. auf dem Forum Romanum. Er trägt die Nachbildung eines in Ribchester (England) gefundenen Maskenhelmes. Im Hintergrund der Triumphbogen des Septimius Severus. ▷

Abb. 3 Auf dem Weg zum *Forum Boarium*. Im Hintergrund die spätrepublikanischen Tempel, die traditionell der *Fortuna virilis* (rechts) und der *Vesta* (links) zugeschrieben werden.

Abb. 4 Im Circus Maximus. Gut sichtbar ist die von der *spina* herrührende Bodenwelle. Im Hintergrund der Palatin.

Abb. 5 Auf der *Via Sacra*. Im Hintergrund der Titusbogen.

Abb. 6 Am *Lacus Iuturnae*. Im Hintergrund die Säulen des Dioskurentempels.

Abb. 7 Opferzeremonie für Castor und Pollux.

Abb. 3

Abb. 5–7

Abb. 4

Abb. 8 Am *Lacus Curtius*. Rechts vorne ein Abguß des hier gefundenen sogenannten Reliefs des Marcus Curtius. Im Hintergrund das Capitol mit der Front des *Tabularium*.

Abb. 9 Vor dem Denkmal des Vittorio Emanuele.

Abb. 11 Die Reiterstatue des Marcus Aurelius auf dem Capitolsplatz. ▷

Abb. 10 Auf der Treppe zum Capitolsplatz. Die monumentalen Statuen der Dioskuren flankieren das obere Ende der Treppe.

zweimal die 335 m lange *spina*, die die Arena der Länge nach teilt. *Abb. 4* Wir tun das gegen den Uhrzeigersinn, wie einst die Rennfahrer mit ihren Gespannen.

150 000 Menschen hatten auf den Sitzreihen dieser größten permanenten Sportanlage aller Zeiten Platz. Die an den *ludi*, regelmäßig veranstalteten öffentlichen Spielen, stattfindenden *S. 93ff.* Wagenrennen stellten das beliebteste Massenvergnügen der Antike dar, die siegreichen Wagenlenker und Pferde wurden von ihren Anhängern wie Heroen verehrt. Die *ludi* hatten religiöse Ursprünge. Der Circus und das Rennen waren ein Symbol des Sonnenlaufs und somit dem Sol, *S. 111, 114* dem Sonnengott, heilig. Direkt an der *spina* wurde der *Neptunus equester* verehrt, der Wasser- und Meeresgott, der als der Schöpfer der Pferde galt. Bei der Eröffnung der *ludi* fand eine feierliche Prozession, die *pompa circensis*, statt, bei der man die Statuen zahlreicher Götter in den Circus trug und in einer Loge, dem *pulvinar*, aufstellte. Diese Prozession begann am Capitol, *S. 219* verlief also gerade in umgekehrter Richtung wie der Triumphzug. *Abb. 99* Der veranstaltende Beamte fuhr gleich dem Triumphator in einer Quadriga, es gab aber noch zahlreiche weitere Pferde in dieser Prozession, wie uns Dionys von Halikarnass, der zur Zeit des Augustus lebte, mitteilt: „An der Spitze der Prozession kamen die Jünglinge, die demnächst das Mannesalter erreichen würden. Soweit ihre Väter der Ritterschaft angehörten, ritten sie auf Pferden, die anderen, die für die Infanterie vorgesehen waren, marschierten zu Fuß, alle eingeteilt in die taktischen Formationen ihrer jeweiligen künftigen Waffengattung. . . Auf sie folgten die Rennfahrer, manche in Quadrigen [Vierspänner], manche in Bigen [Zweispänner], manche auf Reitpferden. . ." (Dionys von Halikarnass, Römische Altertümer VII.71,1–2).

Im Circus Maximus wurde auch der *lusus Troiae*, das „Troiaspiel", ein altehrwürdiges Reiterspiel *Band II* der adeligen Jugend, veranstaltet. In labyrinthartig verschlungenen Figuren, wie es in Vergils Aeneis heißt, ritten die Eskadronen der mit Speeren bewaffneten Jünglinge gegeneinander an und lieferten sich kunstvolle Scheingefechte.

Wir verlassen nun die öde Fläche des Circus Maximus und reiten am Osthang des Palatin entlang weiter in Richtung auf den Constantinsbogen. Rechts von uns liegt der *Caelius mons*, ein weiterer der sieben Hügel Roms, auf dem sich im Altertum zahlreiche Militäreinrichtungen befanden, darunter auch der *campus caeliomontanus*, der Exerzierplatz der schon erwähnten *Band II* *Equites Singulares Augusti*, der kaiserlichen Gardereiter.

Gleich hinter dem Constantinsbogen biegt der Weg des Triumphzuges nach links ab, vorbei an Hadrians Tempel der Venus und der Roma geht es zum Titusbogen. Kurz davor aber versperrt ein Gittertor den Eintritt ins Forum Romanum. Es ist kurz vor 7 Uhr, die Zeit, die man uns vorgeschrieben hat, denn um 9 Uhr, wenn die Touristenscharen hereinströmen, sollen wir fertig sein und das Areal verlassen haben. Es dauert nicht lange, da kommt ein Herr von der Verwaltung, der Bescheid weiß, das Tor öffnet sich, und wir betreten auf der *Via Sacra*, der heiligen Straße, das Forum. Eigentlich hatte man uns nur vier Pferde genehmigt, aber man läßt anstandslos alle sechs *equites* samt ihren Tieren ein.

Der Titusbogen ist gerade zum Teil von einem Gerüst verdeckt, der Durchgang aber ist frei. *Abb. 5* Auf dessen nördlichem Relief ist der über die Juden triumphierende Titus in seiner Quadriga *Abb. 225* abgebildet. Hinter ihm fährt Victoria, die Siegesgöttin, mit und hält ihm die *corona triumphalis*, den Kranz des Triumphators, über das Haupt.

Nachdem wir den Titusbogen passiert haben, öffnet sich uns der Blick auf das Ruinengelände bis hin zum Capitol. Nachdem man schon so oft ein von zahllosen Touristen bevölker-

◁ Abb. 12 Blick vom Turm des Senatorenpalastes auf den Capitolsplatz. Das Ornament in der Pflasterung wurde 1940 nach den Entwürfen Michelangelos angebracht und zeigt, wie sehr das Gefüge des Platzes auf das zentrale Reiterstandbild ausgerichtet ist. Oben im Bild die Statuen der Dioskuren.

tes Forum erlebt hat, ist die Einsamkeit jetzt um so eindrucksvoller. Die dunstige Atmosphäre erhöht noch die unwirkliche, geheimnisvolle Stimmung. Wir folgen der *Via Sacra* bis zum Tempel des Antoninus Pius und der Faustina, an dem wir nach links abbiegen und auf die berühmten drei wieder aufgerichteten Säulen des Dioskurentempels zureiten.

*Abb. 6* Die *Aedes Castorum*, der Tempel des Castor und Pollux, war in republikanischer Zeit das größte Heiligtum auf dem Forum Romanum, zudem das einzige, das ursprünglich nichtrömi-
*S. 232* schen, nämlich griechischen Gottheiten errichtet worden ist. Was man jetzt noch von dem Bau sieht, stammt aus der frühen Kaiserzeit, der ursprüngliche Tempel wurde jedoch schon 484 v.Chr. geweiht. Dionys von Halikarnass schildert uns, wie es zur Errichtung dieses Heiligtums kam:

„Es heißt, daß in dieser Schlacht [am See Regillus in der Nähe von Gabii] zwei Jünglinge von übermenschlicher Schönheit und Größe zu Pferd vor dem Dictator Postumius und seinem Stab erschienen und sich an die Spitze der römischen Reiterei setzten. Sie griffen alle Latiner, auf die sie stießen, mit ihren Lanzen an und trieben sie in wilder Flucht vor sich her. Und nachdem die Latiner geflohen waren, ihr Lager erobert und die Schlacht am späten Nachmittag beendet war, sollen in gleicher Weise zwei Jünglinge auf dem Forum Romanum erschienen sein, beide im Kriegsgewand, von überragendem Wuchs und herrlicher Schönheit, im gleichen Alter wie die auf dem Schlachtfeld. Sie sahen aus, als kämen sie gerade aus dem Kampf, und die Pferde, die sie führten, troffen von Schweiß. Und als sie ihre Tiere in dem Brunnen, der nahe dem Tempel der Vesta entspringt und einen kleinen tiefen Teich bildet, getränkt und abgewaschen hatten und viele Leute sie umdrängten und wissen wollten, wie die Schlacht ausgegangen sei, berichteten sie von dem Verlauf und vom Sieg der Römer. Und es heißt, daß sie dann das Forum verließen und danach von niemandem wieder gesehen wurden, obwohl der Stadtpraefect eine große Suche nach ihnen veranstaltete. Als die obersten Beamten am nächsten Tag dann den Brief des Dictators zugesandt erhielten und daraus neben anderen Einzelheiten von

Abb. 13 Der *Lacus Iuturnae* auf dem Forum Romanum. Das Bild zeigt die Anlage von Südwesten. Der Dioskurentempel befindet sich links hinter dem Betrachter. Links im Hintergrund ragt der Tempel des Antoninus Pius und der Faustina auf, davor sind einige Säulen vom Rundtempel der Vesta sichtbar. Das Gebäude rechts beherbergte, zumindest ab constantinischer Zeit, die städtische Wasserverwaltung. Die viereckige Einfassung der Iuturnaquelle stammt aus dem späten 2. Jahrhundert v. Chr. und wurde nach dem Brand des Dioskurentempels in der frühen Kaiserzeit restauriert. Am Rand des Beckens steht links der Abguß eines traianischen Marmoraltars, der hier gefunden wurde (Original im Antiquarium). Auf der dem Betrachter abgewandten Breitseite sind Castor und Pollux abgebildet, auf der im Bild sichtbaren Schmalseite ihre Mutter Leda mit dem Schwan, auf der anderen Schmalseite Iuppiter, der Vater der Reiterzwillinge, und auf der vierten Seite eine weibliche Gestalt mit einer Fackel, die nach den einen die Diana Lucifera darstellt, nach den anderen die Quellnymphe Iuturna, eine Schwester des Königs Turnus, nach der die heilbringende Quelle benannt war. ▷

Abb. 14a,b Die Dioskuren auf zwei 96 v. Chr. geprägten Denaren des A. Postumius Albinus, eines Nachfahren des Dictators Postumius Albus, des Siegers in der Schlacht am See Regillus. Das eine Bild zeigt die entscheidende Attacke der mit Lanzen, Helmen und Rundschilden ausgerüsteten römischen Kavallerie in jener Schlacht, auf dem anderen sind die ihre Pferde im *Lacus Iuturnae* tränkenden Dioskuren zu sehen. London, British Museum.

Abb. 15 Marmorkopf eines im *Lacus Iuturnae* gefundenen Dioskurenpferdes. Die im Becken der Quelle ausgegrabenen Trümmer einer Statuengruppe, die die Dioskuren mit ihren Pferden zeigte, werden heute im Antiquarium des Forums aufbewahrt. Es handelt sich um hellenistische Bildwerke in archaisierendem Stil, die Ende des 2. Jahrhunderts v. Chr. entweder auf dem Sockel im Becken der Quelle oder in einem kleinen Tempel am Südrand der Anlage aufgestellt wurden. Rom, Antiquarium Forense.

A·ALBINVS

ABINVS

der übernatürlichen Erscheinung erfuhren, kamen sie zu dem Schluß, daß es die gleichen Götter gewesen sein müßten, die an beiden Plätzen erschienen seien, und daß es sich um Castor und Pollux gehandelt habe.

An diese außergewöhnliche und wunderbare Erscheinung der beiden Götter erinnern in Rom zahlreiche Denkmäler, nicht nur der Tempel der Dioskuren, den die Stadt auf dem Forum an der Stelle errichtete, wo man die Erscheinung gesehen hatte, und der Brunnen, den man nach ihnen genannt hat [*Lacus Iuturnae*, See der Iuturna, war aber der üblichere Name] und der bis heute als heilig gilt, sondern auch die aufwendigen Opfer, die das Volk jedes Jahr durch seine Priester an den Iden des *Quintilis* [Juli] darbringt, dem Tag, an dem sie den Sieg entschieden haben. Vor allem aber gibt es die Prozession, die nach dem Opfer von denen veranstaltet wird, die ein vom Staat gestelltes Pferd besitzen und die, in ihre Einheiten geordnet, in Reih und Glied dahinreiten, als kämen sie aus der Schlacht, gekrönt mit Kränzen aus Olivzweigen und gekleidet in die Purpurtogen mit scharlachroten Streifen, die sie *trabea* nennen. Sie beginnen ihre Parade an einem bestimmten Marstempel außerhalb der Stadtgrenze, durchqueren verschiedene Viertel und das Forum und ziehen am Dioskurentempel vorbei. Ihre Zahl beträgt bis zu 5 000, und sie tragen all die Tapferkeitsauszeichnungen, die ihre Kommandeure ihnen verliehen haben. Es ist ein eindrucksvolles Schauspiel, würdig der Größe des Reiches." (Dionys von Halikarnass, Römische Altertümer VI.13,1–5)

*Abb. 6, 7* Wir stehen also am Haupttempel der Schutzpatrone des römischen Adels und der Reiterei. Der *Lacus Iuturnae* ist leider durch einen Zaun verstellt, da dort seit Jahren gegraben und restauriert wird. Natürlich können wir den heiligen Ort nicht verlassen, ohne den göttlichen Zwillingen gehuldigt zu haben. Zu diesem Zweck steht auch schon Professor Stroh in der *toga praetexta* bereit, einen kleinen Altar vor sich aufgebaut. In klangvollstem Latein bittet er die Dioskuren um Beistand, dann gießt er Wein auf die im Altarbecken glühenden Pinienzapfen. Die Reiter sind für die Zeremonie natürlich von den Pferden gestiegen. Nachdem das *vexillum*, das Feldzeichen der Ala, mit Lorbeer bekränzt ist, steigen wir wieder auf und reiten weiter zum *Lacus Curtius*.

*Abb. 8* Dort befindet sich der Abguß eines spätrepublikanischen Reliefs, das an dieser Stelle gefunden wurde und das einen römischen Reiter in voller Rüstung auf vorne einbrechendem Pferd
*Abb. 16* zeigt. Der Dargestellte wird gerne mit dem sagenhaften Marcus Curtius identifiziert, nach dem der Platz benannt ist. Im Jahre 362 v. Chr. soll sich hier ein Spalt zur Unterwelt geöffnet haben, ein Orakelspruch besagte, daß er sich erst wieder schließen und damit Rom eine große Zukunft verheißen werden würde, wenn er das kostbarste Gut der Stadt verschlungen hätte. Marcus Curtius legte daraufhin Waffen und Rüstung an, schmückte sein Roß, so reich er konnte,

Abb. 16 Sogenannter Marcus Curtius. Relief vom Tribunal des L. Navius Surdinus, *praetor inter civis et peregrinos* (Inschrift auf der Rückseite) auf dem Forum Romanum, augusteisch. Kopie nach einem Original (wohl Gemälde) des 3. Jahrhunderts v. Chr. Der Reiter trägt Klappenpanzer, breitkrempigen Helm, Rundschild (*parma equestris*) und Lanze. Die traditionelle Identifizierung mit Marcus Curtius ist wahrscheinlich unzutreffend, wie German Hafner dargelegt hat. Das Pferd stürzt nicht in einen Abgrund, sondern kniet in einem öfters abgebildeten Dressurakt nieder, während der Reiter seine Lanze mit der Spitze in den Boden stößt. Letztere Geste war ein Zeichen für die siegreiche Beendigung eines Krieges (vgl. Abb. 208). Es dürfte die Sieg und Frieden miteinander verbindende Rückkehr eines republikanischen Feldherrn dargestellt sein. Rom, Musei Capitolini, Palazzo dei Conservatori. ▷

Abb. 17 Das *miliarium aureum*. Zwischen den *rostra*, der Rednerbühne, und dem Saturntempel ließ Augustus im Jahre 20 v. Chr. den Goldenen Meilenstein, den symbolischen Ausgangspunkt aller Straßen des Imperiums, errichten. Es handelte sich um eine große, mit vergoldeter Bronze verkleidete Marmorsäule, von deren Sockel ein palmettenverziertes Fragment erhalten geblieben ist.

826

schwang sich auf das Reittier und sprang mit ihm in die Tiefe, denn die Waffen und der Mut des Kriegers seien Roms wertvollster Besitz. Die Deutung war richtig und der Spalt schloß sich über dem Helden.

Die Sage zeigt, welch ein hohes Ansehen das Pferd und der Reiterkrieger schon im republikanischen Rom genossen haben. Ganz in der Nähe des *Lacus Curtius* stand die mehr als dreifach überlebensgroße Reiterstatue des Domitian (*Equus Domitiani*). Sie erinnerte an die Germanensiege des Kaisers, wurde aber gleich nach seiner Ermordung abgebrochen. Vom *Lacus Curtius* führt uns der Weg zurück auf die *Via Sacra*. Unweit des Triumphbogens des Septimius *Abb. 17* Severus steht das *Miliarium Aureum*, der goldene Meilenstein, zu dem alle Straßen des Imperiums führten. Auf diese Weise kommen wir auch einmal, wenngleich sehr indirekt, mit den banaleren Verwendungen des Pferdes als Arbeitstier und Transportmittel in Berührung. Auf dem gigantischen Straßennetz, das das Reich zusammenhielt, waren stets ungezählte Tausende von Pferden und Maultieren unterwegs, die Kutschen zogen und Kuriere trugen und so dafür sorgten, daß Rom und die Provinzen in engem Kontakt miteinander blieben.

*Abb. 2* Am Bogen des Septimius Severus ist der Weg vorerst zu Ende, denn hier wird wieder gegraben und ein Zaun hindert am Weiterreiten. Wir verlassen also pünktlich kurz vor 9 Uhr das Forum am Ausgang neben der *Basilica Aemilia*. Inzwischen sind schon viele Leute unterwegs, und wir finden uns alsbald von Neugierigen umlagert. Wir müssen uns auf einer etwas anderen Route dem Capitol nähern, als dies bei den Triumphzügen und Ritterprozessionen der Fall war, denn das letzte Stück der *Via Sacra* ist gesperrt. Wir reiten also Richtung Piazza Venezia weiter. Rechts grüßt die noch halb vom Gerüst umkleidete, frisch restaurierte Traianssäule, auf deren Reliefs die Auxiliarreiterei eine so herausragende Rolle spielt. Dann verschlingt uns für etliche *Abb. 9* hundert Meter das moderne Rom. Es geht am monströsen Altar das Vaterlandes vorbei, auf dessen Plattform als später Nachfahre des Marc-Aurel-Monuments das Reiterdenkmal des ersten italienischen Königs in die Höhe ragt. Zu unserer Rechten wogt der römische Straßenverkehr. *Abb. 10* Schließlich erreichen wir die wunderbare Treppe, die hinaufführt zu Michelangelos Capitols- *Abb. 18* platz. Zwei riesige Statuen der Dioskuren mit ihren Pferden flankieren oben die Treppe. Sie stammen von einem weiteren Castor-und-Pollux-Tempel, der am Circus Flaminius stand. Und in *Abb. 11* der Mitte des Platzes dann – ein leerer Sockel. Das bronzene Reiterstandbild des Marc Aurel, *Abb. 12* der Stammvater aller Reiterdenkmäler der Neuzeit, Symbol der Reichsidee in ihrer reifsten *Abb. 19* Gestalt, ist seit zehn Jahren auf der Flucht vor den giftigen Abgasen der Pferdestärken des *Abb. 214* 20. Jahrhunderts. Die Restaurierung ist zwar abgeschlossen, aber die Stadtväter sind sich noch nicht einig geworden, was nun geschehen soll. Wir werden uns wohl damit abfinden müssen, *S. 205* daß auf Michelangelos herrlichen Platz, der als Rahmen für den Marc Aurel konzipiert worden ist, das Original nie wieder zurückkehren wird. Dafür schmückt das Standbild die Medaille, die uns beim freundlichen Empfang im Capitol überreicht wird.

Abb. 18 Die Dioskuren am Capitolsplatz. Ursprünglich sollten die heute auf dem Quirinal stehenden Skulpturen der Reiterzwillinge an dieser Stelle stehen (vgl. Abb. 258), doch entschloß man sich, als ganz in der Nähe des Capitols kolossale Figuren der gleichen Gottheiten gefunden wurden, diese beiderseits von Michelangelos neuer Treppe aufzustellen. Sie stammen aus einem Dioskurentempel, der einen Teil der Südseite des Circus Flaminius einnahm, und sind ins 2. Jahrhundert n. Chr. zu datieren. ▷

Abb. 19 Ansicht des Capitolsplatzes von Westen. Der Stich von Letarouilly aus der Mitte des 19. Jahrhunderts zeigt noch das alte Streifenpaviment des Platzes, das 1940 den Plänen Michelangelos entsprechend durch das heutige Blattsternpaviment ersetzt wurde.

KAPITEL II

# *Pferde und Pferdehaltung*

Die Aufzucht und Haltung von Pferden war in der Antike, wie in den meisten Zeiten, eine Sache der privilegierten Schichten. Der finanzielle und organisatorische Aufwand, der mit der Haltung verbunden war, und das Prestige, das dem Pferd anhaftete, machten es zu einem der wichtigsten und wirksamsten Statussymbole. In der Kaiserzeit tritt neben die privaten Pferdebesitzer als größter Halter von allen der Staat, der ungezählte Tausende von Pferden und Maultieren für die Armee, für den Postbetrieb und für die Circusrennen aufkaufte und unterhielt, zum Teil auch auf eigenen Gestüten heranzog.

Natürlich machte man in der Zucht und in der Haltung Unterschiede je nach Wert und Verwendung der Tiere. Die edelsten und kostbarsten Pferde dienten hochgestellten Persönlichkeiten als Reit- und Repräsentationstiere oder wurden bei den ungeheuer beliebten und dementsprechend gewinnabwerfenden Circusrennen eingesetzt. Für das Militär und die Post brauchte man robuste Verlaßpferde in erheblichen Mengen. Der Verschleiß an Pferde„material" pflegte in Kriegszeiten ja immer ein enormer zu sein. Arbeitspferde waren meist ausgediente oder sonstwie unbrauchbare Reit- und Gespannpferde, speziell gezüchtet hat man sie nicht, da für diese Dienste eigentlich Ochsen und Maultiere vorgesehen waren. Die Antike kannte ja weder den schweren Kaltblüter noch die großrahmigen Voll- und Warmblüter der Neuzeit. Es wird daher am zweckmäßigsten sein, eine Untersuchung über die physische Beschaffenheit der Pferde zur Römerzeit an den Anfang zu stellen.

## DIE RÖMISCHEN PFERDE

Man macht sich meist nur unzureichend klar, daß die Art der verwendeten Pferdeschläge, ihre Größe, ihre Proportionen, ihre Eigenschaften, im Laufe der Geschichte erheblichen Schwankungen unterworfen waren. Diese hingen ab von der Eigenart des zur Verfügung stehenden Pferdematerials einerseits und den die züchterische Zielsetzung bestimmenden verschiedenen Bedürfnissen andererseits, so daß man von einer Wechselwirkung sprechen darf. Durch Selektion und Kreuzung kann der Mensch binnen weniger Generationen tiefgreifende Veränderungen in der vorhandenen Pferdepopulation herbeiführen.

Inwieweit es in der Antike schon eine Rassebildung im modernen Sinne gegeben hat, ist umstritten. Den Angaben römischer Fachautoren wie Varro, Plinius der Ältere, Columella, Strabon, Oppian und Vegetius zufolge zeichneten sich bestimmte Provinzen als Zucht- und Exportgebiete spezieller Pferdeschläge aus. Die Erläuterungen zu Aussehen und Charaktereigenschaften dieser „Rassen" sind aber zu unpräzise, um hippologisch einigermaßen gesicherte Schlüsse zu erlauben.

*Abb. 283* Im Rennsport (Wagenrennen) dominierten die Pferde aus Spanien, Kappadokien, Sizilien und Nordafrika, besonders Cyrenaica. Reit- und Militärpferde bezog man vornehmlich aus Thrakien, Thessalien, der Peloponnes, Epirus, Persien, Armenien, Mauretanien, Spanien, Sizilien, Apulien und Gallien.

In der Spätantike kamen hunnische und germanische Pferde hinzu. Der im späten 4. Jahrhundert n. Chr. schreibende Vegetius zählte sie zusammen mit altbewährten Rassen auf, wobei er den Gebrauch im Krieg (*proeliis*), als Rennpferd (*circo*) und als Reisepferd (*sellis*) unterscheidet: „Zum Krieg scheint mir das hunnische Pferd wegen seiner Geduld und seiner Abhärtung gegenüber Strapazen, Kälte und Hunger am weitaus geeignetsten; dann kommen die thüringischen und burgundischen Pferde, die sehr unempfindlich sind, und an dritter Stelle die phrygischen, ebenso unübertroffen an Schnelligkeit wie an Ausdauer, schließlich die Pferde aus Epirus, aus dem nördlichen Gallien [Samarici – von der Somme, vielleicht aber auch aus Samaria] und aus Dalmatien, die, wenn auch etwas halsstarrig, doch als sehr wendig im Gefecht gelten dürfen. Bei den Wagenrennen ist der edlen und ruhmreichen Rasse aus Kappadokien die

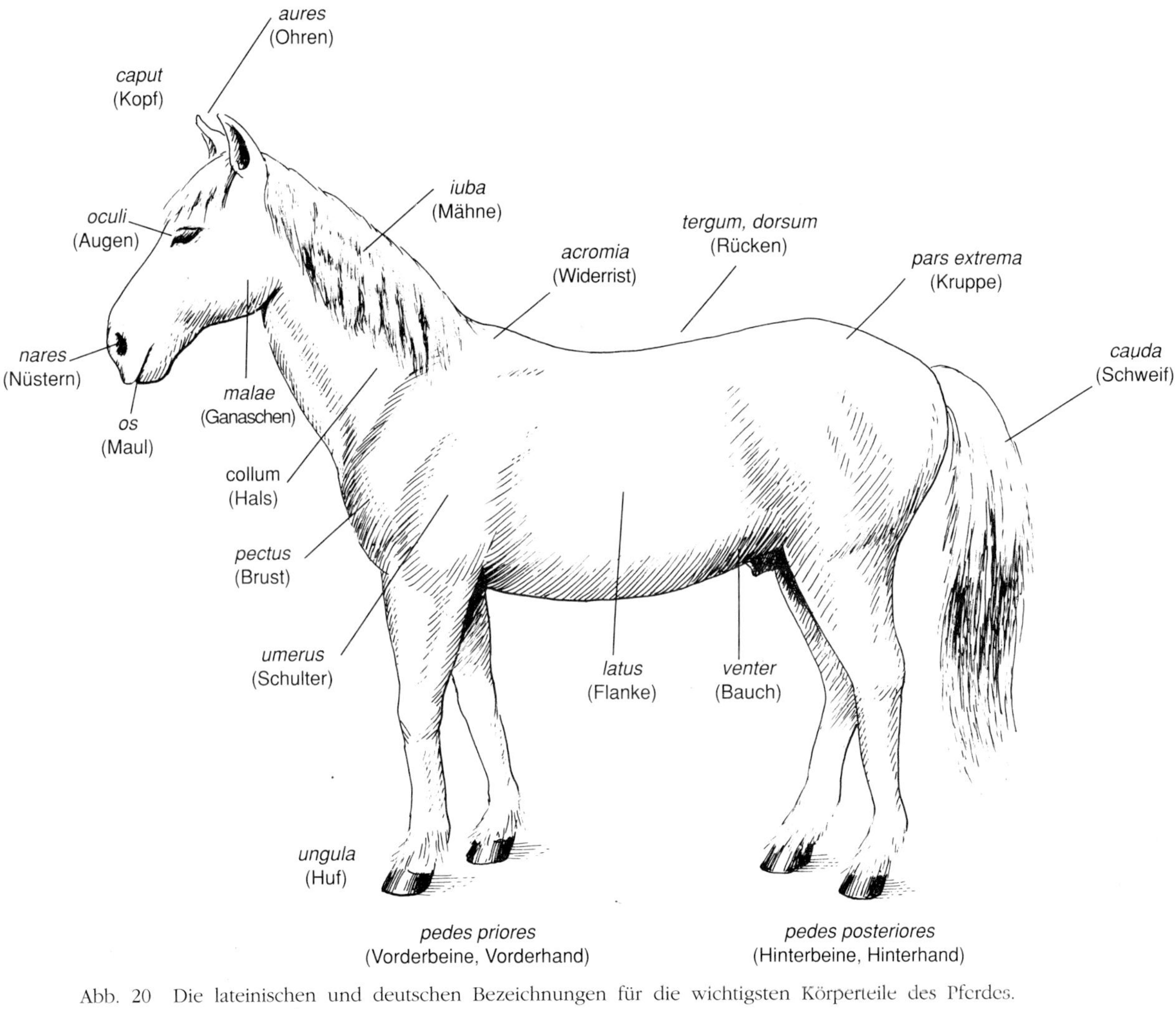


Abb. 20 Die lateinischen und deutschen Bezeichnungen für die wichtigsten Körperteile des Pferdes. Zeichnung Nikolaus Grohmann

Palme zuzuerkennen, gleich nach ihr der spanischen. Kaum weniger gut sind im Circus die Tiere aus Sizilien, wie auch afrikanische Pferde spanischer Abstammung sehr schnell zu sein pflegen. Als Reitpferde sind die aus Persien denen aller anderen Provinzen vorzuziehen. . . Es folgen die armenischen und sofoenischen [oder sapharanischen, aus Westarabien], die aus Epirus und Sizilien sind für diese Zwecke auch nicht zu verachten. . ." (Vegetius, Mulomedicina, III.6.2).

Zweifellos haben sich die Pferdepopulationen in den einzelnen Reichsteilen aufgrund der ganz verschiedenen klimatischen Bedingungen und der ebenso verschiedenen Zuchtgeschichte erheblich voneinander unterschieden; von einem einheitlichen „Römerpferd" kann nicht die Rede sein. Die Römer fanden aber nicht nur ganz verschiedenartige Pferdeschläge vor, sie importierten und exportierten auch fleißig und führten in alle Provinzen in unterschiedlichem Umfang dort bis dahin fremde Rassen ein. Insbesondere dürften oft ganze Kavallerieeinheiten mitsamt ihren Pferden von einem Reichsteil in einen anderen verlegt worden sein. Blieb dann ein Reiterverband längere Zeit in einem Gebiet stationiert, das eine brauchbare eigene Pferdepopulation besaß, wird man, ähnlich wie bei den Mannschaften, auch bald bei den Reittieren zur lokalen „Rekrutierung" übergegangen sein. Auf jeden Fall war eine mehr oder weniger intensive und recht unterschiedliche Ergebnisse zeitigende Vermischung der Rassen die Folge, teils durch Zufall, teils in züchterischer Absicht.

Daß die Römer Pferde verschiedener Herkunft bereits mit System kreuzten, geht aus den Texten antiker Autoren hervor. Allerdings legten sie dabei keine klar definierten Rassen zugrunde, sondern hielten sich an die oft zufälligen physiognomischen Eigenschaften und sonstigen individuellen Qualitäten der zur Verfügung stehenden Pferde. Wie rasch aber nach bestimmten Kriterien – gleichgültig, ob wissenschaftlichen oder unwissenschaftlichen – gehandhabte Selektion und/oder Kreuzung eine Pferdepopulation zu verändern vermögen, hat die neuere Züchtungsgeschichte immer wieder bewiesen.

Es dürfte daher müßig sein, nach irgendwelchen rezenten Pferdeschlägen Ausschau zu halten, die blutmäßig unverfälscht von den „Römerpferden" abstammten. Züchter bestimmter Rassen neigen zwar dazu, in mythologisierender Weise ihre Tiere auf „Ritterpferde", „Römerpferde", „Keltenpferde" oder gar auf irgendwelche vorgeschichtlichen Wildpferdearten zurückzuführen, doch darf man davon ausgehen, daß ziemlich jede der heute existierenden Pony- und Pferderassen im Laufe der Geschichte, ganz besonders aber in der experimentierfreudigen Zeit nach 1700 durch Einkreuzung und Selektion verändert wurde. Sachzwänge und, fast mehr noch, Moden haben die Züchter immer wieder veranlaßt, neue Zuchtziele anzustreben. Was die Reitpferde anbetrifft, wurden im Mittelalter und in der Frühneuzeit mit Vorliebe Andalusier eingekreuzt, um die Wende vom 18. zum 19. Jahrhundert wandelte sich der Geschmack, und der Araber und das englische Vollblut traten ihren Siegeszug an, mit ähnlich tiefgreifenden züchterischen Konsequenzen. Anders als bei den Gebrauchspferden früherer Zeiten wurde das Zuchtziel mehr und mehr von der hochspezialisierten Verwendung im Renn- und Springsport geprägt, die, zusammen mit Renommiersucht, zur Bevorzugung möglichst großer, in vieler Hinsicht unzweckmäßiger Pferde führte. Von diesen Tendenzen blieben noch am ehesten solche Pferderassen verschont, die entweder geographisch isoliert lebten, oder die von ihrer Physiognomie her vom herrschenden Geschmack so weit entfernt waren, daß man auch durch züchterische „Verbesserungen" zu keinem adäquaten Ergebnis zu kommen hoffen durfte. Das gilt etwa für das Islandpony, das Fjordpferd, das Sorraia- und das Camarguepferd.

Möchte man nun die rezenten Pferdearten bestimmen, die, unabhängig von ihrem tatsächlichen Erbgut, die für die Pferde der Römerzeit nachgewiesenen Merkmale besitzen, muß man diese Merkmale möglichst präzis zu erfassen versuchen. Zunächst einmal wird man zu diesem Zweck die bildlichen Darstellungen, die die Römer hinterlassen haben, zu Rate ziehen. Hier ist aber große Vorsicht geboten, da die Künstler die Tiere manchmal bis zur Unbestimmbarkeit sti-

Abb. 21 Römische Kavallerie greift sarmatische Panzerreiter an. Detail von der Traianssäule in Rom, 107–117 n. Chr. Die Pferde sind so klein dargestellt, daß die Füße der Reiter förmlich am Boden schleifen.

Im Laufe der Kriegsgeschichte hat es sich jedoch immer wieder gezeigt, daß kleine unscheinbare Pferde wie die der Mongolen und Kosaken sehr brauchbare Reittiere für militärische Zwecke abgeben konnten, die in mancher Hinsicht großen und schweren Kavalleriepferden überlegen waren, vor allem, was Ausdauer, Genügsamkeit, gesundheitliche Widerstandskraft und Wendigkeit anbetrifft. Nicht umsonst hat sich für viele Großponies heute der Ausdruck Robustpferde eingebürgert.

Man darf auch die Kraft kleiner Pferde nicht unterschätzen, die oftmals relativ größer ist als die weit mächtigerer Tiere. Im Verhältnis zu seiner Körpergröße ist das winzige Shetland-Pony das stärkste aller Pferde. 1820 trug ein solches Zwergpferd von nur 91 cm Widerristhöhe einen 76,5 kg schweren Mann an einem Tag 65 km weit. Auch heute werden Distanzreitwettbewerbe meist von Großponies und kleinen Großpferden wie Arabern, Quarter Horses und Islandponies bestritten und gewonnen, nicht aber von großen Warmblütern. Kleine Pferde sind nicht nur im allgemeinen zäher als große, sie gewähren auch dem Reiter einen wesentlich angenehmeren Sitz in allen Gangarten.

Die Marschfähigkeit einer Reitertruppe wird also durch die relative Kleinwüchsigkeit ihrer Pferde keineswegs eingeschränkt, wohl aber ihre Wirksamkeit im Nahkampf. Große Pferde können bei entsprechender Eignung und Ausbildung nicht nur schneller rennen und höher springen als kleine, weshalb heute im Leistungssport fast nur große Vollblüter und Warmblüter eine Rolle spielen, sie entwickeln naturgemäß auch eine überlegene Wucht im Anprall. Im Handgemenge ist der von einem höheren Sitz aus stoßende und hauende und von einem kraftvoller drängenden Pferd unterstützte Reiter gleichfalls im Vorteil. Nicht zu übersehen ist schließlich die psychologische Wirkung großer Pferde, die das Selbstgefühl ihrer Reiter zu heben und den Schock beim Gegner zu steigern geeignet ist.

Solange es aber die Römer nicht mit größeren und schwereren Pferden als den eigenen zu tun bekamen – und nur die Perser scheinen damals über solche verfügt zu haben –, machte sich das so wenig bemerkbar wie der Mangel des Steigbügels. Um einen gepanzerten Mann im Galopp an den Gegner zu bringen und um die im Gefecht notwendigen Wendungen und Schwenkungen mit entsprechender Schnelligkeit und Sicherheit auszuführen, reichten Kraft und Größe der Römerpferde allemal aus.

Ob die noch kleineren Kelten- und Germanenpferde den Anforderungen regelrechter Schocktaktik gewachsen waren, muß allerdings fraglich erscheinen. Nicht umsonst hatte sich der Streitwagen bei den Kelten noch lange großer Beliebtheit erfreut, als er im Mittelmeergebiet schon seit Jahrhunderten außer Gebrauch gekommen war. Auch die Gewohnheit keltischer und vor allem germanischer Krieger, im Nahkampf vom Pferd zu springen, dürfte zeigen, daß sie ihren Tieren mehr Wert als Transport- denn als Kampfmittel beimaßen. Der Import römischer Pferde durch den keltischen Adel schließlich läßt erkennen, daß dieser mit den Leistungen der eigenen Tiere nicht ganz zufrieden war.

Zum Abschluß sei erwähnt, daß die römische Kavallerie neben Pferden vereinzelt auch Kamele als Reittiere einsetzte. Im Orient sind für die Kaiserzeit mehrere Alen von *dromedarii* nachgewiesen, und selbst nördlich der Alpen wurden in einigen Lagern Überreste von Kamelen gefunden.

## DAS CAMARGUEPFERD

Nach Rücksprache mit vielen Fachleuten entschlossen wir uns, für die experimentellen Ritte in rekonstruierter römischer Kavallerieausrüstung Camarguepferde zu benutzen. Die Tiere entspre-

Abb. 30 Ein vollendet ausgebildetes Camarguepferd. Jean-Pierre Godest mit seinem Hengst Flambéo unter dem Bogen des Dativius Victor in Mainz (April 1988). ▷

chen mit einem Stockmaß zwischen 135 und 145 cm und ihrem meist mittelschlanken, manchmal aber auch grazilen, manchmal schweren Körperbau sehr gut dem typischen römischen Kavalleriepferd. Des weiteren gelten die Camargues (nicht Camarguesen!) als überaus robust, anspruchslos, ausdauernd und wendig und sind in ihren besseren Exemplaren als Stierhüte- und Stierkampfpferde in einer Weise zugeritten, die den Erfordernissen des Gefechtsreitens entgegenkommt.

Die Abgeschiedenheit und die kargen Lebensbedingungen des Rhonedeltas haben die halbwild aufwachsenden Schimmel nicht nur sehr hart und widerstandsfähig gemacht, sondern sie auch gegen die Umwelt abgeschirmt, so daß diese noch sehr ursprüngliche Rasse von tiefgreifenden Verfälschungen verschont blieb. Die häufig geäußerte Annahme, das Camarguepferd sei stark mit Arabern und Berbern vermischt worden oder stamme gar von diesen ab, hat sich bei Blutanalysen nicht bestätigt. Wenn es auch unbewiesen ist, daß die Rasse sich vom vorgeschichtlichen Solutréen-Pferd herleiten lasse, darf man doch davon ausgehen, daß die Camargues noch direkt mit den römisch-keltischen Pferden des Altertums zusammenhängen. Es ist bekannt, daß die Römer in dem Gebiet, das die Camarguepferde bevölkern, Gestüte unterhielten, die frühkaiserzeitlichen Monumente in Orange und St-Rémy mit ihren Reiterkampfdarstellungen sind nicht weit entfernt. Die berühmten weißen Pferde der Camargue boten sich also unter allen noch existierenden Robustpferderassen als die geeignetste Lösung an.

Die einheitliche Schimmelfärbung war natürlich optisch reizvoll, wenn auch sachlich nicht erforderlich. Die römischen Kavalleriepferde kamen gewiß in allen möglichen Farbschattierungen vor, obwohl es nicht unwahrscheinlich sein dürfte, daß man, wie das aus späteren Zeiten öfters bekannt ist, gerade bei einer Eliteeinheit wie einer *ala miliaria* versuchte, den einzelnen Abteilungen, also den Turmen, Pferde von einheitlicher Farbe zu geben.

Der Deutsche Camarguezüchterverband beschreibt das Exterieur des Tieres folgendermaßen: „Das Camarguepferd wird stets schwarz, schwarz-braun oder dunkelgrau geboren. Im Laufe der folgenden Jahre erhält es dann seine typische Schimmelfarbe, oft mit rotbrauner oder hellgrauer Schattierung. . . Ein Pferd von 135–145 cm Stockmaß, Gewicht zwischen 300 und 400 kg, Brustumfang zwischen 155 und 169 cm. Breite Stirn mit leicht konkaver Nasenlinie. Die Ganaschen kräftig, Augen groß, Ohren kurz, meist in Bewegung. Die Schulter ist steil und kurz, die Flanke solide und geschmeidig, Kruppe kurz und leicht abfallend.

Die muskulösen und trockenen Gliedmaßen sind gut proportioniert. Viele Tiere stehen zehenweit. Die Fesseln sind lang, wie das bei vielen Tieren der Fall ist, die in feuchten Gebieten leben. Die Hufe sind breit, flach, wie für den Morast geschaffen, ausnehmend hart und gesund. Das reinrassige Camarguepferd ist ein Beinahe-Quadrat-Pferd und läßt sich dank seines Formats besonders leicht im Gleichgewicht reiten . . . Das Camargue-Pferd wirkt in Ruhe oft auseinandergefallen und schläfrig; seine Lebendigkeit und Aufmerksamkeit hebt es für die Aktion auf."

Der zehnjährige Hengst Pegasus erzielte bei einem Testritt aufgesattelt und mit Reiter auf ebener Wiese folgende Geschwindigkeiten:

Schritt 4–7 km/h
verhaltener Trab 12–14 km/h
schneller Trab 18–20 km/h
verhaltener Galopp 20–30 km/h
gestreckter Galopp 45–52 km/h

Unser schnellstes Pferd, der Hengst Incitatus Eroticus, kam beim Rennen im Circus des Maxentius auf Geschwindigkeiten von über 60 km/h.

Abb. 31,32 Ein zierlich und ein wuchtig gebauter Camarguehengst: Oben Incitatus Eroticus in Norma/Italien (Juni 1989), unten Pegasus bei Ratzenhofen (Juni 1988). Beide Tiere haben 142 cm Stockmaß. Man vergleiche die „Orginale" Abb. 23 und 205. ▷

Auf unserem Limesritt im Juli 1988 wurden insgesamt acht Pferde eingesetzt, zwei Hengste und sechs Wallache. Die übliche Annahme, Hengste würden größere Probleme verursachen als Wallache, hat sich in keiner Weise bewahrheitet.

Zwei der Pferde wurden im Frühjahr 1987 von Südfrankreich nach Ratzenhofen in Niederbayern gebracht, die restlichen sechs folgten ein Jahr später und wurden auf die verschiedenen Mitreiter verteilt. Das Camarguepferd ist bekannt dafür, sehr viel Persönlichkeit zu besitzen. Das hat Vor- und Nachteile. Die Tiere sind ruhig und sicher im Gelände, nervenstark im Verkehr und in Menschenmengen, temperamentvoll und explosiv beim Gefechtsreiten, einige konnten aber auch bisweilen ihre Eigenwilligkeit zur Sturheit steigern, und einige waren unberechenbar und zeigten ihr Feuer manchmal im unrechten Augenblick. Eine gebrochene Rippe, ein gebrochenes Schienbein, ein gebrochener Daumen und zwei gebrochene Rückenwirbel sowie eine Bänderzerrung am Knie waren der Tribut, den wir während der Vorbereitungsritte der ab und zu durchbrechenden Wildheit unserer Reittiere zollen mußten. Trotz dieser schmerzlichen Einlagen waren die Erfahrungen, die wir mit dem Camarguepferd machten, insgesamt sehr positiv.

Die Tiere wurden ihrem Ruf als hervorragende Gewichtsträger und ausdauernde Marschierer gerecht, sie zeigten in fast allen Situationen gute Nerven und erwiesen sich als genügsam im Futter und ziemlich unempfindlich gegen Witterungseinflüsse. Nicht minder gut bewährten sich die meisten von ihnen im Gefechtsreiten, bei dem es um Wendigkeit, Antrittsschnelle und Angriffslust geht. Die bei Reitstallpferden oft zu beobachtende Neigung, auszuweichen oder auszureißen, wenn man im Galopp aufeinander losgeht, gab es bei unseren Tieren nicht. Mit der ungewohnten römischen Ausrüstung kamen alle von ihnen mit einer Ausnahme auf Anhieb zurecht, als hätten sie nie mit etwas anderem zu tun gehabt.

## ZUCHT UND PFLEGE

Die Pferdezucht wurde von den Römern mit System betrieben. Man richtete sich dabei vor allem nach griechischen und karthagischen Lehrbüchern. Am lukrativsten war zweifellos die Zucht der wertvollen Rennpferde. Die zum überwiegenden Teil reichen Privatleuten, zum Teil aber auch dem Kaiser gehörenden Spezialgestüte lagen vornehmlich in Nordafrika, Spanien, Sizilien, Kappadokien und einigen griechischen Landschaften. Quantitativ spielte natürlich die fast überall im Reich betriebene Zucht von Militär- und Reisepferden eine weit größere Rolle.

Die Aufzucht der Fohlen verlief bei einfachen Gebrauchspferden wohl ohne große Umstände, bei den wertvollen Tieren mit Stammbaum dagegen war schon das Beschälen ein akribisch vorbereiteter und sorgfältig überwachter Vorgang. Der Zuchthengst wurde mit Mastfutter für seine Aufgabe gestärkt. „Sie mähen die blühende Wiese für ihn, bedienen ihn mit Wasser und Getreideschrot, auf daß er nur ja nicht versage bei seiner zärtlichen Arbeit, und daß nicht verkümmerter Nachwuchs vom Darben der Väter zeuge.“ (Vergil, Georgica, III.126–128). Die Stuten setzte man dagegen auf Diät, „damit nicht durch übergroße Geilheit der Zeugungsacker abstumpfe und seine Furchen unfruchtbar verschlammen, damit sie vielmehr durstig das Geschlecht in sich eindringen lasse und tief innen empfange.“ (Vergil, Georgica, III, 135–137)

Dabei assistierte ein speziell ausgebildeter Pferdeknecht, den man anzüglicherweise *origa* (von *auriga*), also Wagenlenker nannte. Vor dem Sprung hatte er sich von dem *obsequium*, der Willigkeit der Stute, zu überzeugen, wozu er sich eines weniger wertvollen Probierhengstes bediente (Columella, *De re rustica*, VI,27,10). War das Ergebnis positiv, konnte der Zuchthengst gefahrlos ans Werk gehen.

Nicht zu vergessen ist, daß viele Stuten nicht der Aufzucht von Pferden, sondern von Maultieren dienten, also von Eselhengsten begattet wurden. Man nannte diese Stuten *mulares*. Maulesel (*hinni/hinnuli*), die Nachkommen von Eselstuten und Pferdehengsten, waren dagegen

bb. 33 Harmloser Sturz: Wolfgang Schuster sitzt beim Übungs-echten in Weißenburg unfreiwillig von Castor ab. (Juli 1988)

bb. 34 Böser Sturz: Heiner Knorr wird im Castell *Abusina* Eining) von Pollux abgeworfen und fällt rücklings in seinen child. Zwei gebrochene Rückenwirbel sind die Folge. (Juni 1988)

bb. 35 Pollux hat wieder zugeschlagen, und der Verfasser muß len Vorführungen seiner Mitreiter in Mainz zu Fuß beiwohnen. )as Pferd war in Panik gestürzt und auf den Reiter gefallen – chienbeinbruch. (April 1988)

bb. 36 Trotz gebrochenem Daumen – das Werk von Flavius – itzt Wolfgang Schuster schon wieder auf dem Pferd. (Köngen, uni 1988)

wenig geschätzt. Die Maultierpopulation dürfte im Römischen Reich kaum geringer als der Bestand an Pferden gewesen sein, während reinrassige Esel weniger häufig gehalten worden zu sein scheinen. Als Trag- und Zugtier war der *mulus* den damaligen Pferden überlegen, zudem kam er in der Anschaffung und Haltung billiger.

Kehren wir aber zur Pferdezucht zurück. War das Fohlen fünf Monate alt, begann man laut Varro behutsam mit der Getreidefütterung. In dieser Zeit dürfte das Tier auch mit dem Brandzeichen (*character*) versehen worden sein. Nach zwei Jahren trennte man es von der Mutter, ein Jahr später begann die Ausbildung. „Sind aber drei Sommer vergangen und der vierte ist da, dann wird es Zeit, daß er damit beginne, die kreisförmige Reitbahn [*gyrus*] abzuschreiten und im versammelten Schritt seine Hufe ertönen zu lassen, er soll in wechselnden Wendungen seine Beine biegen, und man soll sehen, daß er gearbeitet wird. Den Wind wird er dann zum Wettlauf herausfordern und über das offene Feld dahinfliegen, als trüge er keine Zügel, und selbst die oberste Schicht des Sandes wird kaum eine Hufspur tragen." (Vergil, Georgica, III.190–195)

Bei der Ausbildung des jungen Pferdes ging man in der Antike durchaus nicht mit roher Gewalt vor, sondern versuchte, das Tier behutsam an seine Aufgaben heranzuführen. So heißt es bei Xenophon: „Die beste Regel und Gewohnheit besteht darin, sich ihm nie im Zorn zu nähern. Denn unberechenbar ist der Zorn und er führt oft zu einer Tat, die man später zu bereuen hat. Scheut das Pferd vor etwas und weigert sich heranzugehen, dann muß man ihm zeigen, daß es gar nichts Schlimmes ist. Am besten mit Hilfe eines mutigen Pferdes, ansonsten, indem man den gefürchteten Gegenstand selbst anfaßt und das Pferd sanft herbeiführt. Reiter, die ihre Pferde durch Schläge zwingen, verschlimmern die Furcht, da die Pferde dann glauben, auch an dieser unangenehmen Erfahrung sei der Gegenstand schuld, vor dem sie scheuen." (Xenophon, Reitkunst,VI,13–15)

Neben dem sommerlichen Grünfutter und dem winterlichen Heu wurden den Pferden Rüben und Rübenblätter, Laub, Stroh, Trester, Spreu, Hafer, Weizen, vor allem aber Gerste (*hordeum*) verfüttert. Dieses für den menschlichen Verzehr wenig geschätzte Getreide – Gerstenrationen galten beim Militär als Strafe – pflanzte man hauptsächlich als Viehfutter an. Bei den Pferden spielte es die Rolle, die heute dem wegen seines höheren Eiweißgehalts eigentlich weniger geeigneten Hafer zukommt.

Nach Polybios, der um die Mitte des 2. Jahrhunderts v. Chr. schrieb, wurden bei der Kavallerie damals für einen *eques* der römischen Adelsreiterei 7 attische Medimnen Gerste und 2 Medimnen Weizen im Monat gerechnet, für einen Reiter der italischen Verbündeten 5 Medimnen Gerste und 1 1/3 Medimnen Weizen. Der Vergleich mit der Weizenration des Fußsoldaten (2/3 Medimnen) läßt den Schluß zu, daß die Reiterrationen für mehr als einen Mann bestimmt waren, nämlich außer für den Kavalleristen selbst auch für seine Burschen (*calones*). Der römische Reiter hätte dann zwei, der verbündete einen Burschen gehabt. Mit den Gerstenrationen der Pferde wird es sich ähnlich verhalten haben. Der römische *eques* hatte drei, der bundesgenössische zwei Tiere zu versorgen. Das Verhältnis stimmt nicht genau, was damit zusammenhängen dürfte, daß Polybios römische Maße (*modii*) ab- oder aufgerundet in griechische (μέδιμνοι) umgerechnet hat und ihm dabei eine kleine Unstimmigkeit unterlaufen sein wird.

Abb. 39 Das Gestüt und die Rennpferde eines gewissen Pompeianus aus Oued Athménia bei Cirta (Constantine in Algerien), Mosaik aus dem Bad des Pompeianus. Oben ist die Villa abgebildet, beiderseits wohl die Stallungen. Darunter sieht man, an ihren Krippen angebunden, die Lieblingspferde des Pompeianus. Sie tragen alle bunte Schabracken (*saga* oder *tegimenta*) mit geometrischen Mustern. Jedes Tier ist mit Namen bezeichnet, in zwei Fällen sind liebevolle Sprüche hinzugefügt: *Altus* („Erhabener") – *unus es, ut mons exultas* („Du bist einzig, hoch wie ein Berg sind deine Sprünge"), *Pullentianus* („Rappe"), *Delicatus* („Feiner Kerl"), *Polidoxus* („Ruhmreicher") – *vincas, non vincas, te amamus, Polidoxe* („Du magst siegen, du magst nicht siegen, wir lieben dich, Polidoxus"), *Titas* („Titan") und *Scholasticus* („Student"). Das Mosaik ist heute zerstört. ▷

bb. 37 Pferde auf der Weide. Detail aus einem Mosaik des Jahrhunderts n. Chr. im Peristyl-Hof des Großen Kaiserpalastes on Konstantinopel. Die Pferde grasen in einer bukolischen Szerie zwischen anderen Tieren, links unten ein Esel, dem das gebotene Futter nicht zu schmecken scheint.

Abb. 38 Pferde auf der Weide. Detail aus einem Mosaik des 3. Jahrhunderts n. Chr. aus dem Haus des Sorothus in Hadrumetum (Sousse in Tunesien), Musée de Sousse.

Man nimmt den attischen Medimnos zu 52,5 Liter an, das entspräche etwa 30 kg Gerste. Demnach kämen auf den römischen Reiter 210 kg und auf den bundesgenössischen 150 kg monatlich, also 7 bzw. 5 kg am Tag. Geht man von der oben vermuteten Pferdezahl aus, dann hätte das Pferd 2,3–2,5 kg Gerste pro Tag erhalten. Das ist natürlich ein Durchschnittswert, je nach Größe des Tieres und vor allem je nach Anstrengung mußte mehr oder weniger gefüttert werden. Diese Menge deckt sich recht gut mit dem, was uns für den 142 cm großen und um 400 kg schweren Camarguehengst Pegasus von auf Pferdeernährung spezialisierten Tierärzten als Idealration errechnet wurde. Bei stärkster körperlicher Inanspruchnahme sollen ihm bei gleichzeitigem Weidegang täglich 3 kg Gerste und ein kleines Quantum Salz verfüttert werden, bei ruhigem Stehen 1/2 kg Gerste. Das Getreide wird verabreicht, wie es ist, weder geschrotet noch eingeweicht. Während unseres 4wöchigen Übungsaufenthalts in Italien zeigte es sich, daß diese 3 kg auch bei sehr geringem Weidegang völlig ausreichend sind. Pegasus ist unser schwerstes Pferd, die anderen Tiere liegen bei 300–360 kg, für sie sind die 2 1/2 kg der Römer mehr als genug.

Vegetius teilt uns in seiner *Mulomedicina* ein Rezept für Kraftnahrung mit, das angewandt wurde, wenn ein Pferd rasch an Muskeln und Gewicht zunehmen sollte. 4 *modii* Gerste (34,8 Liter, etwa 21 kg) mischt man mit 8 *sextarii* (4,34 Liter) Bohnen, 8 *sextarii* Kichererbsen, 4 *sextarii* Weizen, 4 *sextarii* Bockshornklee und 1 *sextarius* Wicken. Ein *modius* (8,7 l) von diesem Gemisch wurde über Nacht eingeweicht und am nächsten Tag in zwei Portionen verabreicht.

Im Sommer standen die Pferde meistens auf der Weide, im Winter im Stall. Vegetius gibt uns eine ausführliche Vorschrift für eine vorbildliche Stallführung, die man durchaus auch in jedes moderne Pferdequartier hängen könnte:

„Ein gewissenhafter Herr wird den Stall [*stabulum*] häufig aufsuchen. Sein erstes Augenmerk soll darauf gerichtet sein, daß der Bretterboden mittels untergelegter kleiner Pfeiler ein Stück über dem Niveau des Erdbodens liegt und daß er nicht, wie es aus Unwissenheit oder Nachlässigkeit oft geschieht, aus weichem Holz, sondern solide mit der Härte und Festigkeit der zähen Eiche zusammengefügt sei. Diese Art von Holz macht nämlich die Hufe der Pferde hart wie Felsen. Außerdem muß der Graben, der den Urin aufnimmt, einen Abflußkanal haben, damit er nicht vom Abwasser überlaufend die Füße der Tiere überschwemme. Der ‚*patena*' genannte Trog, in den die Gerste geschüttet wird, muß immer sauber sein, um zu verhindern, daß irgendwelcher Schmutz dem Futter beigemengt werde und Schaden anrichte. Man muß ihn ferner mit marmornen, steinernen oder hölzernen Trennwänden in Abschnitte aufteilen, damit die Tiere ihre Gerste ganz auffressen können, ohne daß sie ihnen ein anderer wegschnappt. Denn manche sind Vielfraße, die, nachdem sie ihren Teil schnell heruntergeschlungen haben, sich über den ihres Nachbarn hermachen. Andere wieder sind so veranlagt, daß sie Zurückhaltung üben und recht langsam fressen, weshalb sie, wenn sie nicht gesondert gefüttert werden, infolge der Raffgier ihrer Nachbarn abmagern. Die Heuraufe, die man gewöhnlich Egge [*occa*] nennt, sollte für die Größe der Pferde nicht zu hoch angebracht sein, damit sie sich nicht den Hals verrenken, aber auch nicht zu niedrig, sonst würde sie ihnen Augen und Kopf aufreiben. Man muß möglichst viel Licht in den Stall eindringen lassen, auf daß die Pferde nicht, wenn man sie, die nur ans Dunkel gewöhnt sind, an die Sonne bringt, entweder geblendet werden oder an Schärfe des Augenlichts verlieren. Im Sommer muß man den Pferden sowohl am Tage als auch in der Nacht auf offenen Koppeln die frische Luft [*libera aura*] bieten, im Winter sollen die Ställe eine leicht überschlagene Temperatur haben und nicht zu warm sein. . ., da verschiedene Arten von Krankheiten aus der warmen Ausdünstung der Tiere selbst entstehen. Wenn man sie unabgehärtet an die Kälte bringt, werden sie durch den ungewohnten Frost sofort krank.

Ganz besonders ist darauf zu achten, daß alles was man den Tieren je nach lokaler Gewohnheit und vorhandenem Vorrat verabreicht, sei es Heu, sei es Stroh, seien es Bündel von Wicken, unverdorben, wohlriechend und sauber geliefert werde. Bei der Gerste muß man die gleiche Sorge tragen, daß sie weder staubig sei noch mit Steinchen vermischt oder schimmelig, nicht vom Alter verdorben, aber daß sie auch nicht, wenn sie unmittelbar von der Tenne kommt, durch ihre Frischheit explosive Folgen zeitige. Auch das Wasser muß das ganze Jahr über klar, kühl und beständig fließend sein, denn was auch immer an Schädlichem im Trinkwasser herumschwimmt, es macht daraus eine Giftbrühe.

Zweimal am Tag müssen die Tiere am ganzen Körper fleißig durchmassiert werden; diese Übung macht sie zutraulich und fügsam und sie lockert die Haut, läßt sie fett und geschmeidig werden. Übrigens sollte man die Gerste nicht einmal und auch nicht zweimal am Tage verfüttern, sondern auf mehrere Portionen verteilen. . . " (Vegetius, Mulomedicina, I.56,2–10)

Leider sind bisher nur sehr wenige eindeutig identifizierbare zivile oder militärische Ställe ausgegraben worden, so daß wir die Mitteilungen der Schriftsteller kaum durch archäologisches Material ergänzen können. Bei der überall zu beobachtenden Vorliebe der Römer für Sauberkeit, Ordnung und Effizienz dürfen wir aber davon ausgehen, daß die Ställe in der Regel wirklich solide gebaut, hell und luftig waren und durch ein gut funktionierendes Kanalsystem entsorgt wurden. Da an Personal kein Mangel herrschte, wird auch die Pflege und Fütterung meist so sorgfältig und arbeitsintensiv durchgeführt worden sein, wie Vegetius es beschrieben hat.

Besonderen Wert legte man im Altertum auf harte und gesunde Hufe. Die Pferde waren ja im allgemeinen nicht beschlagen, die Hufe daher einer weit stärkeren, wenn auch natürlicheren Beanspruchung ausgesetzt als heute. Die Tiere sollten trocken und auf möglichst hartem Boden stehen. Die Hufpflege (*aptatura pedis*) wurde mit dem *ferramentum (concisorium)* vorgenommen. Die Wirkmesser, von denen sich etliche erhalten haben, waren Mehrzweckgeräte, die sowohl zum Auskratzen wie auch zum Ausschneiden der Hufe dienten. Die Schneideklinge war ein scharfes Hohleisen, mit dem man die ausgebrochenen Hufe rundhobeln konnte. Es mußte sehr vorsichtig eingesetzt werden, da man mit einem unbedachten Schnitt leicht für längere Zeit irreparablen Schaden anrichten konnte. Vegetius teilt uns auch das Rezept für eine Salbe mit, die den Huf pflegen und schützen und das Hornwachstum fördern soll. Sie besteht aus Teer, Knoblauch, Öl, Schweinefett, Wermut und Essig, die man zusammen erhitzt.

*Abb. 42–44*

Für die Gesundheit der Pferde waren Tierärzte verantwortlich, die man unter verschiedenen Namen wie *veterinarius* (von *veterinae* – „Vieh"), *medicus equarius* (Pferdearzt) und *mulomedicus* (Maultierarzt) kannte. *Mulomedicus* war, zumindest in der Spätantike, die gebräuchlichste Bezeichnung und wurde umfassend verwendet, ein *mulomedicus* kümmerte sich also keineswegs nur um die Maultiere, sondern auch um Pferde und Rinder. Es gab verschiedene Kategorien von Tierärzten. Gutsbesitzer ließen manchen ihrer als Hirten oder Stallknechte eingesetzten Sklaven einige Kenntnisse beibringen und gaben ihnen auch, wie Varro berichtet, schriftliche Anleitungen auf die Weide mit. Die meisten von ihnen konnten natürlich nur leichtere Fälle behandeln und Erste Hilfe leisten. Wurde es komplizierter, mußte man einen der frei praktizierenden professionellen *mulomedici* holen, die gewöhnlich Freigelassene waren. Sie arbeiteten gegen Lohn, auf dem Preisedikt des Diocletian aus dem Jahre 301 n. Chr. finden sich auch tierärztliche Leistungen aufgeführt:

„Der *mulomedicus* darf für das Stutzen der Mähne [*tonsura*] und die Hufpflege [*aptatura pedum*] pro Tier 6 Denare verlangen. Für Aderlaß [*depletura*] und Entschleimung des Kopfes [*purgatio capitis*] stehen ihm pro Tier 20 Denare zu."

Für die Tiere, die im Circus und im Amphitheater eingesetzt wurden, gab es eigene Ärzte, in der Regel Sklaven oder Freigelassene. Der *cursus publicus*, die Staatspost, unterhielt auf ihren Stationen ebenfalls eigene Tierärzte, die sich aus dem gleichen Personenkreis rekrutierten. Schließlich hatte die Armee einen großen Bedarf an *veterinarii*, wie Tierärzte hier meist genannt wurden. Es handelte sich um Soldaten, also Freie, die im Range von *immunes* standen, was man etwa mit „Gefreite" übersetzen könnte. Es mag auch höhergestellte Oberveterinäre gegeben haben.

Wir wissen recht gut Bescheid über den Kenntnisstand und die Methoden der antiken Tiermedizin, da sich mehrere Fachbücher wie die des Vegetius und des Chiron (beide 4. Jahrhundert n. Chr.), des Varro (1. Jahrhundert v. Chr.) und des Columella (1. Jahrhundert n. Chr.) erhalten haben. Sie fußen im wesentlichen auf den Werken älterer griechischer und karthagischer Spezialisten, von denen der bedeutendste der im 3. Jahrhundert v. Chr. schreibende Karthager Mago gewesen zu sein scheint. Interessant ist die Begründung, die Vegetius, der selbst kein ausgebildeter Veterinär, aber Besitzer großer Gestüte war, zu Beginn seiner „*Mulomedicina*" für sein Unterfangen angibt: „Das Tier kann ja nicht für sich sprechen, während dem Menschen es möglich ist, die Symptome seiner Krankheit selbst zu beschreiben."

Viele der aus der Erfahrung erwachsenen Behandlungsmethoden waren zweckmäßig, daneben spielten aber auch abergläubische Vorstellungen eine Rolle, und unausrottbar geisterte die unselige Idee durch die Köpfe der Tierärzte (wie auch durch die der Humanmediziner), der Körper müsse in regelmäßigen Abständen von giftigen Säften „entschlackt" werden. Man wandte zu diesem Zwecke vornehmlich den Aderlaß (*depletura*) an, und zwar nicht nur bei kranken, sondern auch bei ganz gesunden Tieren. Die Blutentnahme, die an der Jugularader unterhalb des Unterkieferwinkels mit einer Lanzette (*sagitta*) vorgenommen wurde, war so stark, daß die Patienten nach der Behandlung eine Woche lang in einem dunklen Stall gehalten werden mußten.

Das Kastrieren von Hengsten scheint dagegen wenig geübt worden zu sein. Während die Fachliteratur lange Abhandlungen darüber enthält, wie man diesen Eingriff an Rindern, Schweinen und Schafen vornimmt, werden die Pferde in dieser Hinsicht mit Schweigen übergangen. Nach Varro bevorzugte man beim Militär Hengste, im Postdienst dagegen Wallache. Die bildlichen Darstellungen lassen deutlich erkennen, daß man die „hengstigen" Merkmale, die breite Brust, den starken Hals, die stolze Haltung sehr schätzte. Im Nahkampf bietet der Hengst wegen seiner größeren Aggressivität und seines überlegenen Selbstbewußtseins auch praktische Vorteile. Daß Hengste notwendigerweise schwieriger und gefährlicher seien als Stuten und Wallache, ist eine Legende. Die vier Knochenbrüche und die eine Bänderzerrung, die es bei unseren Proberitten gab, gingen durchwegs auf das Konto unserer Wallache, während die beiden

Abb. 40 Weiherelief eines Tierarztes aus *Aquae Sextiae* (Aix-en-Provence). Rechts wird ein Aderlaß vorgenommen, links hält ein Tierarzt oder Tierarztgehilfe das Pferd am Schopf, während er ein nicht mehr identifizierbares Gerät bereithält. In der Mitte ist ein nußknackerförmiges Werkzeug abgebildet, das verschiedentlich als Nasenkneife („Bremse") gedeutet wurde, bei dem es sich aber tatsächlich um eine Kastrierzange handeln dürfte, wie sie im Original, aus Bronze oder Eisen gefertigt, mehrfach gefunden worden ist. Aix-en-Provence, Musée d'Aix. ▷

Abb. 41 Grabstein eines *mulomedicus*, der eine Hipposandale, einen eisernen Hufschuh, in der Hand hält. Relief aus *Scarponna* (Charpaigne). Nancy, Musée Lorrain.

Abb. 42 Eisernes Wirkmesser zur Hufbearbeitung aus Seebruck (Bayern). München (Prähistorische Staatssammlung)

Abb. 43, 44 Gebrauch eines rekonstruierten Wirkmessers. Es wird zum Glätten des Hufes und vor allem des Hufrandes und zum vorsichtigen Ausschneiden am Strahl verwendet. Die spitzen Vorsprünge des Gerätes können auch als Hufkratzer dienen, obwohl ein unbeschlagener Huf verhältnismäßig wenig ausgekratzt werden muß. Rekonstruktion: Kunstschmiede Karl Huber, Train.

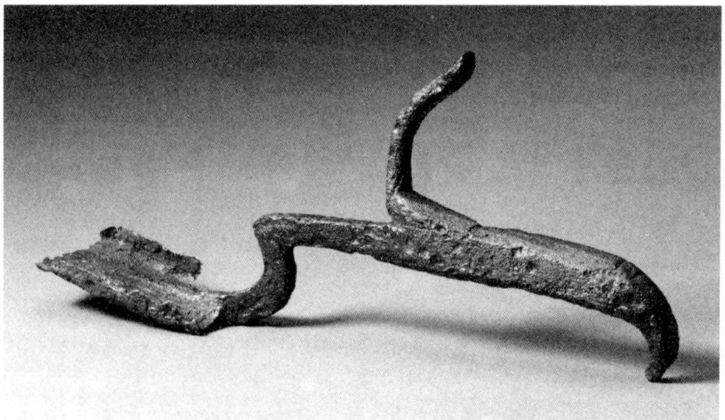

Hengste sich selbst in Gegenwart von Stuten völlig unter Kontrolle halten ließen. Daß man Pferde seltener kastrierte, mag auch mit einer gewissen respektvollen Scheu zusammengehangen haben, die man gegenüber dem edlen Gefährten der Götter und Helden im Gegensatz zu anderen Haustieren empfand.

Die Einstellung der Römer dem Tier gegenüber war sehr widersprüchlich. Auf der einen Seite stehen zahlreiche Zeugnisse einer schon fast an moderne Verhältnisse erinnernden gefühlsbetonten Tierliebe, auf der anderen finden wir eine rohe, manchmal geradezu sadistische Unempfindlichkeit gegenüber den Leiden der Kreatur, wie sie am krassesten in den *venationes*, dem öffentlichen Abmetzeln wilder Tiere zum Ausdruck kam. Was speziell das Pferd anbetrifft, so lagen die Extreme nicht so weit auseinander, da es nie als Opfer grausamer Praktiken diente, in der Regel nicht einmal geschlachtet wurde. Die Bandbreite menschlichen Verhaltens reichte aber immerhin noch von enthusiastischer Verehrung über liebevolle Fürsorge bis zu gefühlloser Gleichgültigkeit. Man darf über der gefeierten Prominenz der erfolgreichen Rennpferde und der Reittiere berühmter Persönlichkeiten, deren hochtrabende Namen uns zu Hunderten überliefert sind, nicht die große Masse der durchschnittlichen Gebrauchspferde auf den Straßen, in den Werkstätten und in den Kasernen vergessen, deren Existenz weit weniger beneidenswert gewesen sein dürfte. Von ihnen hören wir wenig, was durchaus nicht heißen muß, daß es ihnen schlecht gegangen ist, jedenfalls solange sie gesund und leistungsfähig waren. Ein regelrechtes Grab hatten sie aber gewiß nicht zu erwarten, wie *Volucer*, der Liebling des Lucius Verus, der auf dem Vatikanischen Hügel bestattet wurde, oder *Borysthenes* („Dnjepr"), das Leibpferd Hadrians, dessen wohl vom Kaiser selbst verfaßte Grabinschrift aus Apt in Südfrankreich wir noch besitzen:

„Borysthenes aus dem Land der Alanen,
Das Leibroß [*veredus*] des Caesar,
Das über Ebenen und Sümpfe
Und über die Hügel Etruriens
Dahinzufliegen pflegte,
Um die pannonischen [importierten?] Keiler zu hetzen,
Und keiner der Eber hat je es gewagt,
Mit weiß schimmernden Hauern
Dem Verfolger zu schaden,
Oder hat den Schweif ganz hinten
Mit speichelndem Maule besprengt,
Wie es zuweilen geschieht.
In der Frische der Jugend vielmehr,
An keinem Gliede verletzt,
Verschied es am ihm bestimmten Tage
Und ruht hier im Gefilde."
(Corpus Inscriptionum Latinarum XII,1122)

Zu welchen krankhaften Extremen die Pferdeliebe gehen konnte, zeigt das Beispiel des Kaisers Caligula, von dem Sueton berichtet: „Seinem Pferd *Incitatus* [Heißsporn], dem er am Tag vor Circusspielen erholsame Ruhe zu verschaffen pflegte, indem er die ganze Umgebung durch Soldaten zur tiefsten Ruhe anhalten ließ, schenkte er, nachdem es schon einen Stall aus Marmor und eine Krippe aus Elfenbein, purpurne Decken und juwelengeschmücktes Zaumzeug besaß, auch noch einen Palast samt Sklaven und Hausrat, damit es die in seinem Namen eingeladenen Gäste in angemessener Pracht empfangen konnte. Er soll sogar vorgehabt haben, ihm die Consulswürde zu verleihen." (Sueton, Divus Caius, 55)

bb. 45 Kampf zweier Camarguehengste auf der Koppel in Ratzenhofen. Links *Pegasus*, rechts *Incitatus*

bb. 46 Camarguepferde im Meer während unseres Übungsaufenthaltes am Strand des Nationalparks Cap Circeo südlich von Rom. uli 1989)

ANNI
AVR

Abb. 49 Stephen Boyd als Messala beim Wagenrennen in der „Ben Hur"-Verfilmung von 1959. Metro Goldwyn Mayer.

◁

Abb. 47 Rennpferd mit Brandzeichen vor einem kahlen Baum, in dessen Ästen Ausrüstungsstücke eines Vogeljägers hängen. Das Bild gehört zu einem großen Tableau von ähnlichen Pferdemosaiken des 2. und 3. Jahrhunderts n. Chr., die im „Maison des Chevaux" in Carthago gefunden wurden. Man vermutet, daß die Figuren und Embleme, die hinter oder über den Pferden abgebildet sind, symbolisch auf den Namen des Tieres anspielen sollten. (Vgl. Abb. 55, 56, 57). In diesem Fall könnte das Pferd *Venator* („Jäger") oder, wahrscheinlicher, *Auceps* („Vogelfänger") geheißen haben. Der längliche Gegenstand im Geäst ist ein Bündel von Leimruten, rechts daneben befindet sich ein Käfig, auf dem ein zahmer Falke sitzt. Letzterer diente dazu, die Beutetiere vor Angst zu lähmen, so daß der Jäger ihnen die Flügel mittels der Leimrute mit Leim bestreichen konnte. Bei den Brandzeichen ANNI/M und AUR dürfte es sich um Züchter- oder Besitzerbrände handeln. Carthage, Antiquarium.

Abb. 48 Modell einer *mansio.* Im Hintergrund das einstöckige Herbergsgebäude mit Zimmern für die Reisenden und das Personal. Von links fährt eine *carruca dormitoria* heran, rechts ist ein weiterer Wagen dieses Typs zu sehen. Daneben stehen Zugtiere zum Wechseln. Modell von Friedrich Giesler, Bonn.

Abb. 50 Stephen Boyd als Messala (links) und Charlton Heston als Ben Hur in William Wylers Verfilmung von 1959. Metro Goldwyn Mayer.

Abb. 51 Charlton Hestons Double überrennt mit seiner Quadriga zwei gestürzte Rennwägen. Bei den Dreharbeiten für die Verfilmung von 1926 waren fast 100 Pferde ums Leben gekommen. In der Furcht vor heftigen Protesten der Tierschutzverbände war man bei der Neuverfilmung von 1959 peinlich bemüht, Unfälle zu vermeiden. Tatsächlich soll es keine ernsthaften Verletzungen bei Mensch oder Tier gegeben haben. Metro Goldwyn Mayer.

Sieht man von solchen grotesken Übersteigerungen ab, dann bleibt immer noch eine Fülle von Zeugnissen einer echten und zweckfreien Pferdeliebe, wie die rührende Inschrift auf einem Mosaik aus Constantine in Nordafrika, das das Rennpferd Polidoxus zeigt:

„Vincas, non vincas, te amamus, Polidoxe" – „Du magst siegen, du magst nicht siegen, wir lieben dich, Polidoxus." *Abb. 58*

## PFERDENAMEN

Wir kennen Hunderte von römischen Pferdenamen. Einige teilen uns die antiken Autoren mit, weitaus die meisten aber finden sich genannt in Inschriften und auf Abbildungen, Mosaiken vor allem. Bis auf ganz wenige Ausnahmen handelt es sich um Rennpferde der Kaiserzeit, fast durchwegs sind es männliche Tiere.

Die Zusammenhänge, aus denen die Namen hergenommen wurden, waren sehr unterschiedlich. Viele bezogen sich auf Eigenschaften des betreffenden Tieres wie die Farbe – *Candidus* (Schneeweißer), *Glaucus* (Grauschimmel), *Pullentianus* (Rappe), *Maculosus* (Schecke) –, die Mähne – *Crinitus* (Lockenkopf) –, die Schnelligkeit – *Celer* (Schneller), *Agilis* (Behender), *Cursor* (Renner), *Volucer* (Flieger), *Sagitta* (Pfeil), *Ballista* (Geschützbolzen) –, das Temperament – *Ferox* (Tollkühner), *Incitatus* (Heißsporn), *Valens* (Wackerer).

Natürlich wurde die Fähigkeit zu siegen oftmals schon im Namen beschworen – *Victor* (Sieger), *Polyneices* (vielmals Siegreicher), *Palmatus* (mit der Siegespalme Ausgezeichneter), *Laureatus* (mit Lorbeer Bekränzter), *Polydoxus* (Ruhmreicher).

Beliebt waren auch mythologische Namen – *Pegasus, Castor, Pollux, Sol, Titas, Achilles, Aiax, Amor, Cupido*. Normale „menschliche" Namen kamen auch vor – *Marcus, Domitius, Antiochus, Socrates*.

Manche hießen nach anderen Tieren – *Leo* (Löwe), *Catta* (Katze), *Taurus* (Stier), *Aquila* (Adler), *Lupus* (Wolf) – oder trugen die Namen von Ländern, Städten, Bergen und Flüssen – *Romanus* (Römer), *Gallus* (Gallier), *Hiberus* (Spanier), *Macedo* (Makedone), *Roma, Olympus, Caucasus, Tigris, Indus, Borysthenes* (Dnjepr).

Wieder andere erhielten Berufsbezeichnungen – *Advocatus* (Anwalt), *Scholasticus* (Student), *Agricola* (Bauer), *Nauta* (Matrose), *Hipparcus* (Rittmeister).

Schließlich gab es noch eine Unzahl mehr oder weniger phantasievoller Kosenamen – *Blandus* (Schmeichler), *Amandus* (Liebling), *Puerina* (Mädelchen), *Luxuriosus* (Lüstling), *Parasitus* (Schmarotzer), *Latro* (Schurke).

Abb. 52 Die Pferde *Adorandus* („Anbetungswürdiger“) und *Crinitus* („Lockenkopf“). Detail aus einem Mosaik des 3. Jahrhunderts n. Chr. aus dem Haus des Sorothus in Hadrumetum (vgl. Abb. 38). Die Tiere sind beiderseits einer Palme angebunden, tragen auf dem Kopf je einen Palmzweig, an den Röhrbeinen Gamaschen und sind mit Brandzeichen versehen. Zweifellos handelt es sich um Rennpferde. Musée de Sousse.

Abb. 53 Eine Pferdefähre (*Hippago* – Ἱππαγωγός) mit den Pferden *Ferox* („Wildfang“), *Icarus* und *Cupido*. Detail aus einem Mosaik des 2. oder 3. Jahrhunderts n. Chr. mit Darstellungen von Schiffen und Meerestieren aus *Althiburus* (Medeina in Tunesien). Tunis, Musée du Bardo.

Abb. 54 Vier Pferde, die von ihren Stallburschen vorgeführt werden. Detail vom „Mosaik der Circusparteien“ aus Hadrumetum (Sousse in Tunesien). Die Tiere tragen die Namen *Pupillus* („Waisenknabe“), *Amator* („Liebhaber“), *Cupido* und *Aura* („Lufthauch“). Die Schweife sind coupiert und mit Bändern geschmückt.

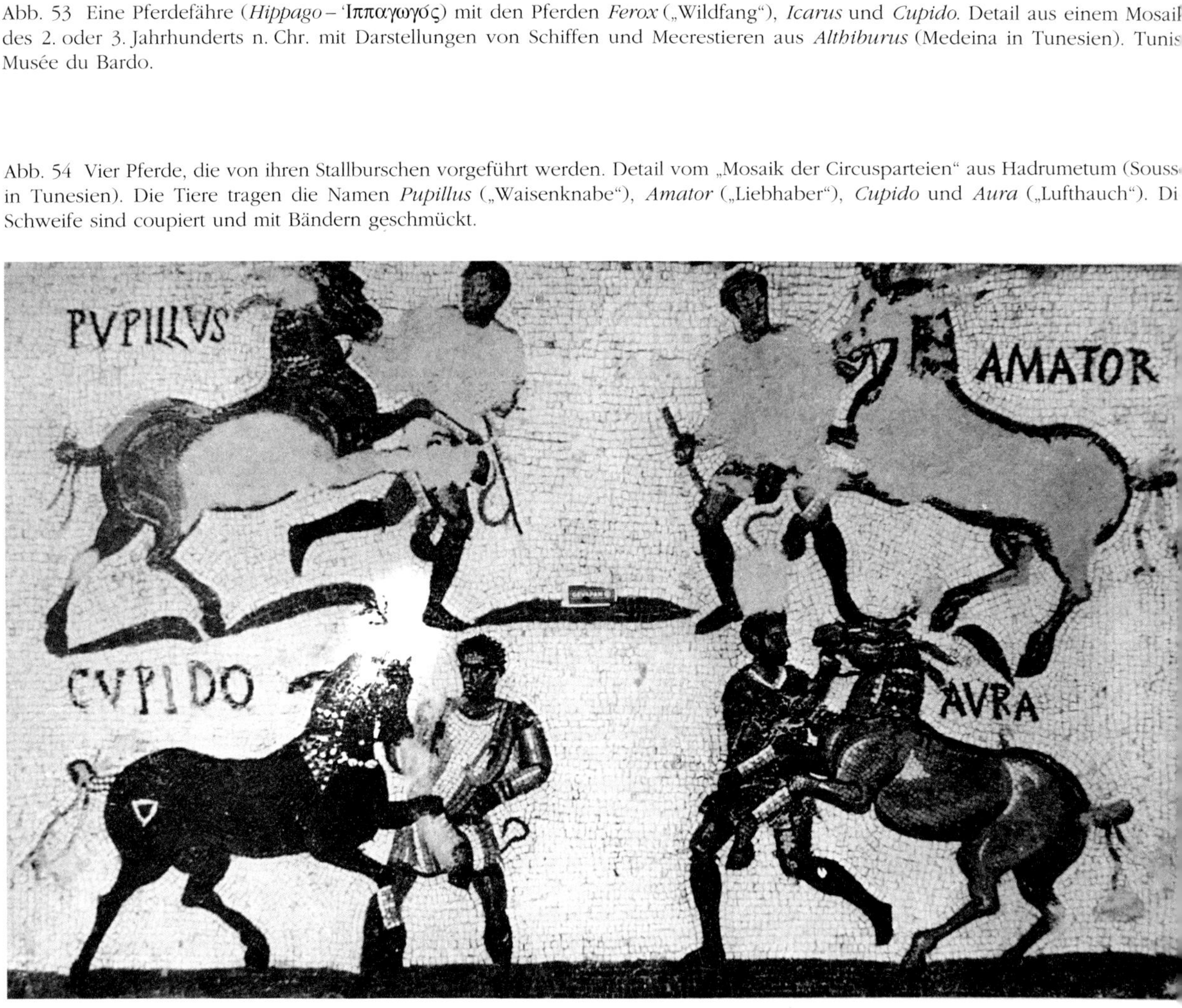

bb. 55, 56, 57 Drei Rennpferde vom ferdemosaik aus dem „Maison des Che-ıux" in Karthago (vgl. Abb. 47). Das Tier ıks oben, über dem die römische Wölfin ıit Romulus und Remus abgebildet ist, önnte *Lupus* („Wolf"), *Romulus, Remus* der *Roma* geheißen haben. Vor dem Tier chts oben steht ein Genius inmitten eines e unendliche Zeit symbolisierenden Ban-es, auf dem die Tierkreiszeichen eingetra-n gewesen sein dürften. Als anderweitig elegte Namen kämen hier etwa in Frage *aecularis* („Epochaler"), *Celestinus* oder *ranius* (beide Male „Himmlischer"). Das nem gewissen Pancratius gehörende Pferd ırunter wird von Minerva geführt. Darüber nd zwei an einem Tisch sitzende Würfel-ieler dargestellt. Es gab eine Verbindung vischen der Göttin und dem Glücksspiel, ı sich bei ihrem Tempel in Skiron in Grie-enland eine Art Casino befand, nach dem ıch andere Spielhöllen σκιραφεία genannt urden. Das Pferd hat wahrscheinlich *Alea-r* („Würfelspieler", „Hasardeur") geheißen. ırthage, Antiquarium.

ɔb. 58 *„Vincas, non vincas, te amamus, ılidoxe"* Detail aus Abb. 39.

KAPITEL III

# *Das Nutzpferd*

Die Art, in der der Mensch das Pferd verwendete, war im Lauf der Geschichte großen Schwankungen unterworfen. Noch um die Mitte des 20. Jahrhunderts bestand die große Masse der europäischen Pferdepopulation aus schweren Kaltblütern, die für den Arbeitseinsatz bestimmt waren. Als motorisierte Fahrzeuge die Zugtiere auch in der Landwirtschaft überflüssig machten, verschwanden diese fast völlig, dafür trat das Pferd als Sport- und Freizeittier seinen Siegeszug an.

In früheren Jahrhunderten dominierte die militärische Nutzung, in ganz besonderem Maße gilt das für das Altertum. Große und schwere Kaltblutrassen gab es noch nicht, als Zugtiere kamen vornehmlich Ochsen und Maultiere zum Einsatz. Wenn man Pferde für solche Zwecke verwendete, handelte es sich meist um sekundäre Nutzung, das heißt, man setzte ein eigentlich als Reit-, Kampf- oder Rennpferd gezüchtetes Tier in der Arbeit ein, weil es auf Grund seines Alters oder charakterlicher Mängel für seine eigentlichen Aufgaben nicht oder nicht mehr geeignet war. Ausnahmen gab es vor allem dort, wo es mehr auf Repräsentation oder Schnelligkeit als auf Routinearbeit ankam.

Abb. 59 Relief aus Rom mit Darstellung einer *tensa*, 3. Jahrhundert n. Chr. Auf der Vorderseite des Wagens ist Iuppiter abgebildet, auf der sichtbaren Längsseite ist ein Relief der Dioskuren angebracht. London, British Museum. ▷

Abb. 60 Rückseite eines um 87 v. Chr. geprägten Denars des L. Rubrius Dossenus mit Darstellung einer *tensa*. Auf der Längsseite des Wagenkastens ist der Iuppiteradler auf dem Donnerkeil zu erkennen, auf dem Dach die *biga* der Victoria. Die Vorderseite zeigt den Kopf der Minerva, zwei parallel geprägte Denare mit *tensa*-Rückseiten weisen die Köpfe Iuppiters bzw. Iunos auf. Es scheint, daß vornehmlich den Gottheiten der capitolinischen Trias *tensae* zustanden. Oxford, Ashmolean Museum.

Abb. 61, 62 Zwei Münzrückseiten mit Darstellungen von *carpenta*. Der Sesterz des Tiberius von 22/23 n. Chr. (links) wurde zu Ehren der 80jährigen Kaisermutter Livia geprägt, die dem Testament des Augustus zufolge in die iulische Familie aufgenommen worden war und den Titel *Augusta* erhalten hatte (daher „Iulia Augusta"). Der andere Sesterz zeigt das Ehren-*carpentum* der Agrippina maior, das ihr Sohn Caligula auf der zwischen 37 und 41 n. Chr. zu ihrem Andenken herausgegebenen Münze abbilden ließ. München, Staatliche Münzsammlung.

Abb. 63 Alter Mann auf einem kleinen, von nur einem Maultier gezogenen *cisium*. Links ist ein Meilenstein zu erkennen. Relief von einem Grabmal aus Trier, Anfang 3. Jahrhundert n. Chr.. Trier, Landesmuseum.

2310

S P Q R
IVLIAE
AVGVST

Abb. 64 Straßenszene mit leichtem Reisewagen (*essedum*). Der von zwei Pferden gezogene Wagen wird von einem Reiter begleitet. Über der Rückenlehne des Wagens ist ein von einem Reiterdenkmal und *tropaea* gekrönter Bogen sichtbar. Vermutlich handelt es sich um den vom Senat zu Ehren des Drusus maior errichteten Bogen über der Via Appia (vgl. Abb. 207). Fragment von einem stadtrömischen Sarkophag des 4. Jahrhunderts n. Chr. Stockholm, Nationalmuseum.

*Abb. 65* *Cisium* auf einem bronzenen Weiherelief für die Schutzgöttin der Pferde Epona aus Alise-Sainte-Reine. Die eingepunzte Inschrift lautet ergänzt: *Dea[e] Epon[a]e Satigenus Sollemni[s] fil[ius] v[otum solvit libens]* („Der Göttin Epona hat Satigenus, Sohn des Sollemnes sein Gelübde gerne eingelöst"). Gefunden auf dem Mont Auxois. Saint-Germain-en-Laye, Musée des Antiquités Nationales.

Abb. 66 Zwei zweispännige gedeckte *carrucae*. In jedem der beiden Reisewägen sitzt eine Familie. Dazwischen sind spielende Kinder abgebildet. Reliefs auf einem Kindersarkophag des 2. Jahrhunderts n. Chr. aus Rom. Rom, Museo Nazionale.

DEA EPONE

## WAGEN UND GESPANN

Die Mehrzahl der Wägen wurde im Altertum von Ochsen und Maultieren gezogen. Pferde spannte man hauptsächlich vor die bei den Griechen und Römern im 7. Jahrhundert v. Chr. außer Gebrauch kommenden Streitwägen (*currus*) und vor die auf diese zurückgehenden *S. 211–215* Parade- und Rennwägen, ausnahmslos zweirädrige Konstruktionen. Auf den *currus triumphalis*, den von vier Pferden gezogenen Wagen des Triumphators, und den *currus circensis*, den *S. 142–144* zwei- bis zwölfspännigen, meistens vierspännigen Rennwagen, brauche ich an dieser Stelle nicht einzugehen, da sie in den einschlägigen Kapiteln abgehandelt werden.

*Abb. 59, 60* Ein weiteres Fahrzeug, das stets von Pferden gezogen wurde, war die *tensa* (oder *thensa*), ein zweirädriger Wagen, in dem bei Prozessionen die *exuviae deorum*, den Göttern heilige Gegenstände, gefahren wurden. Die *tensa* hatte einen kastenförmigen Aufbau zur Aufnahme der Reliquien, der mit Götterreliefs geschmückt und von einem tempelartigen Giebel gekrönt war. Die vier nebeneinander vorgespannten Pferde wurden von Jünglingen geführt, deren beide Eltern noch am Leben sein mußten. Sie hatten mit einer Hand die Zügel zu halten, mit der anderen unentwegt den Wagen zu berühren. Unterließen sie das nur für einen Augenblick, war die ganze Zeremonie ungültig und mußte wiederholt werden. Die *tensae* wurden in einem Gebäude am Fuße des Capitols, den *aedes tensarum*, aufbewahrt.

Einem ähnlichen Zweck diente das *pilentum* oder *petorritum*, eine vierrädrige, reich dekorierte Plattform, auf der man die Statue einer Gottheit in Prozessionen mitführte. Auch hier dürften gewöhnlich vier Pferde vorgespannt worden sein, wenngleich die Münzbilder häufiger Elefanten und andere exotische Tiere zeigen.

Verläßt man die Bereiche des Krieges, der staatlichen Repräsentation, des Kultes und des Sportes, findet man das Pferd nur selten als Zugtier (*iumentum, equus cursualis, equus clabularis*) verwendet. Gehen wir kurz die wichtigsten Wagentypen durch, die es im Römischen Reich gab.

*Abb. 61, 62* Das *carpentum* soll etruskischen Ursprungs gewesen sein. Obwohl es bei bestimmten Gelegenheiten gleichfalls repräsentative Funktion zu erfüllen hatte, scheint es fast immer von Maultieren gezogen worden zu sein. Es handelte sich um einen verhältnismäßig leichten zweirädrigen Wagen mit einer vorne offenen hausförmigen Karosserie, die mit einem gewölbten Dach gedeckt war. Die bei feierlichen Anlässen eingesetzten *carpenta* vornehmer Personen wiesen reichen, zum Teil figürlichen Schmuck auf. Solange es im 4. und 3. Jahrhundert v. Chr. den römischen Matronen erlaubt war, an Festtagen durch die Stadt zu kutschieren, bedienten sie sich während der Prozessionen und religiösen Zeremonien der *pilenta*, ansonsten der *carpenta*. Nachdem man dieses Recht auf einen sehr kleinen Kreis eingeschränkt hatte, wurde das *carpentum* zu einer Art kleiner Staatskarosse. Außer den Vestalinnen und Priestern fuhren hohe Würdenträger des Kaiserhofes wie der Praetorianerpraefect im *carpentum*, vor allem aber weibliche Angehörige der kaiserlichen Familie. Als erster wurde Livia im Jahre 22 n. Chr. vom Senat die Ehre zuerkannt, das *carpentum* innerhalb des Stadtgebiets zu benutzen. Beim Triumph des Claudius im Jahre 44 folgte ihm seine Gemahlin Messalina in einer solchen Kutsche. Trotz diesen illustren Insassen zeigen die kaiserlichen Münzprägungen das *carpentum* stets von zwei Maultieren gezogen.

*Abb. 64* Das *essedum* (oder *esseda*) stammte von dem leichtgebauten Streitwagen ab, den die Kelten in der Poebene bis ins 3. Jahrhundert v. Chr. und in Britannien bis ins 1. Jahrhundert n. Chr. benutzten. Die Römer machten daraus einen zweispännig gefahrenen, zweirädrigen offenen Reisewagen mit Rückenlehne. Er wurde gern von Angehörigen der oberen Gesellschaftsschichten, besonders auch Damen, zu Fahrten aufs Land verwendet. Vor das leichte, elegante Gefährt spannte man häufig auch Pferde.

Ein anderer, noch leichterer offener Reisewagen war die nach ihren zwei Rädern benannte *birota* (oder *birotus*).

Keltischen Ursprungs soll wieder das *cisium* gewesen sein. Dieses überaus populäre Fahrzeug ähnelte stark den heute noch in Süditalien und Sizilien gebräuchlichen zweirädrigen Wägen. Es hatte keine rückwärtige Sitzgelegenheit, man mußte also selbst lenken, konnte dafür aber im hinteren Teil des offenen Wagens eine etwas bedeutendere Menge an Gepäck mitnehmen als in den bisher besprochenen Typen von Reisewägen. Das *cisium* wurde ein- oder zweispännig gefahren. Nach in Pompeii gefundenen Resten konnte eine Rekonstruktion angefertigt werden, die folgende Abmessungen hat: Raddurchmesser 140 cm, 12 Speichen, Länge des Wagenkastens 162 cm, Breite 136 cm, Höhe der Seitenwände 41 cm, Länge der Deichsel 210 cm. Die Achsenbreite und damit der Radabstand waren normiert (144 cm), da es sonst Schwierigkeiten beim Gegenverkehr und beim Passieren von Geleisstrecken und Bürgersteigen mit eingefahrenen Spuren gegeben hätte. *Abb. 63, 65*

Martial spricht in einem seiner Epigramme (XII.24) ein unter dem britannischen Namen *covinnus* bekanntes Fahrzeug an, das dem *cisium* stark geähnelt haben dürfte und das von *mannuli*, kleinen gallischen Ponies, gezogen wird.

Unter den vierrädrigen Reisewägen waren die verbreitetsten, die *reda* (oder *raeda* oder *rheda*) und die *carruca*, wie ihre Namen erkennen lassen, keltischen Ursprungs. Der dominierende keltische Einfluß auf die Entwicklung der römischen Reisewägen bestätigt wieder die Höhe des latènezeitlichen Reit- und Fahrwesens und weist auch darauf hin, daß es in den keltischen Gebieten ein funktionsfähiges Straßennetz gegeben haben muß, da die Konstruktion von derartigen Wägen sonst keinen Sinn gehabt hätte. Von den Griechen gingen kaum Impulse aus, da in ihrem zerklüfteten, politisch uneinigen Land wenig brauchbare Straßen existierten und es daher keinen Anreiz zur Entwicklung guter Reisewägen gab.

Die *reda* war ein offener Wagen, der von zwei oder vier, manchmal auch mehr Pferden oder Maultieren gezogen wurde. Spannte man mehr als zwei Tiere ein, geschah dies paarweise hintereinander. Auf der Wagenfläche konnten außer dem Kutscher 4–6 Personen untergebracht werden, die auf Bänken entweder hintereinander oder einander gegenüber saßen. Das Gepäck kam in eine Reisetruhe (*capsus*). Die *reda* war der üblichste der im *cursus publicus*, im staatlichen Postdienst, eingesetzten Wägen. *Abb. 71, 81, 83*

Die *carruca* ähnelte der *reda*, war aber höher gebaut und aufwendiger gearbeitet. Man kann drei Typen unterscheiden. Die normale Reise-*carruca* hatte hinter dem Sitz des Kutschers eine bequeme, wohl gepolsterte Sitzfläche in Fahrtrichtung. Indem man die Sitzfläche thronartig erhöhte und die Seiten mit Reliefs verzierte, entstand ein von Beamten benutzter Repräsentationswagen. Die bekannteste Variante ist aber die *carruca dormitoria*, die Schlaf-*carruca*. Sie war völlig mit Holz, Leder oder Leinwand überdacht. Wie man von verschiedenen Funden her weiß, besaß dieser Wagentyp oft reichen Schmuck von kleinen Bronzeplastiken. Gedeckte *carrucae* sind schon mehrfach nachgebaut worden. Eine Rekonstruktion der Prähistorischen Staatssammlung in München aus dem Jahre 1986 hat die folgenden technischen Daten: Länge (ohne Deichsel) 326 cm, Länge der Deichsel 364,5 cm, Breite (Achsen) 214 cm, Höhe (unbeladen) *Abb. 66* *Abb. 69* *Abb. 70* *Abb. 67, 68*

Abb. 67 Rekonstruierte *carruca dormitoria* des 2./3. Jahrhunderts n. Chr. Die von Chr. Röhring durchgeführte Rekonstruktion basiert vor allem auf den im Wardartal (Makedonien) ausgegrabenen Wagenbeschlägen. Der Passagierraum verfügt über feste Holzwände. Köln, Römisch-Germanisches Museum. ▷

Abb. 68 Rekonstruierte Reise*carruca* des 2./3. Jahrhunderts n. Chr. Die Wände dieser Rekonstruktion (Jochen Garbsch) sind mit einer Plane versehen. Das Innere bietet Sitzplätze für 4–6 Personen. München, Prähistorische Staatssammlung.

ɔb. 69 Beamter auf einer *carruca*. Es handelt sich
n ein „Dienstfahrzeug" mit verziertem, thronartig
:höhtem Sitz. Hinter dem Magistrat sitzt sein Lictor.
as Joch ist mit merkwürdigen krummen Aufsätzen
ersehen. In einer Linie unter dem Huf links vorne
ollen manche Forscher die Darstellung eines gena-
elten Hufeisens erkennen. Die Pferde (oder Maul-
ere?) sind auffallend groß und plump wiedergege-
en. Relief von einem Monument aus Vasio (Vaison
Südfrankreich). Avignon, Musée Calvet.

ɔb. 70 Gedeckte Reise*carruca* (*carruca dormito-*
*a*). Relief von einem Grabmal aus Virunum bei
lagenfurt. Stiftskirche Maria Saal in Kärnten.

ɔb. 71 Reisende auf einer vierspännigen *reda*.
elief von einem Monument aus *Andematunnum*
angres in Ostfrankreich). Langres, Museum.

244 cm, Außenbreite der Karosserie 105,5 cm, Innenlänge der Karosserie 195 cm, Innenhöhe der Karosserie 150 cm, Raddurchmesser 100 cm vorn, 110 cm hinten, 12 Speichen, Bodenfreiheit 45 cm, Wendekreis 950 cm.

Neben den bisher angeführten Parade-, Sport-, Reise- und kombinierten Reise–Lastwägen gab es noch die reinen Lastwägen. Das war einmal der *carrus*, ein einfaches längliches Fahrzeug mit herabklappbaren niedrigen Seitenwänden und vier großen Speichenrädern. Er konnte mit einer Plane überspannt werden. Im zivilen Bereich diente er vornehmlich zum Transport von Handelsgütern, beim Militär war er, soweit Radfahrzeuge eingesetzt wurden, der Standardwagen des Trosses. Der *carrus* bildete sogar die fahrbare Lafette für ein leichtes Feldgeschütz, die *carrobalista*. Die Bespannung bestand meist aus zwei Maultieren, Ochsen kamen selten vor, wohl nur bei sehr schwerer Beladung, der gelegentliche Einsatz von Pferden dürfte nicht auszuschließen sein. *Abb. 73, 82*

Die *angaria* war das schwerste Fahrzeug im *cursus publicus*. Sie war mit Ochsen bespannt. Das mit zwei Rädern, die oft noch Scheibenräder waren, versehene *plaustrum* wurde gewöhnlich gleichfalls von Ochsen gezogen. Es war ein schwerer Lastwagen, der vor allem in der Landwirtschaft verwendet wurde. *Abb. 166*

Kaum weniger Bedeutung als der Wagenverkehr hatte für den Gütertransport der Einsatz von Tragtieren. Auch hier handelte es sich ganz überwiegend um Maultiere, daneben dienten Esel, Kamele und auch Pferde in dieser Funktion (*equus clitellarius*, auch *iumentum*). Mit dem Tragtier war man nicht von Straßen abhängig und konnte selbst schwierigstes Gelände durchqueren. Die Armee verließ sich daher weit mehr auf Tragtiere als auf Wägen, kleinere Abteilungen transportierten ihre *impedimenta* wie Lederzelt und Steinmühle ausschließlich mit Hilfe von Packtieren. Der Nachteil des Tragtieres war seine relativ geringe Kapazität. Ein *mulus* konnte auf Dauer etwa 120 kg Gepäck schleppen, während man nach dem Codex Theodosianus von 438 n. Chr. auf einer *angaria* 492 kg, auf einer *reda* 330 kg und auf einem *carrus* 198 kg Gepäck mitführen durfte. *Abb. 72*

Dem stand gegenüber, daß das Tragtier nicht nur das geländegängigste, sondern auch das billigste, die wenigsten Umstände verursachende und am leichtesten zu improvisierende Transportmittel war. Selbst wenn man keinen eigentlichen Packsattel (*clitellae*) hatte, konnte man dem Tier einen auf beiden Seiten herabhängenden Sack oder zwei aneinander befestigte Säcke, Taschen oder Körbe über den Rücken hängen (*bisaccium*). Das Tragtier war daher auch das typische Transportmittel der weniger begüterten Bevölkerungsschichten, die sich keinen Wagen leisten konnten. *Band II*

Als Schwachpunkt der antiken Fahrzeuge gilt die damals übliche unzweckmäßige Art, die Zugtiere anzuschirren, die ihre Ursache darin gehabt habe, daß das Kummet, ein hölzerner Kragen, der unabhängig von einem Joch verwendet werden kann und den Zug auf die Schultern des Tieres verteilt, dem Altertum noch unbekannt gewesen sei. Die statt dessen angewandte Methode, die Pferde und Maultiere an einem breiten Halsband ziehen zu lassen, habe auf Luftröhre und Halsschlagader gedrückt und dadurch Höchstleistungen unmöglich gemacht. Man dürfte sich aber bezüglich der strangulierenden Wirkung der antiken Schirrung übertriebenen Vorstellungen hingegeben haben. Vier Rennpferde konnten den extrem leicht gebauten Sportwagen, der samt dem gleichfalls nicht schwergewichtigen Berufsfahrer nicht viel über 100 kg gewogen haben wird, im fliegenden Galopp durch die Arena ziehen, ohne durch die Halsbandschirrung in ihrer Leistungsfähigkeit auch nur im mindesten beeinträchtigt zu werden. Waren schwere Lasten zu schleppen, kannten die Römer kummetähnliche Vorrichtungen, um die beschriebene Wirkung zu verhindern oder wenigstens zu mildern. Ein umfangreicher Fund bei Le Rondet im Großen Moos zwischen Neuenburger und Murtensee in der Schweiz hat gezeigt, daß die häufig gefundenen eisernen Doppelbügel die Unterseite des „Kummets" bildeten und dort mit an ihren Enden angebrachten handtellergroßen Holzplatten den Druck auf seitliche *Abb. 76* *Abb. 74* *Abb. 77*

ɔb. 72 Tragtiere auf dem Marsch. Detail eines Reliefs vom Constantinsbogen in Rom, das den Aufbruch der Armee Constantins des roßen in Mailand zeigt. Zwischen 313 und 315 n. Chr. entstanden. Die Soldaten Tragen die für das Militär der späten Kaiserzeit pische flache Pelzmütze.

ɔb. 73 *Carrus* mit ausgespannten Maultieren. Das Fahrzeug ist mit einer Plane gedeckt. Gut zu erkennen ist das an der Deichsel ıngende Joch. Die beiden Männer im Vordergrund sind damit beschäftigt, den Wagen mit Amphoren zu be- oder entladen. Fresko ɛs 1. Jahrhunderts n. Chr. aus Pompeii. Neapel, Museo Archeologico Nazionale.

Abb. 74 Römische Jochschirrung mit einem sogenannten gespaltenen Joch. Zwei Jochbögen sind übereinandergesetzt, dazwischen die Zügelführungsringe, die bei einfachen Jochen auf dem Bogen saßen. Der den Hals umschließende Kummetgurt wurde links und rechts am Bogen festgebunden. Zeichnung Gudrun Pfrogner nach Jochen Garbsch.

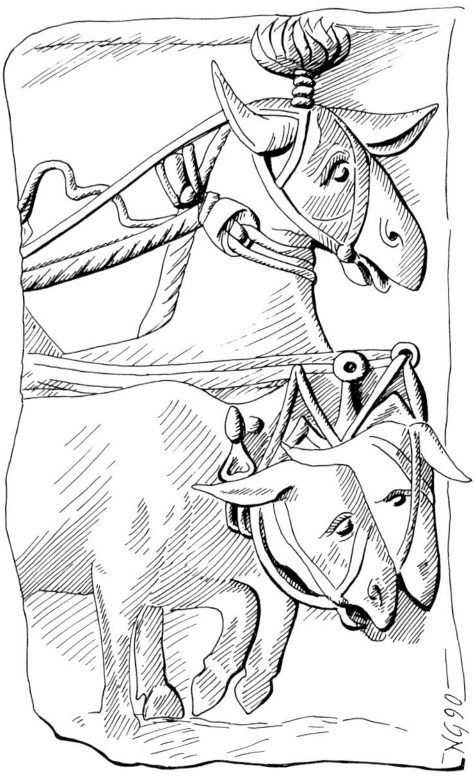

Abb. 75 Maultiere im Kummet. Detail vom Fragment eines Sarkophages aus *Noviomagus* (Neumagen). Deutlich ist der Eisenbügel vor dem Hals mit der hölzernen Abschlußscheibe zu erkennen. Über dem Nacken sitzt bei den beiden unteren Tieren ein Joch mit oben spitz zulaufenden Jochbögen („westliches" oder gallorömisches Joch) mit Zügelführungsringen. Trier, Rheinisches Landesmuseum.

Muskelpartien verlagern sollten. Die Eisenbügel selbst berührten den Hals nicht, sondern dienten nur, wie moderne Kopfhörerbügel – der treffende Vergleich stammt von Jochen Garbsch –, als leicht federnde Halter für die Holzplatten. So wurden Luftröhre und Hauptschlagader freigehalten. Das System war zwar gewiß nicht so effizient wie die mittelalterlichen und modernen Kummete, aber auch nicht so verheerend, wie es von Lefebvre Des Noëttes und anderen Forschern dargestellt wurde. *Abb. 75, 238*

Ganz falsch ist es, wenn manchmal behauptet wird, die Römer hätten es nicht verstanden, mehrere Pferde in Paaren hintereinander zu schirren. Daß die Rennpferde im Circus stets nur nebeneinander geschirrt wurden – bis zu 20 Tiere – hatte nicht seinen Grund darin, daß die Römer es nicht besser gekonnt hätten, sondern daß es in der Arena darum ging, einen möglichst großen Showeffekt zu erzielen – und nebeneinander galoppierende Pferde sehen natürlich viel imposanter aus als hintereinander gespannte –, und daß die Wagenlenker ihre Virtuosität beweisen sollten, der Schwierigkeitsgrad also bewußt möglichst hoch angesetzt wurde. Bei Reise und Transport traten praktische Gesichtspunkte an die Stelle der erstrebten Wirkung auf das Publikum. Hätte man mehr als zwei Pferde nebeneinander gespannt, wären nicht nur die Zugkräfte der Tiere unzureichend ausgenutzt worden, man hätte auch auf keiner Straße mehr Platz gefunden. Immerhin wurden dem Codex Theodosianus zufolge im Winter bis zu 10 Tiere vor die größeren Reisewägen gespannt. *Abb. 137* *Abb. 71*

Eine beachtliche Neuentwicklung der Römer war die federnde Karosserieaufhängung, die sie den komfortableren ihrer Reisewägen wie der *carruca* gaben. Man trennte den Wagenkasten *Abb. 79, 80*

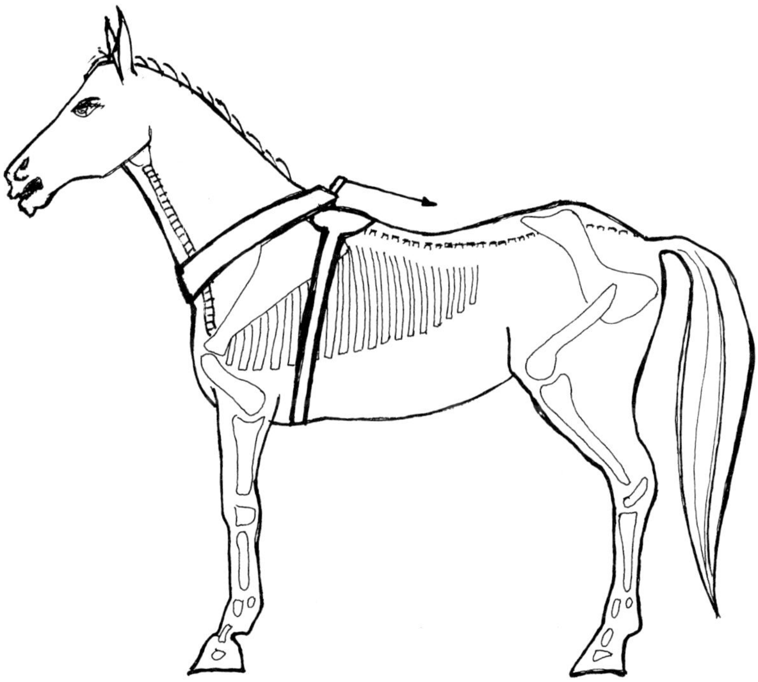

Abb. 76 Schirrungsschema eines antiken Zugpferdes. Der Halsgurt drückt bei starker Zuglast auf Schlagader und Luftröhre. Zeichnung Gudrun Pfrogner

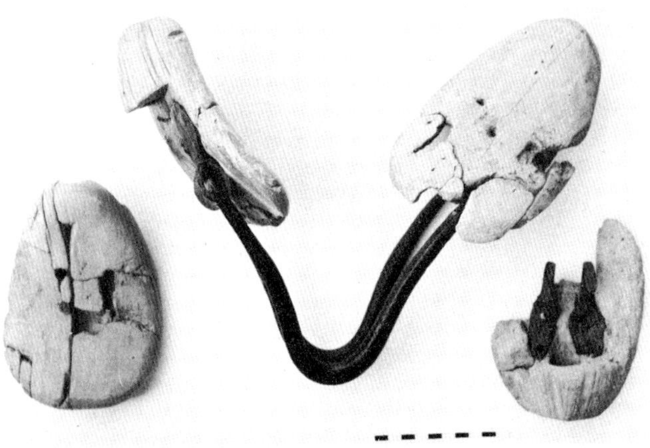

Abb. 77 Eiserner Doppelbügel und hölzerne Endplatte als Bestandteile von Zugtierkummets, gefunden bei I Rondet in der Schweiz.

Abb. 78 Bronzene Zügelführungsringe von Zugtierku mets. Sie saßen auf dem Jochbogen (bei einem gespalten Joch zwischen den Bögen) und sollten verhindern, daß d Zügel durcheinandergerieten. Aus Immendorf (Bayern München, Prähistorische Staatssammlung.

vom Fahrgestell und hängte ihn mit Gurten an Haken auf, die an senkrecht von den Achsenden hochgezogenen Trägern angebracht waren, ein System, das in ähnlicher Form heute noch – oder wieder – bei Kinderwägen angewandt wird. Das bewirkte, daß die von Bodenunebenheiten verursachten Stöße nicht unmittelbar von Rad und Achse auf die Karosserie und damit auf die Insassen übertragen wurden. Mit dem Ende der Römerzeit verschwanden die gefederten Wägen und tauchten erst im 15. Jahrhundert wieder auf.

## REISE UND VERKEHR

Wenn es galt, größere Distanzen zurückzulegen, fuhr man in der Antike am liebsten mit dem Schiff. Es war dies die schnellste und komfortabelste, meist auch die billigste Art des Reisens. Das galt in noch höherem Maße für den Gütertransport. Nur mit dem Schiff konnten bedeutende Mengen an Waren über weite Entfernungen zu erschwinglichen Preisen ans Ziel gebracht werden.

Oft blieb aber einzig der Landweg. Die Römer waren bemüht, auch diesen so effizient und bequem wie möglich auszubauen. In der Kaiserzeit umspannte ein Straßennetz den ganzen Mittelmeerraum, Westeuropa und das südliche Mitteleuropa, das an Umfang und Qualität erst im Laufe des 19. Jahrhunderts wieder erreicht wurde. Diese gigantische Straßenbautätigkeit war in erster Linie militärisch motiviert. Das Imperium konnte nur zusammengehalten und verteidigt werden, wenn man in der Lage war, starke Truppenverbände zu jeder Jahreszeit rasch, zuverlässig und in aller Ordnung an jeden beliebigen Punkt des Reiches zu verlegen. Das einmal geschaffene Straßennetz kam dann natürlich auch der zivilen Verwaltung, der Nachrichtenübermittlung, dem Handel und dem privaten Reiseverkehr zugute.

Schon früh legte man entlang den Hauptstraßen Stationen an, die den vorbeimarschierenden Truppen Wasser, Futter und Verpflegung sowie vorbereitete Lagerplätze boten. Gebäude zur Bewirtung und Unterbringung höhergestellter Persönlichkeiten und Ställe mit Wechselpferden für Offiziere und Kuriere konnten hinzukommen. Augustus brachte das in ein System, den *cursus publicus* mit seinen *mansiones* und *mutationes*. Der *cursus publicus* war ein straff organisierter staatlicher Postdienst, dessen Benutzung nur speziell ermächtigten Personen gestattet war. Trotzdem profitierte von seinen Einrichtungen auch der private Reisende. Die Benutzung der Straßen stand ohnehin jedermann frei, die Herbergen in den größeren Wegestationen, die eine schwache Tagesreise (im Schnitt 35–40 km) auseinanderlagen, konnten gegen Entgelt gleichfalls in Anspruch genommen werden, wenn sie nicht gerade von Kurieren, durchreisenden Offizieren und Beamten, also den eigentlich Berechtigten, mit Beschlag belegt waren. Zudem bildeten diese Stationen an belebten Verkehrsadern oft den Kristallisationspunkt, an den sich private Gasthäuser, Läden, Werkstätten, Leihställe (*iumentarii*) und Fuhrbetriebe (*cisiarii*) anschlossen. So stand am Anfang mancher europäischen Stadt eine römische Pferdewechselstation.

◁ Abb. 79 Träger und Endbeschlag einer Karosserieaufhängung. Der Bronzebeschlag ist im Übergußverfahren auf den Eisenträger gegossen. Er läuft in einen Löwenkopf aus, der Haken der Riemenaufhängung in einen Schwanenkopf. Er wurde mit einem Gegenstück in Nordheim bei Donauwörth (Bayern) gefunden. Donauwörth, Archäologisches Museum.

Abb. 80 Die Karosserieaufhängung („Federung“) der Münchner *carruca*-Rekonstruktion. Der bronzene Endbeschlag des Trägerpfostens ist nach einem bei Kiefersfelden (Bayern) gefundenen Original gestaltet. Er ist mit einer Hercules-Statuette verziert. Rechts neben dem Rad ist der Bremshaken zu sehen.

Für den Reisenden, wenn er sich nicht, wie viele, zu Fuß fortbewegte, waren die privaten Leih- oder richtiger Wechselställe von größter Bedeutung, da die für die Staatspost bereitgehaltenen Tiere auf den Stationen in aller Regel auch gegen Bezahlung dem Reisenden nicht zur Verfügung gestellt wurden. Die *iumentarii* machten es auch dem Privatmann möglich, erschöpfte Zug- oder Reittiere auszuwechseln und dadurch sein Reisetempo beträchtlich zu steigern. Als normale Geschwindigkeit für Reisende, die es nicht allzu eilig hatten, dürften die 10 Tage typisch sein, in denen Horaz die 550 km von Rom nach *Brundisium* (Brindisi) zurücklegte, also zwischen 50 und 60 km pro Tag. Bei so gemächlichem Tempo war kein Auswechseln der Kutschpferde nötig. Die Höchstgeschwindigkeit bei einer Dauerfahrt ohne Wechsel lag wohl bei etwa 110 km pro Tag, mit Wechsel um die 180 km. Zu den extremen Geschwindigkeiten, die Kuriere erreichen konnten, werden wir in dem Kapitel über das Postwesen kommen.

Wer kein eigenes Fahrzeug zur Hand hatte und daher einen Wagen mieten oder einen Fahrauftrag erteilen wollte, wandte sich an die Fuhrunternehmer und Mietwagenfahrer. Diese waren in Innungen (*collegia*) zusammengeschlossen, wie dem *collegium cisiariorum* (Fahrer eines *cisium*, eines zweirädrigen Wagens), dem *collegium carrucariorum* (Fahrer der *carruca*, eines vierrädrigen Reisewagens), dem *collegium mulionum* (Maultiertreiber). *Cisiarii* diente auch als Sammelbegriff für all diese Groß- und Kleinunternehmer. Man fand sie an den Stadttoren, etwa an der Porta Romana in Ostia oder in der *schola carrucariorum*, dem Wagenpark an der Porta Capena von Rom. Der Grund hierfür war, daß in allen größeren Städten Italiens zur Kaiserzeit untertags ein striktes Fahrverbot herrschte, die Mietwägen sich also nicht innerhalb der Stadtgrenze aufhalten durften. Die von außerhalb Anreisenden mußten ihre Fahrzeuge gleichfalls auf großen Parkplätzen zurücklassen und die Stadt zu Fuß oder, weit seltener, zu Pferde betreten, die gleichen Probleme und Lösungen also wie bei der Schaffung der modernen Fußgängerzonen.

Das Fahrverbot in Rom reicht noch weit in die republikanische Ära zurück. 396 v. Chr. wurde den Matronen der Stadt als Privileg zugebilligt, während der Spiele und großer religiöser Zeremonien im *pilentum* oder im *carpentum* innerhalb des *pomerium*, des geheiligten Gebiets der Innenstadt, zu fahren. Es ist unsicher, ob daraus geschlossen werden darf, es habe ansonsten ein allgemeines Fahrverbot geherrscht. In der *lex Oppia* von 215 v. Chr. wurde das Privileg

Abb. 81 Maultiergespanne auf einem Mosaik-Paviment in den Thermen der *Cisiarii* an der Porta Romana in Ostia, 2. Jahrhundert n. Chr. In der Mitte sind als um den Abfluß gelegtes Viereck die Stadtmauern mit ihren Türmen und Toren wiedergegeben, an den Ecken getragen von die vier Himmelsrichtungen symbolisierenden Atlanten. Zwischen diesen sind Maultiere und Maultiergespanne der Fuhrunternehmer abgebildet, denen die Anlage gehörte. Links werden zwei nicht eben erfreut wirkende *muli* namens *Pudes* („Schüchterner") und *Podagrosus* („Gichtknochen") herangeführt, um angeschirrt zu werden. Unten sehen wir eine fröhliche Männergemeinschaft eine Ausfahrt in einer zweispännigen *reda* unternehmen. Rechts ist ein einzelner Fahrer in einem einspännigen *cisium* unterwegs. Oben hat man die beiden Maultiere *Potiscus* („Säufer") und *Barosus* („Einfaltspinsel") ausgespannt, und sie stillen an einem Brunnen ihren Durst. Am Rand des Mosaikfeldes sind Meeresfabelwesen abgebildet, rechts Neptun in einer Hippokampen*biga*. ▷

Abb. 82 Weihestein für Epona aus Freiberg a. N.-Beihingen (Württemberg). Oben thront die Schutzgöttin der Pferde und Maultiere in einer muschelförmigen Nische und hält einen Futterkorb im Schoß. Von links und rechts kommen ihre offensichtlich recht wohlgenährten Schützlinge herbei. Im unteren Feld sehen wir von links einen von drei Pferden gezogenen *carrus* nahen, die Ladung ist leider nicht mehr zu identifizieren. Rechts opfert ein Mann an einem Altar, er hat sich für die heilige Handlung seinen Mantel über den Kopf gezogen. Hinter ihm steht eine dickbauchige Amphora, von rechts wird das Opfertier, ein Schwein, an den Hinterbeinen zum Altar geschoben. Das Weiherelief wurde gewiß von einem Händler oder Reisenden zum Dank für seine glückliche Heimkehr in Auftrag gegeben. Stuttgart, Württembergisches Landesmuseum.

der Matronen wieder stark eingeschränkt. Es galt nur noch bei öffentlichen Opfern, an allen anderen Tagen war es ihnen untersagt, sich mit ihren Wägen der Stadt auf weniger als 1,5 km Abstand auch nur zu nähern. Klare Verhältnisse schuf dann Caesars *lex Iulia municipalis* von 45 v. Chr.: „Vom 1. Januar an ist es jedermann verboten, zwischen Sonnenaufgang und der zehnten Stunde in den Straßen der Stadt Rom ein Fahrzeug zu benutzen oder zu lenken. Ausgenommen sind diejenigen Wägen, welche Material zum Bau von Tempeln der Unsterblichen oder anderen großen öffentlichen Gebäuden hereinbringen, sowie Material, das zum Abbruch dient. Die Erlaubnis gilt nur in diesen Fällen. Den Wägen der Vestalinnen, des *Rex Sacrorum* [oberster Opferpriester] und der *Flamines* [Angehörige von bestimmten Priestercollegien] ist es gestattet, bei Gelegenheit staatlicher Opfer in der Stadt zu verkehren, ebenso dem Wagen des Triumphators, den Rennwägen an den Tagen, an denen in Rom oder im Umkreis von 1,5 km ein Rennen stattfindet, und den Wägen, die in der Prozession bei Eröffnung der Circusspiele mitfahren. Eingeschlossen in die Erlaubnis sind die Fahrzeuge, die in der Nacht in die Stadt gekommen sind, und die Wägen der Müllabfuhr."

Der Hauptgrund für diese strenge Vorschrift bestand darin, daß die Bevölkerung der Stadt in der Spätzeit der Republik so ungeheuer gewachsen war, daß eine größere Anzahl von Fahrzeugen in den von Fußgängern wimmelnden engen Straßen ein fortwährendes Verkehrschaos hervorgerufen hätte. Der Nachteil war, daß nun die Bewohner in der Nacht durch den Lärm der massenhaft übers Pflaster rumpelnden Wägen gestört wurden. Claudius dehnte das hauptstädtische Fahrverbot auf alle *municipia* Italiens aus. Man durfte sie nur mehr *pedibus* (zu Fuß), *sella* (auf dem Reitpferd) oder *lectica* (in der Sänfte) betreten. (Sueton, Divus Claudius, 25)

Im Laufe der späteren Kaiserzeit wurden diese Bestimmungen durch Ausnahmeregelungen immer mehr durchlöchert. Seit dem frühen 3. Jahrhundert durften die Senatoren die *carruca* in Rom benutzen, im 4. Jahrhundert gestattete man auch allen *honestiores*, den Angehörigen der neuen privilegierten Schicht, den Gebrauch der zweispännigen *carruca*.

Das Reiten war, wie aus dem Erlaß des Claudius hervorgeht, von den Fahrverboten nicht betroffen. Sieht man vom Militär und den Eilkurieren der kaiserlichen Post ab, spielte es im Altertum als Fortbewegungsart ohnehin nur eine untergeordnete Rolle. Wenn man große Distanzen auf der Straße zurücklegen mußte, fuhr man entweder im Wagen oder man ging zu Fuß, geritten wurde, mit den genannten Ausnahmen, nur selten. Daß sich das im Mittelalter änderte, hing wohl weniger mit der Einführung des Steigbügels, und erst recht nicht mit einem gesteigerten Geschwindigkeitsbedürfnis, zusammen, sondern vielmehr mit dem Verfall des römischen Straßennetzes. Solange dieses zur Verfügung stand, zog man für Reisen unbedingt den Wagen vor, nicht nur weil es bequemer war, sondern weil man auch viel mehr Gepäck mitnehmen konnte.

## DER POST- UND KURIERDIENST

Einen eigentlichen Postdienst gab es in der Antike nur für staatliche Zwecke. Der Privatmann mußte seine Briefe und sonstigen Sendungen Reisenden oder Kaufleuten anvertrauen, oder er mußte eigene Sklaven mit der Überbringung beauftragen. Das Vorbild für eine effiziente Staatspost hatte das persische Reich geliefert, ihm folgten die Diadochen und schließlich auch die Römer. Das hervorragend ausgebaute römische Straßensystem war natürlich die Voraussetzung für die Organisation des *cursus publicus*, der von Augustus geschaffenen und seinen Nachfolgern, vor allem Traian und Hadrian, ausgebauten kaiserlichen Post.

Vorläufer des *cursus publicus* waren die *tabellarii*, die persönlichen Briefträger der Beamten, meist Sklaven, die ihren Dienst in der Regel zu Fuß erledigten, und vor allem der von Caesar aufgebaute Kurierdienst seiner *tabellarii dispositi* und *equites dispositi*, der „ordentlichen", regulären Briefträger und Meldereiter. Bei den *dispositi* handelte es sich um für diesen Dienst abgestellte Soldaten. Auch das Personal des augusteischen *cursus publicus* war zunächst überwiegend militärisch. Besonders wichtige Nachrichten wurden den *speculatores praetoriani* anvertraut, der engsten Leibgarde des Kaisers, der auch der Ordonnanz- und Geheimdienst zufiel. Später bestand die Masse der professionellen Kuriere aus Sklaven und Freigelassenen. Die Provinzstatthalter bedienten sich aber weiterhin vielfach abkommandierter Soldaten, der *frumentarii* und *speculatores*. Verantwortlich für den *cursus publicus* waren die *praefecti praetorio,* die Kommandeure der Praetorianergarde. Unter ihnen standen die *praefecti vehiculorum*, die Praefecten der Verkehrsmittel, die das Postwesen in den einzelnen Provinzen unter sich hatten. Zur Kontrolle der über das ganze Reich verstreuten Poststationen gab es eigene Inspekteure (*curiosi*).

Der *cursus publicus* zerfiel seit Septimius Severus in einen *cursus velox* oder *celer,* die Eilpost, die der Übermittlung wichtiger Nachrichten diente, und den *cursus tardus* oder *clabularius,* den langsamen Dienst, der den Versand von Paketen und Sperrgut übernahm. Ferner gehörte zu den Aufgaben des *cursus publicus* der beschleunigte Transport von Personen, die die erforderliche Genehmigung besaßen. Diese Erlaubnisse (*diplomata*) waren sehr schwer zu erhalten, nur ein *praefectus praetorio*, die Provinzstatthalter oder der Kaiser selbst durften sie ausstellen. Trotzdem kam mißbräuchliche Benutzung der Expreßkutschen vor, wie aus den immer wieder erlassenen Verboten hervorgeht.

Der *cursus tardus* wurde mit Wägen verschiedener Art durchgeführt, während der *cursus velox* Sache von Kurieren (*cursores*) war, die entweder leichte Wägen, meist *redae*, fuhren oder ritten. War der Eildienst mit Personentransport verbunden, bildete natürlich die Wagenfahrt die Regel, sonst wurde eher das Reitpferd benutzt. Die Wägen waren, wie üblich, mit Maultieren bespannt, und nur in Ausnahmefällen kamen Pferde zum Einsatz. Für die reitenden Kuriere (*veredarii*) standen besonders ausgesuchte und trainierte Pferde bereit, die man nach der letztlich auf das Persische zurückgehenden griechischen Bezeichnung βερέδος *veredi* nannte, wovon sich unser Wort „Pferd" herleitet. Wie wir aus dem Codex Theodosianus erfahren, durften dem *veredus* unter keinen Umständen mehr als 30 römische Pfund (12 kg) Gepäck aufgeladen werden, einschließlich des Mantels des Reiters. Die Briefe wurden in der *averta,* einer speziellen Satteltasche, mitgeführt.

An jeder *mutatio* (Wechselstation) und *mansio* (größere Poststation) wurden die Tiere der Eilboten ausgetauscht. Je nach Topographie und Besiedelungsdichte konnte der Abstand zwischen den Stationen schwanken. In der Regel kam alle 35–40 km eine *mansio* und dazwischen lagen 1–3 *mutationes*. Auf dem Wagen fuhr ein *hippocomus* mit, der die Aufgabe hatte, das Gefährt und die Tiere nach Gebrauch wieder zu ihrer Station zurückzubringen. Reitende Boten begleitete der *hippocomus* mit einem eigenen Pferd.

Neben den *hippocomi* gab es auf den Stationen, zumindest den *mansiones,* eine Menge weiteres Personal. Die *stationarii* waren mit der Betreuung des Postgutes und des inneren Betriebs der Station betraut, die *stratores* (Pferdeknechte) und *muliones* (Maultierknechte) kümmerten sich um die Tiere, *carpentarii* (Wagenbauer) standen bereit, etwaige Reparaturen vorzunehmen, *beneficiarii* (als Polizisten abgeordnete Soldaten) sorgten für Ruhe und Ordnung, auf den Hauptstationen war auch ein *mulomedicus,* ein Tierarzt, vorhanden. Der Leiter einer *mansio* wurde *praepositus mansionis* oder *manceps* genannt. Die Zahl der *animalia publica,* der für staatliche Zwecke zur Verfügung stehenden Tiere, belief sich pro *mansio* auf 20–60.

Die höchstmögliche Geschwindigkeit hätte sich über längere Strecken nur dann erreichen lassen, wenn nicht nur die Pferde, sondern auch die Reiter regelmäßig ausgetauscht worden wären. Gerade bei besonders wichtigen Nachrichten scheint das aber nur selten gemacht worden zu sein. Das hatte vornehmlich drei Gründe. Zum einen hoffte der Kurier auf Auszeichnung

L CALIDIVS EROTICVS

S C

oder Belohnung, jedenfalls bei Überbringung einer erfreulichen Botschaft, zum anderen wünschte der Empfänger nicht selten zusätzliche mündliche Informationen, die natürlich nur der am Schauplatz des Geschehens Abgeschickte zu geben in der Lage war, schließlich mochte die persönliche Zuverlässigkeit des Boten ein entscheidender Gesichtspunkt sein.

Die Geschwindigkeit, die Eilkuriere und Reisende erreichen konnten, war beachtlich. Der *veredarius*, der die Nachricht vom Tode des Maximinus Thrax im Jahre 238 n. Chr. von Aquileia nach Rom brachte, traf am 4. Tage ein, hatte also täglich über 200 km zurückgelegt. Als Tiberius im Jahre 9 v. Chr. von Ticinum (Pavia) zu seinem todkranken Bruder Drusus nach Germanien eilte, bewältigte er in 24 Stunden 300 km. Wir wissen aber nicht, ob er bei dieser Parforcetour geritten oder gefahren ist, die Quellen geben da widersprüchliche Auskunft. Wir können das vergleichen mit einigen Angaben aus republikanischer Zeit, als es noch nicht die Möglichkeit gab, regelmäßig die Pferde zu wechseln. Im Jahre 191 v. Chr. brachte der ältere Cato die Nachricht vom Sieg in den Thermopylen von Hydrus (Otranto) oder Brundisium (Brindisi) am 5. Tag nach Aufbruch in die Hauptstadt. Die Distanz betrug zwischen 550 und 600 km, Cato hatte also, vermutlich stets auf ein und demselben Pferd reitend, täglich etwa 120 km zurückgelegt. Caesar fuhr unter wohl gelegentlichem Pferdewechsel in nicht ganz 8 Tagen im Wagen von Rom an die Rhône (ca. 1 200 km), also gut 150 km am Tag. Napoleon meinte dazu, er hätte das in der Hälfte der Zeit geschafft, und er hat das auch oft genug bewiesen. Die Bedingungen, unter denen er reiste, entsprachen aber – erstmals wieder seit dem Untergang des Imperiums – denen der römischen Kaiserzeit, es gab also die Möglichkeit, alle 20–30 km die Pferde zu wechseln. Die 300 km, die Napoleons Kutschen pro Tag fuhren, decken sich genau mit den überlieferten Spitzenleistungen zur römischen Kaiserzeit. Eine andere, exakt überlieferte Schnellfahrt berichtet uns Cicero von einem gewissen Sextus Roscius, der nächtlicherweise in 10 Stunden 80 km zurücklegte, und zwar *cisiis*, also unter mindestens einmaligem Wagenwechsel.

Bei den bisher angeführten Beispielen handelte es sich durchwegs um Ausnahmefälle, um den Transport herausragender Persönlichkeiten und um die Übermittlung wichtigster Nachrichten ohne Rücksicht auf Roß und Reiter. Normalerweise dürfte nach den Berechnungen Wolf-

◁ Abb. 83 Ein *speculator* (Soldat des Nachrichtendienstes) unterwegs. Das Grabrelief aus Viminacium (Kostolatz in Jugoslawien) zeigt eine von drei Pferden gezogene *reda*. Die Sitzanordnung ist der auf einer Staats-*carruca* ähnlich, nur fehlt der thronartige Aufbau. Der Kutscher trägt einen Kapuzenmantel, auf dem Hintersitz ist ein Begleitsoldat mit einer sogenannten Beneficiarierlanze abgebildet, einem Abzeichen der im Straßenordnungs- und Polizeidienst eingesetzten Soldaten. Der *speculator* dürfte in der Mitte sitzen. Die Inschrift lautet: „Den unsterblichen Mannen Lucius Blassius dem Nigellius, *speculator* der *Legio VII Claudia*. . . er hat 35 Jahre gelebt." Belgrad, Museum.

Abb. 84 Reisender bei der Abrechnung mit der Wirtin. Rechts steht das gesattelte Reittier, der Reisende mit Namen L. Calidius Eroticus trägt einen Kapuzenmantel. Er wie auch die ihm gegenüberstehende Wirtin machen von einer mit den Fingern betriebenen Zählzeichensprache (*computatio Romana*) Gebrauch. Die Übersetzung des Textes beginnt: „L. Calidius Eroticus hat zu Lebzeiten sich und seiner geliebten Fannia [diesen Grabstein] gesetzt." Dann geht es weiter mit dem Dialog zwischen Reisendem und Wirtin [*copo*]: „Wirtin, rechnen wir ab! – Du hast einen Sextarius Wein. An Brot ein As. An Extraportionen zwei As. – Richtig. – Das Mädchen [*puella* – das weibliche Personal stand für Dienstleistungen im weitesten Sinne zur Verfügung] kostet acht As. – Auch in Ordnung. – Heu für das Maultier zwei As. – Dieses Maultier wird mich noch zugrunde richten!" Relief aus Aesernia (Isernia in Süditalien). Paris, Louvre.

Abb. 85 Grasende Maultiere vor der in die Höhe ragenden Deichsel eines Wagens des *cursus publicus*. Rückseite eines Sesterzen des Nerva, 97 n. Chr. Die Inschrift: *Vehiculatione Italiae remissa* („Abschaffung der Gespannstellung für Italien") bezieht sich auf die Maßnahme Nervas, mit der er den Bewohnern Italiens die Spanndienste und Abgaben für die Staatspost erlassen hatte. München, Staatliche Münzsammlung.

Abb. 86 Ein Pferd oder Maultier dreht eine große Steinmühle. Über dem Kopf des Tieres ist eine Peitsche abgebildet. Vatikan, Museo Chiaromonti.

Abb. 87 Pferde be Mühlendrehen. Deutli sind auf dem Relief d 3. Jahrhunderts n. Chr. d Augenklappen zu sehe Vatikan, Museo Chia monti.

immer wieder in meine eigenen Fußstapfen treten und in bestimmter Richtung ohne Ziel herumlaufen. Indessen verlor ich meinen hellen und klugen Kopf nicht so weit, daß ich mich beim Anlernen geschickt angestellt hätte. Wohl hatte ich schon oft, als ich noch Mensch unter Menschen war, solche Maschinen sich drehen sehen. . . Aber ich tat doch, als hätte ich nicht die leiseste Ahnung von der Sache, stellte mich blöd und blieb wie angewachsen stehen. Denn ich meinte, man würde mich als kaum geeignet und ziemlich untauglich für dieses Geschäft zu irgend einer anderen, jedenfalls leichteren Arbeit abstellen oder gar beurlauben und füttern lassen. Aber meine scharfsinnige Berechnung nützte nichts und schadete nur. Denn sofort umringten mich eine Reihe Kerls mit Stöcken in der Hand, und während ich ja mit meinen verdunkelten Augen immer noch ahnungslos dastand, versetzten sie mir auf ein plötzliches Zeichen unter allgemeinem Gebrüll eine Tracht Prügel und brachten mich mit ihrem Getöse derart durcheinander, daß ich alle Gedanken ausschaltete, mich auf der Stelle wie ein Sachverständiger fest ins Geschirr legte und mich munter auf den Rundweg machte. Nun, mein plötzlicher Gesinnungswandel brachte die ganze Gesellschaft zum Lachen!

Als der größte Teil des Tages schon vorüber ist und ich ohnehin erschöpft bin, nimmt man mir das Kummetband ab, macht mich von der Mahlmaschine los und bindet mich an die Krippe. Ich war zwar unendlich müde, sehr erholungsbedürftig und nahezu verhungert, aber die übliche Neugier lenkte mich ab und machte mich ziemlich unruhig, so daß ich das reichlich vorhandene Futter Futter sein ließ und mir den unerquicklichen Fabrikbetrieb mit einem gewissen Vergnügen ansah. . . Was waren das für uralte Maulesel oder klapperige Gäule [*cantherii debiles*]! Da standen sie um die Krippe, steckten die Köpfe hinein und kauten ihre Häckselportion: die Nacken von eiternder Wundfäule geschwollen, die schlaffen Nüstern von dauernden Hustenstößen geweitet, die Brust voller Schwären vom unablässig reibenden Gurtband, die Rippen von lauter Prügeln bis auf die Knochen entblößt, die Hufe vom endlosen Herumrennen ungeheuerlich verklumpt und das ganze Fell starrend von Schmutzkruste, Räude und Dürre!" (Apuleius, Metamorphosen, übersetzt von Eduard Brandt; IX.11,1–6,12,1–2,13,1–2)

## DAS PFERD IN DER KÜCHE

Während es heutzutage die romanischen Völker sind, die zum Grausen der germanischen Touristen mit Wonne Pferdefleisch verspeisen, war es im Altertum gerade umgekehrt. Tacitus spricht von einer „gemeinen und widerlichen Zwangslage", die einige an ein einsames Ufer verschlagene Legionäre dazu genötigt habe, sich mit Pferdefleisch am Leben zu erhalten. (*Historiae* IV.60) Unter den zahlreichen erhaltenen römischen Kochrezepten findet sich nicht eines, bei dem das Pferd eine Rolle spielte. Auch die landwirtschaftlichen und tierkundlichen Schriftsteller erwähnen nirgends das Pferd als Schlachttier. Plinius der Ältere (Naturgeschichte XXVIII, 265) bezeichnet lediglich einmal Pferdefleisch als Mittel gegen die Schweinepest.

Der archäologische Befund weist in die gleiche Richtung. Die meisten der ohnehin nicht sehr zahlreichen Pferdeknochen, die in römischen Abfallgruben auftauchen, zeigen nicht die charakteristischen von der Schlachtung herrührenden Schnitt- und Hiebspuren. Vereinzelt kommen aber solche Knochen doch vor, gelegentlicher Verzehr von Pferdefleisch hat also stattgefunden. Da die Funde durchwegs aus den Provinzen stammen, ist jedoch die Wahrscheinlichkeit groß, daß es sich bei den Pferdeessern um halbromanisierte Kelten und Germanen gehandelt haben wird.

Der Umstand, daß ein Pferdekadaver zerlegt wurde, braucht freilich noch nicht unbedingt zu beweisen, daß das Tier in die Küche gewandert ist. Viele der in einer für Tierabfälle bestimmten Grube in Marseille gefundenen Knochen zeigen, daß sie von Hunden benagt worden waren.

Da man die Körper verendeter Pferde ja irgendwie beseitigen mußte, mag man sie oft an die Hunde verfüttert haben.

Es gab noch andere Nutzungen des Pferdekadavers. Die Knochen wurden häufig für Schnitz- und Drechselarbeiten verwendet, die Hufe zum Leimkochen, aus den Haaren von Schwanz und Mähne machte man Helmbüsche und Spannseile für Torsionsgeschütze.

KAPITEL IV

# *Das Rennpferd*

Wer etwas von römischen Pferden hört, wird unwillkürlich zunächst einmal an durch die Arena preschende Wagenlenker mit ihren Vierergespannen denken, ein Bild, das spätestens seit den Verfilmungen des Romans „Ben Hur" tief ins allgemeine Bewußtsein eingedrungen ist und zu den Standardvorstellungen gehört, die man von den „alten Römern" hat. Diesen selbst, soweit sie während der Kaiserzeit in der Hauptstadt oder einer der anderen großen Städte lebten, dürfte es kaum anders ergangen sein. Pferd und Circusrennen waren für sie wohl geradezu Synonyme. Große Teile der Bevölkerung standen unter dem Bann des Pferdesports, wie heutzutage die Massen von Fußball und ähnlichen Sportarten fasziniert werden. *Abb. 88–91*

„. . . der Circus Maximus ist ihnen Tempel und Heimat, Versammlungsort und das höchste Ziel all ihrer Wünsche", schreibt Ammian im 4. Jahrhundert n. Chr., „Es gibt unter ihnen Individuen, die verkünden, der Staat sei dem Untergang geweiht, wenn beim nächsten Rennen nicht ihr derzeitiger Lieblingsfahrer als erster aus den Starttoren spurte, und wenn er mit durcheinandergeratenen Pferden einen zu weiten Bogen um den Wendeposten mache. . . Und mit ihren je nach Partei gegensätzlichen Wunschträumen für den Ausgang des Rennens verbringt die Masse in banger Erwartung die Nächte und kann keinen Schlaf finden." (Ammianus Marcellinus, *Res Gestae*, XXVII.4.29–31)

Wenige Menschen kamen bei ihren Zeitgenossen an Berühmtheit den siegreichen Rennpferden gleich – „Ich, Martial, bekannt bei allen Leuten und allen Völkern für meine elegischen Distichen, für meine elfsilbigen Verse und für meinen ohne Bosheit vorgetragenen Witz – was beneidet ihr mich? Ich bin nicht berühmter als das Pferd Andraemon." (Martial, Epigrammata, X.9)

Die Römer haben den Pferdesport von den Griechen und Etruskern übernommen, der Überlieferung nach sollen sie ihn schon zur Zeit des Romulus betrieben haben. Im Gegensatz zu den griechischen Wettkämpfen spielten gerittene Pferderennen nur eine ganz untergeordnete Rolle, im Mittelpunkt stand das Wagenrennen, das schon in republikanischer Zeit durch und durch professionalisiert und damit zu einem Mittel der Massenunterhaltung wurde. Dabei entwickelte der römische Rennsport, wie wir sehen werden, ganz spezifische Eigenheiten, die ihn zur Zeit seiner vollen Blüte unter den Kaisern deutlich vom griechischen Vorbild unterschieden und schließlich auf dieses zurückwirkten.

Das Wagenrennen gehörte zu den zählebigsten Institutionen der römischen Antike. Daran konnte auch die feindliche Haltung des frühen Christentums wenig ändern. Tertullian schrieb im 2. Jahrhundert n. Chr., das Pferd, ein an sich nützliches Tier, höre in dem Augenblick, wenn man es für die Circusrennen verwende, auf, ein Geschenk Gottes zu sein, und werde zu einem Instrument von Dämonen. Man warf dem Rennsport, wie allen Massenvergnügungen, vor, den Geist der Menschen auf Nichtiges zu lenken. Hinzu kam, daß er zu Fanatismus und Parteienhaß verleite, besonders aber kritisierten die christlichen Schriftsteller den immer noch deutlichen Zusammenhang der Circusspiele mit heidnischen Kulten. Da jedoch kein so eklatanter Verstoß

Abb. 88 Plakat des „Ben Hur"-Films von 1959. Es macht deutlich, wie sehr an Publikumswirksamkeit das Wagenrennen alle andere Szenen des Filmes in den Schatten stellt. Metro Goldwyn Mayer.

Abb. 89, 90, 91 Das Wagenrennen im Kino. Von Anfang an gehörten aufwendige Wagenrennen zu den Hauptattraktionen von „San dalenfilmen". In Guazzonis „Messalina"-Film von 1923 (oben) war ein ziemlich originalgetreuer Circus zu sehen, dessen *spina*-Aufbau ten sich wohltuend von den monströsen Statuen der „Ben Hur" – Verfilmung von 1959 (vgl. Abb. 88) unterschieden. Die Wägen sin allerdings, wie auch in den späteren Filmen, viel zu hoch und zu schwer gebaut. Ein spektakulärer Erfolg war der „Ben Hur"-Verfil mung von 1926 durch Fred Niblo beschieden, nicht zuletzt wegen des noch heute beeindruckenden Wagenrennens. Das Bild in de Mitte zeigt Ramon Novarro (links) und Francis X. Bushman, die in diesem Film die verfeindeten Freunde Ben Hur und Messala darstel ten. Ramon Novarro fährt einen Wagen, dessen viel zu hoher Kasten dem etruskischen Wagen von Monteleone aus dem 6. Jahrhun dert v. Chr. (!) nachempfunden ist (vgl. Abb. 143). Das Wagenrennen in William Wylers „Ben Hur"-Verfilmung von 1959 wurde z einem der Glanzpunkte der Filmgeschichte. Trotz zahlreichen Unrichtigkeiten im Detail vermittelt der Film einen überzeugenden Ein druck von dem grandiosen und atemberaubenden Drama, das ein römisches Circusrennen geboten haben muß. Die eigentliche Regi der Rennszenen lag übrigens weniger in den Händen von William Wyler als in denen von Andrew Marton und Yakima Canutt. 7 Pferde wurden für den Film in Jugoslawien gekauft und in Italien trainiert. Ben Hurs Pferde waren Lipizzaner, die besonders große und edlen römischen Pferden tatsächlich entsprechen dürften. Metro Goldwyn Mayer.

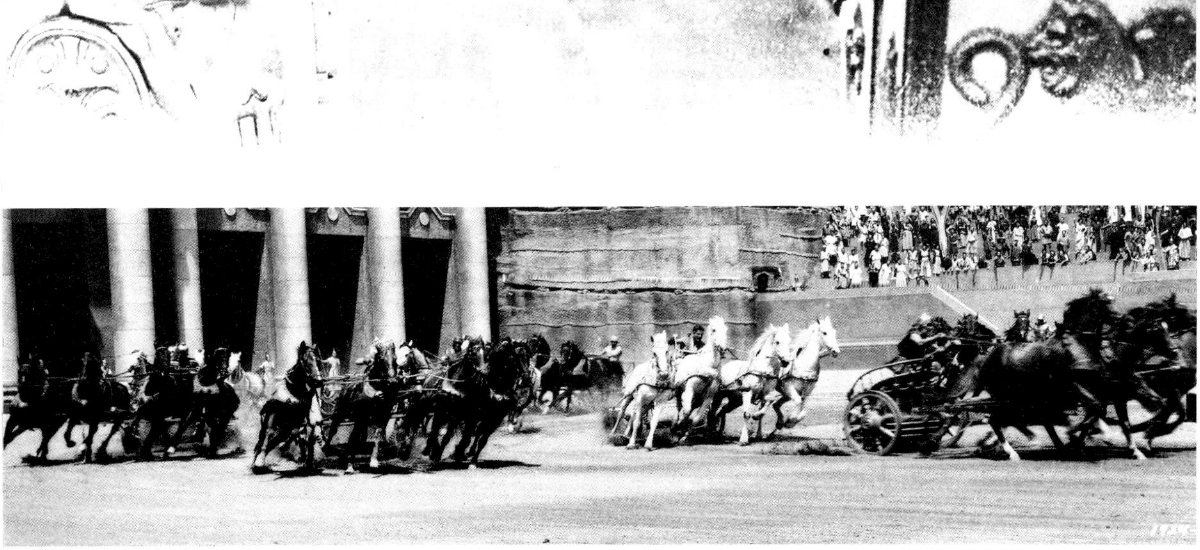

AMPADIORV

L C MEMIES L F
GAL

MVNIF . PII.
SEXT . P . M .

1. November, wobei das Wagenrennen wieder den abschließenden Höhepunkt bildete. Die später dann in *Ludi Victoriae Sullanae* umgetauften Spiele überlebten den Dictator und die politischen Wechselfälle der Bürgerkriege.

Caesar wollte hinter Sulla nicht zurückstehen und rief 46 v.Chr. zum Dank für den Sieg von Pharsalus die *Ludi Victoriae Caesaris* ins Leben, die er der *Venus Genetrix* gelobt hatte. An vier der sieben Tage (20.–30. Juli) wurden Wagenrennen ausgetragen.

Natürlich schuf auch Augustus neue Spiele, die 11 v. Chr. erstmals abgehaltenen *Ludi Augustales*, die ab Tiberius vom 3.–12. Oktober dauerten. Andere Kaiser folgten seinem Beispiel, es würde aber zu weit führen, der sich ständig verlängernden Liste von Festen und Spielen im einzelnen zu folgen. Ab und zu versuchte man, etwas regulierend einzugreifen und einige neu etablierte *ludi* wieder abzuschaffen, aber ohne nachhaltigen Erfolg.

Natürlich waren all diese Veranstaltungen äußerst kostspielige Angelegenheiten. Das *aerarium Saturni*, die öffentliche Kasse, stellte in der frühen Kaiserzeit für die *Ludi Romani* 750 000 Sesterzen, für die *Ludi Plebeii* 600 000 Sesterzen, für die *Ludi Apollinares* 380 000 Sesterzen bereit. Wenn er aber wirklich großartige Spiele liefern wollte, dann mußte der veranstaltende Beamte immer noch zusätzlich tief in die eigene Tasche greifen. Da die Ausrichtung eindrucksvoller Spiele zu den sichersten Mitteln gehörte, sich der Gunst der Wählerschaft zu versichern, stürzten sich in der Spätzeit der Republik viele Beamte in gewaltige Schulden, um einen entsprechenden Aufwand treiben zu können. Aber auch wenn ein Beamter nicht von politischem Ehrgeiz oder Prestigedenken getrieben wurde, wie das in der Kaiserzeit angesichts der sinkenden politischen Bedeutung der Ämter meist der Fall war, konnte er sich nicht der Verpflichtung entziehen, erhebliche Summen in die *ludi* zu investieren. Auch darf man hierin eine Art Sondersteuer für den senatorischen Adel erblicken, dem der hohe Magistrat entstammte.

Unter der Republik war die *cura ludorum sollemnium*, die „Sorge für die alljährlichen Spiele", eine der Hauptaufgaben der Aedilen. Für die *Ludi Romani* und die *Megalesia* waren die curulischen Aedilen, für die *Ludi Plebeii*, die *Cerialia* und die *Floralia* die plebeischen Aedilen zuständig, um die *Ludi Apollinares* kümmerte sich der *praetor urbanus*, Augustus übertrug 22 v. Chr. alle Spiele den Praetoren, deren Zahl zu seiner Zeit zwischen 10 und 16, später zwischen 12 und 18 schwankte.

Das politische Interesse, möglichst spektakuläre Spiele zu veranstalten, ging mit dem Ende der Republik von den Beamten auf die Kaiser über. Es handelte sich aber nicht einfach nur darum, das Volk bei Laune zu halten und von politischem Engagement abzulenken. Die *ludi* waren der gegebene Rahmen für kaiserliche Repräsentation. Der *princeps* konnte hier nicht nur seine Großzügigkeit, sondern auch seine Leutseligkeit, seine *civilitas*, unter Beweis stellen, die

◁ Abb. 97 Theodosius der Große im *kathisma* (griechische Entsprechung zum *pulvinar*). Relief auf der Basis des Theodosiusobelisken im Hippodrom von Konstantinopel, um 390 n. Chr. Der ikonenhafte Aufbau des Bildes vermittelt einen guten Eindruck von der strengen hierarchischen Gliederung der spätantiken Gesellschaft und von der repräsentativen Funktion, die die Zurschaustellung der kaiserlichen Majestät während der Circusspiele im 4. Jahrhundert gewonnen hatte – die Theodosiusreliefs sind überhaupt die ersten Darstellungen römischer Kaiser im Circus. Der Kaiser, der in der Hand den Siegerkranz bereithält, steht herausgehoben zwischen seinen Söhnen Honorius und Arcadius in seiner Loge, beiderseits flankiert vom Hofstaat und den hohen Würdenträgern des Reiches. Die unteren Ebenen des Bildes bevölkern, auch durch die deutlich geringere Körpergröße abgesetzt, die in Reih und Glied geordneten Zuschauermassen, als unterste und kleinste die Musikanten und Tänzer. Die beiderseits wiedergegebenen hydraulischen Orgeln waren typische Begleitinstrumente bei Darbietungen im Circus und im Amphitheater.

ihn von östlichen Potentaten abhob. Dazu gehört auch, daß die Spiele dem Volk die Gelegenheit boten, mit dem Kaiser in direkten Kontakt zu treten, ihn zu feiern, ihm Bitten vorzutragen, ihm aber auch Unzufriedenheit und Kritik auszudrücken. Insofern waren die Circusspiele und andere öffentliche Darbietungen weit davon entfernt, Mittel oder Ergebnis einer politischen Entmündigung der Massen darzustellen.

Schon in der Spätzeit der Republik war es bei Wagenrennen und Gladiatorenkämpfen – *ludorum gladiatorumque consessu* –, daß der Wille des Volkes am klarsten erkennbar wurde, klarer mittlerweile als bei den politischen Versammlungen und Wahlen, wie Cicero in einem Brief an Sestius vom Jahre 56 v. Chr. meinte. Nachdem Abstimmungen und Volksversammlungen in der Kaiserzeit den letzten Rest von politischer Relevanz verloren hatten, blieben nur noch die Massenveranstaltungen in den Theatern und vor allem im Circus als Gelegenheiten zur Meinungsäußerung übrig. Das fiel auch dem jüdischen Beobachter Flavius Josephus auf: „Zu dieser Zeit [Januar 41 n. Chr.] wurden Wagenrennen abgehalten. Das ist eine Sportart, der die Römer mit großem Fanatismus anhängen. Sie versammeln sich in freudiger Erregung im Circus, und dort pflegen sie Gesuche an die Kaiser zu richten, wie es ihnen recht erscheint. Kaiser, die nach dem Prinzip verfahren, solchen Gesuchen nachzukommen, sind höchst beliebt. So bedrängten sie in diesem Fall Gaius, Abgaben und Steuern zu senken. Aber er hatte keine Geduld mit ihnen. . . " (Flavius Josephus, Jüdische Altertümer, XIX.24.7) Die harte und schließlich brutale Reaktion Caligulas bei dieser Gelegenheit war der Anfang von seinem Ende.

Welch ein gewaltiger Druck von den erregten Massen im Circus ausgehen konnte, illustriert gut Cassius Dios Bericht über den Sturz von Commodus' Praetorianerpraefecten Cleander im Jahre 190 n. Chr.: „Es war ein Renntag und die Pferde waren gerade dabei, zum siebten Male an den Start zu gehen, als eine Schar von Kindern in den Circus rannte unter der Führung eines großen Mädchens von furchteinflößendem Äußeren, das angesichts der Dinge, die folgten, später für ein göttliches Wesen gehalten wurde. Die Kinder sangen einstimmig schreckliche Dinge; dann sprang der Funke auf das Volk über und man brüllte jeden nur denkbaren Vorwurf hinaus. Schließlich verließen sie ihre Sitze und machten sich auf den Weg, um Commodus zu suchen, der sich gerade in der Quintilianischen Vorstadt befand. Dabei stießen sie Segenswünsche für den Kaiser und Flüche auf Cleander aus." Commodus war so eingeschüchtert, daß er den Praefecten auf der Stelle enthaupten ließ. (Cassius Dio, Römische Geschichte, LXXXII.13)

Die politische Funktion des Circus war für den Kaiser also ein zweischneidiges Schwert. Er konnte vor dieser gewaltigen Kulisse sich wirkungsvoll in Szene setzen und im direkten Kontakt mit den Massen seine Volkstümlichkeit pflegen, aber er mußte auch damit rechnen, einem gefährlichen Druck ausgesetzt zu werden und sich entweder Entscheidungen aufzwingen lassen zu müssen oder durch Härte seine Popularität zu gefährden. Er konnte dem Dilemma aber kaum ausweichen, da die Spiele eine so wichtige Institution waren, daß ein in Rom anwesender Kaiser sie nur zu seinem Nachteil ignorieren durfte.

Vielen Caesaren fiel es nicht schwer, dieser Pflicht nachzukommen, da sie selbst leidenschaftliche Anhänger des Rennsports waren. Andere dagegen, wie Marcus Aurelius, empfanden eine heftige Abneigung gegen alle Formen der Massenunterhaltung, ein Gefühl, das sie mit manchen Angehörigen der gebildeten Schicht teilten. Niemand hat diesen intellektuellen Hochmut klarer ausgedrückt als Plinius der Jüngere in seinem Brief an Calvisius:

„Ich habe diese ganze Zeit in angenehmster Ruhe zwischen Schreibtafeln und Büchern verbracht. Du wirst sagen: ‚Wie konntest Du das, in der Stadt?' Es waren Circusspiele, eine Art von Spektakel, das mich nicht im mindesten reizt. Nichts Neues, keine Abwechslung, nichts, das es nicht einmal gesehen zu haben, genug wäre. Um so mehr wundere ich mich, daß so viele Tausende von Männern das kindische Bedürfnis haben, immer wieder rennende Pferde und auf Rennwägen stehende Menschen zu sehen. Würden sie sich für die Schnelligkeit der Pferde und die Kunstfertigkeit der Menschen begeistern, hätte die Sache noch irgendeinen Sinn. Aber was

„Ich selbst verstehe nicht viel von Wagenrennen, wenn du aber einen der Rennfahrer anschwärmst, dann bin ich auch für diesen Mann. Ich bin hierher gekommen, um an deiner Seite zu sitzen, mit dir zu sprechen und dich wissen zu lassen, was ich für dich empfinde. Du schaust dir das Rennen an. Ich schaue mir dich an. So werden wir beide sehen, was wir lieben. Wer auch immer dein Lieblingsfahrer sein mag, welch ein Glückspilz ist er! Um ihn sorgst du dich. Wie gerne wäre ich er! Sobald mein Gespann aus den Starttoren schösse, würde ich es rücksichtslos antreiben. Einen Augenblick lang würde ich den Pferden Luft lassen, im nächsten wild die Peitsche schwingen und dann mit meinem Innenrad die Wendemarke streifen. Würde mein Blick auf dich inmitten der Menge fallen, wenn ich hinter mich sähe, ich kehrte um und die Zügel lägen nur mehr schlaff in meinen Händen. . . Warum rückst du von mir fort? Es hat keinen Sinn. Wir müssen uns an die Sitzmarkierungen halten. Das ist der größte Vorteil im Circus. Und du, du Flegel zur Rechten meines Lieblings! Paß nur auf! Du tust ihr weh mit deinem Geremple. Und du hinter ihr, laß gefälligst deine Füße, wo sie hingehören, und bohre ihr nicht die Knie in den Rücken. Nun schleift ihr Gewand im Staub. Heb es auf – oder besser, laß mich es tun. Ich werde den Dreck abwischen. Es war zu arg, daß das Tuch so schöne Beine verborgen hat. Je länger ich sie mir ansehe, desto schöner sind sie. . . Möchtest du, daß ich dir mit meiner Eintrittskarte Kühlung zufächle? Vielleicht ist es auch meine Liebe, die so wärmt, nicht das Wetter. . . Aber da beginnt die feierliche Prozession. Jetzt heißt es jubeln und
*Abb. 99* klatschen. Der Zug der goldenen Statuen ist da. Zuerst Victoria mit ausgebreiteten Flügeln. Gewähre mir Sieg in der Liebe, Victoria! Da kommt Neptun. Sollen die Seeleute ihm Beifall spenden, mir reicht die feste Erde. Und die Soldaten sollen Mars zujubeln, ich verabscheue
*Abb. 95* Gewalt und bin für Liebe und Ruhe. . . Und nun Venus, sie ist es, auf die ich setze, sie und ihr Cupido mit seinem Bogen. Unterstütze meine Pläne, oh Göttin. Flöße meinem neuen Mädchen etwas Verstand ein, daß sie mir Mut mache. . . Aber sieh, ihre Beine baumeln in der Luft und haben nichts, um darauf zu ruhen. Ich fürchte, ich habe vergessen, einen Schemel mitzunehmen. Wenn du magst, kannst du die Zehen in die Löcher des Geländers vor uns stecken. Laß mich dein Sitzkissen zurechtrücken. Jetzt ist die Bahn frei für das große Rennen. . . Der Praetor hat von seinem Platz über den Starttoren das Zeichen gegeben. Ich erkenne deinen Lieblingsfahrer. Mit deiner Unterstützung kann er nur gewinnen. Ich glaube, selbst seine Pferde wissen, was du von ihnen erwartest. Aber schau! Er macht einen weiten Bogen beim Wenden. Was tust du nur? Der Mann hinter dir wird dich gleich auf der Innenseite überholen. Was soll das, du Dummkopf? Du läßt meinen Schatz ja übel im Stich. Um Gottes willen. Leg dein Gewicht in die linken Zügel. . . Ich fürchte, meine Liebe, unser Mann ist ein Stümper und ein Feigling noch dazu. Los Leute, fordert eine Wiederholung! Schwingt eure Mäntel und zeigt dem Praetor, was ihr wollt! Jawohl, es gibt eine Wiederholung. Aber all diese flatternden Mäntel bringen deine Frisur durcheinander. Schmieg dich an mich und laß dich beschützen. Nun kommt der neue Start und die Farben der Fahrer leuchten erneut auf der Bahn. Mach es besser, diesmal! Renn gleich los in den freien Raum und sorge dafür, daß mein Schatz und ich nicht umsonst gebetet haben! Gut, die Gebete meines Lieblings sind erhört worden und ihr Fahrer hat gesiegt. Meine Gebete harren noch der Erfüllung. Er hat seine Siegespalme, ich warte noch auf meine. . . Sie hat gelächelt und aus ihren leuchtenden Augen blitzte ein Versprechen. Das reicht für den Circus, für den Rest gibt es einen anderen Platz."

## DER CIRCUS

Von den vier Gebäudetypen, die in der Antike für die verschiedenen Arten von künstlerischen und sportlichen Massenveranstaltungen errichtet wurden, dem Theater, dem Stadion, dem Amphitheater und dem Circus, gilt letzterer als der einzige, der von den Römern selbständig

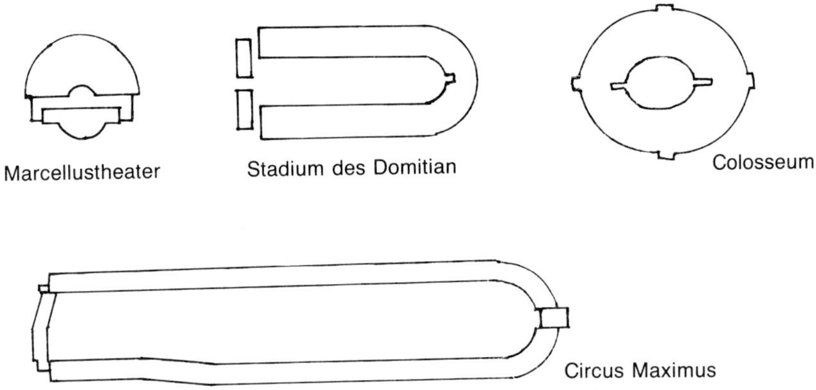


Abb. 100 Größenvergleich der wichtigsten stadtrömischen Anlagen für öffentliche Veranstaltungen: Oben links das Marcellustheater (für Schauspiele), oben rechts das Stadium des Domitian (für athletische Wettkämpfe), unten links das Flavische Amphitheater oder Colosseum (für Gladiatorenkämpfe und Tierschauen), unten rechts der Circus Maximus. Alle im gleichen Maßstab, Zeichnung Almut Höbel nach John H. Humphrey.

entwickelt wurde. Theater und Stadion waren griechische Erfindungen, das Amphitheater stammte aus Campanien, den Circusbau dagegen scheinen die Griechen von den Römern übernommen zu haben, nicht umgekehrt. Natürlich hatte es schon vor den Römern Bahnen für Wagen- und Pferderennen gegeben. Das griechische Hippodrom (ίππόδρομος) hatte aber keine bauliche Fixierung im Gelände, die der des römischen Circus vergleichbar gewesen wäre. Nur die Anlage in Olympia wies aufgehendes Mauerwerk auf, ohne jedoch ein geschlossenes Bauwerk darzustellen. Ansonsten fanden die griechischen Rennen auf mehr oder weniger improvisierten Bahnen statt, die kaum Spuren im Gelände zurückließen.

Die Schauplätze der etruskischen und frühen römischen Wagen- und Pferderennen entspra- *Abb. 1*
chen diesem griechischen Vorbild. Einige der von Tradition geheiligten Rennplätze auf dem Marsfeld in Rom ließen das noch in der Kaiserzeit erkennen. Weder im *Circus Flaminius* noch im *Trigarium* gab es fest ausgebaute Zuschauertribünen oder eine permanente *spina.* Die Wendepfosten für die rituellen Rennen, wie sie bei den *Ludi Taurii, Equirria* oder beim Fest des *Equus October* stattfanden, wurden von Fall zu Fall neu errichtet. Der ganze südliche und westliche Teil des Marsfeldes war noch weit in republikanische Zeit hinein offenes Gelände, das für private und öffentliche Reitübungen und Rennen zur Verfügung stand. Der *Campus Flaminius* umfaßte damals einen großen, über 500 m langen und etwa 200 m breiten Teil im Süden dieses Gebiets, das vom späteren Marcellustheater bis zum Tempel des Mars bei S. Salvatore in Campo reichte und die Form eines großen Ovals hatte. Beginnend mit dem Apollotempel von 431 v. Chr. entstanden immer mehr Tempel und Monumente in diesem Bereich, was nicht zuletzt damit zusammenhing, daß vom *Campus Flaminius* die Triumphzüge ihren Ausgang nahmen. 220 v. Chr. erbaute C. Flaminius Nepos den eigentlichen *Circus Flaminius,* der nur mehr einen Teil der ursprünglich für die Rennen genutzten Fläche ausmachte und nicht mehr als 360 m x 120 m maß. Es gelang, diese Anlage im Gebiet zwischen dem Marcellustheater, der Piazza Cairoli, der Via del Portico di Ottavia und dem Tiber zu lokalisieren. Der Bau des Marcellustheaters durch Caesar und Augustus überlagerte das östliche, gebogene Ende des Circus und verkürzte diesen nochmals um fast 50 m. Für eigentliche Wagenrennen war der Platz in seiner ausgebauten Form nicht mehr geeignet. Er dürfte nur

mehr für den uralten Kult der *Ludi Taurii* benutzt worden sein, die alle fünf Jahre stattfanden und zu denen ein wohl gerittenes und nicht gefahrenes Rennen gehörte.

*Abb. 1* Ein anderes Schicksal hatte der große Platz, der als *Trigarium* bekannt war, ein Name, der sich von der *triga*, dem in historischer Zeit wenig gebräuchlichen Dreigespann, herleitete. Die ungefähr 450 m lange und 100 m breite Anlage erstreckte sich südöstlich vom *Tarentum* auf dem nordöstlichen Marsfeld nahe dem Tiber, der nördliche Teil der heutigen Via Giulia bildete in etwa ihre Längsachse. Das *Trigarium* scheint überhaupt keine festen Bauten besessen zu haben, der Grundriß entsprach dem aller römischer Rennplätze, ein langgezogenes Rechteck, dessen eine Schmalseite in Form eines Halbkreises nach außen gewölbt war. Auch hier dürften *S. 228, 232* in die Frühzeit der Stadt zurückreichende Riten stattgefunden haben, die Biga-Rennen beim Fest des *Equus October* an den Iden des Oktober mit dem zugehörigen Pferdeopfer, wohl auch die Rennen an den *Equirria* am 27. Februar und 14. März, die auf den *Campus Martialis* auf dem südlichen *Caelius* verlegt wurden, wenn das *Trigarium* vom Hochwasser überschwemmt war. Es ist nicht ganz sicher, ob es sich bei den *Equirria* um gerittene oder gefahrene Rennen gehandelt hat. Die *Ludi Saeculares*, die im Abstand von etwa 100 Jahren abgehalten wurden, spielten sich gleichfalls im Bereich von *Tarentum* und *Trigarium* ab.

Das *Trigarium* diente aber nicht nur als Schauplatz für rituelle Wettrennen, sondern wurde das ganze Jahr über als Übungsgelände für Wagenlenker und Reiter genutzt. Vor allem trainierten hier die *aurigae* der Circusparteien, deren Ställe sich ganz in der Nähe befanden, ihre Gespanne.

*Abb. 1, 4, 101* Ausgangspunkt und Vorbild für die Entwicklung des eigentlichen römischen Circusbaus war aber die älteste, größte und vornehmste dieser Anlagen, der *Circus Maximus*. Er verdankte seine Entstehung und Eigenart der Lage in einem langgestreckten Tal zwischen dem Palatin und dem Aventin. Die flache Talsohle stellte, wenn man das dort fließende Gewässer ableitete, eine natürliche Rennbahn dar, die Hänge der beiden Hügel boten sich als Sitze für die Zuschauer an. *S. 228* Schon Romulus soll hier die ersten *Consualia* veranstaltet haben, ein Rennen zu Ehren des Gottes Consus, dessen unterirdisches Heiligtum im südöstlichen Bereich der Arena lag. Bei den *Abb. 96* *Consualia* des Romulus kam es zum berühmten Raub der Sabinerinnen. Die alljährlich am 21. August im Rahmen eines Erntedankfestes stattfindenden *Consualia* scheinen ursprünglich Wettrennen ländlichen Charakters gewesen zu sein, an denen neben Pferden auch Maultiere teilnahmen.

Tatsächlich dürften ab dem 6. Jahrhundert v. Chr. im Tal des Circus Maximus regelmäßig *Band II* Rennen abgehalten worden sein. Dazu kamen von der Jugend des Adels veranstaltete Reiterspiele und andere Darbietungen, die viel Platz beanspruchten. Das hat wohl schon bald zum Bau hölzerner Zuschauertribünen für die vornehmeren Gäste geführt, während die Masse auf den Abhängen der Hügel Platz nahm. Die Trockenlegung des Tals gehört wahrscheinlich auch in diese Zeit und würde gut zu den städtebaulichen Maßnahmen der damals in Rom herrschenden etruskischen Könige passen. Noch weit in die republikanische Ära hinein ähnelte die Anlage mehr den offenen griechischen Hippodromen als dem Circus in seiner späteren voll ausgebauten Gestalt. Im Laufe der Jahre entstanden eine Menge von unsystematisch angelegten

Abb. 101 Der Circus Maximus. Detail aus dem großen Modell der Stadt Rom zur Zeit Constantins des Großen. Oben rechts der Palatin, links der Aventin. Rom, Museo della Civiltà Romana. ▷

Abb. 102 Wagenrennen auf einem Mosaik aus *Lugdunum* (Lyon). Links sind die Starttore wiedergegeben, auf der *spina* kann man die *metae*, die Delphine, die Eier und den Obelisken erkennen. Sehr deutlich sind auf der unteren Bahn die Weißlinie (links) und die Ziellinie als senkrechte weiße Striche eingezeichnet. Lyon, Musée de la Civilisation Gallo-Romaine.

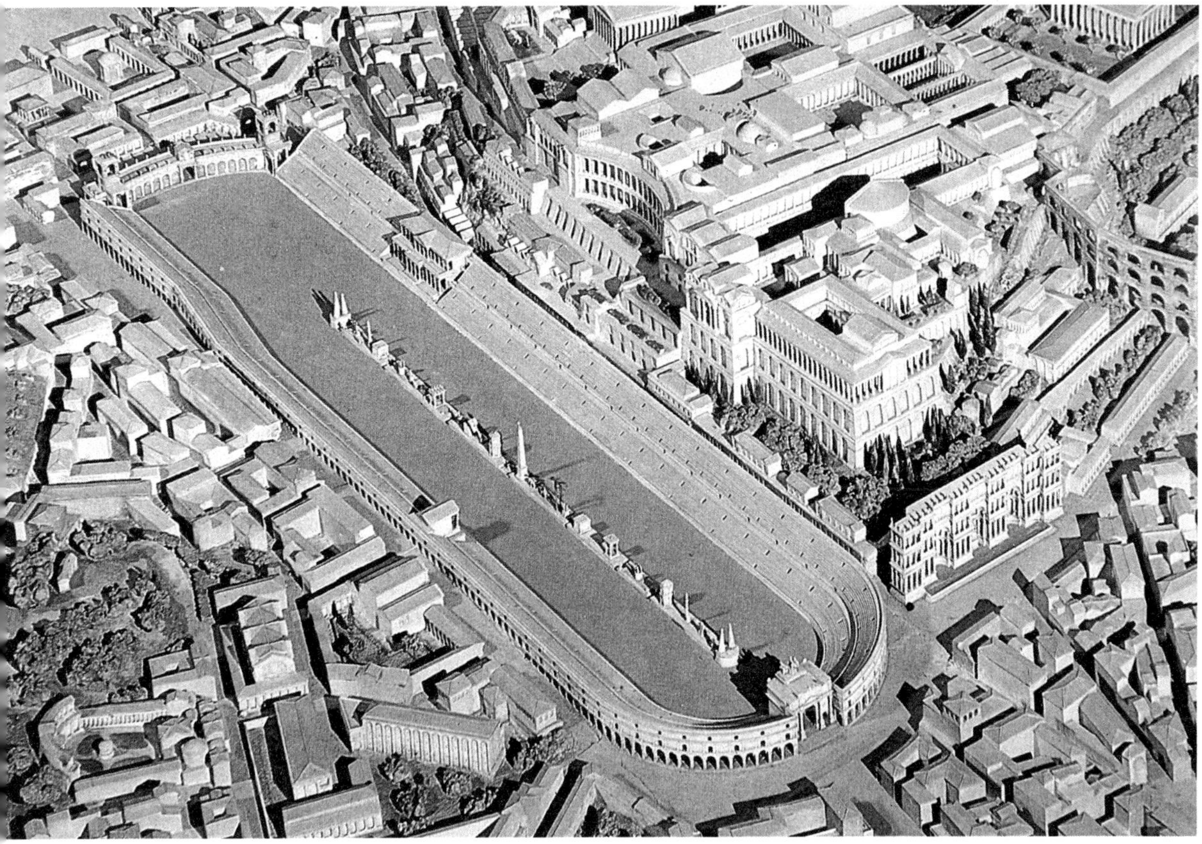

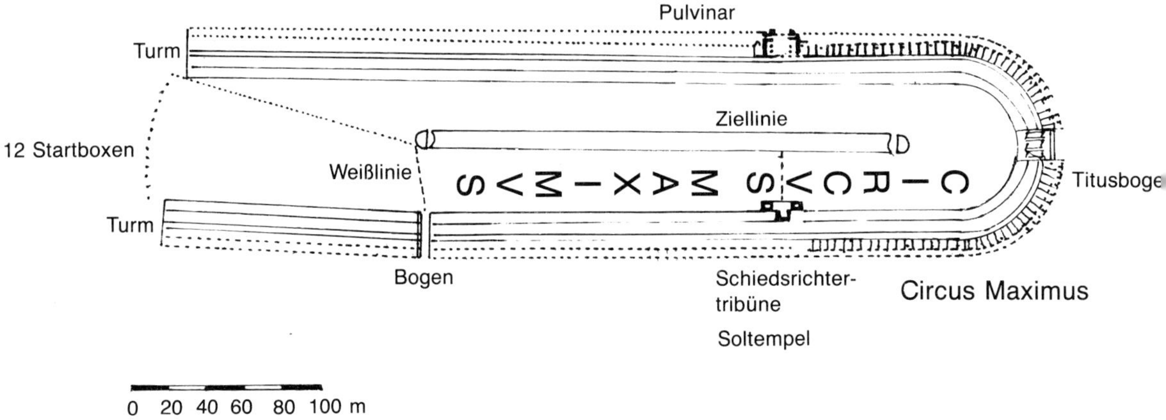


Abb. 103 Der Circus Maximus nach der *Forma Urbis*, einem Stadtplan des frühen 3. Jahrhunderts n. Chr. Zeichnung Almut Höbel nach John H. Humphrey.

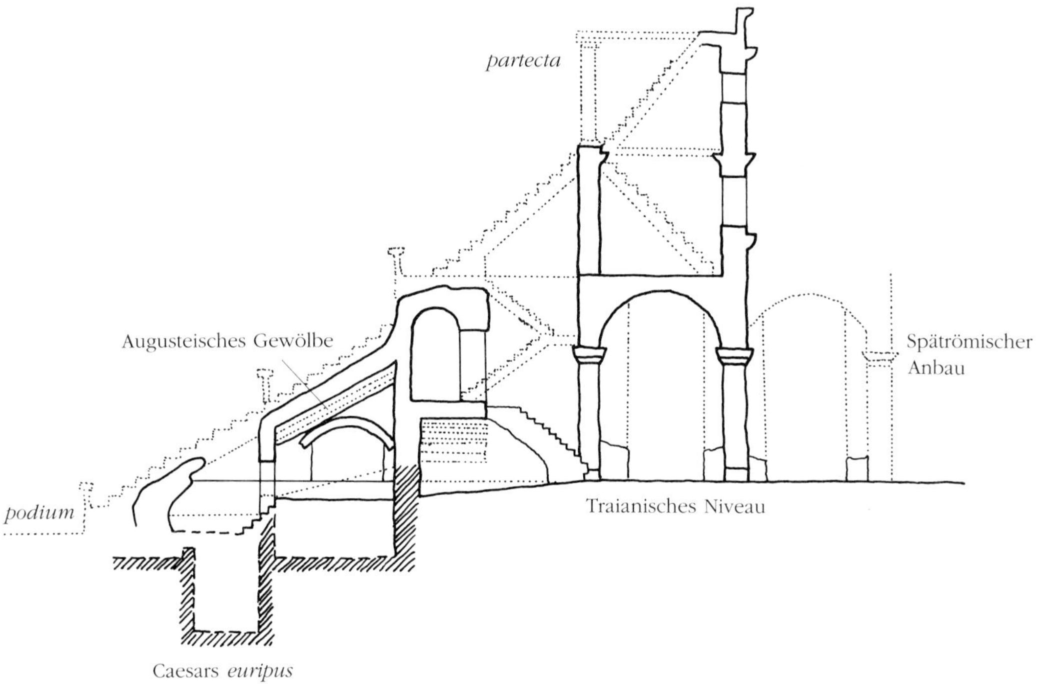


Abb. 104 Querschnitt durch die *cavea* des Circus Maximus im Südosten der Anlage. Zeichnung Almut Höbel nach P. Ciancio Rossetto und John H. Humphrey.

Baulichkeiten – Statuen, Bögen, Heiligtümer, Monumente –, die die Arena umgaben, aber erst unter Caesar sollte der Circus seine spezifische geschlossene Form und seine wohl endgültige Größe erhalten.

Die für die römische Rennpraxis charakteristischen Einrichtungen sind freilich schon in den Jahrhunderten zuvor entwickelt worden. 329 v. Chr. baute man erstmals Starttore aus bemaltem Holz auf, 174 v. Chr. entstand die *spina*, der die beiden Wendepfosten (*metae*) verbindende Wall, gleichzeitig wurden die Eier, eine Vorrichtung zum Zählen der Runden, angebracht (in augusteischer Zeit kamen die Delphine dazu). Im 2. Jahrhundert v. Chr. muß ein Eisengitter rings um die Arena errichtet worden sein, um die Zuschauer vor den wilden Tieren zu schützen. Von dieser Zeit an wurde der Circus nämlich nicht nur für Wagenrennen, Zeremonien und Reiterspiele, sondern auch für Tierschauen und -hetzen (*venationes*), für Gladiatorenkämpfe und für athletische Wettkämpfe wie Laufen, Boxen und Ringen verwendet. Das sollte sich erst im 1. Jahrhundert n. Chr. ändern, als mit dem Bau des ersten permanenten stadtrömischen Amphitheaters, des Colosseums (79 n. Chr.) – ein unter Augustus errichteter Bau hatte nur wenige Jahrzehnte existiert – und des ersten permanenten Stadions, des *Stadium Domitiani* an der Stelle der heutigen Piazza Navona (ca. 85 n. Chr.), die ganze differenzierte Auswahl von Sportstätten zur Verfügung stand – das Amphitheater für Gladiatorenkämpfe und Tierhetzen, das Stadion für die (bei den Römern nicht sehr beliebten) athletischen Wettbewerbe nach griechischem Vorbild und der Circus für die Wagenrennen. In der Spätantike fanden dann wieder häufiger Tierhetzen auch im Circus Maximus statt. Die Schutzgitter wurden von Caesar durch einen 3 m breiten und 3 m tiefen Kanal (*euripus*) ersetzt.

Augustus und Agrippa stellten nach dem Brand von 31 v. Chr. den von Caesar ausgebauten Circus wohl ohne große Änderungen wieder her und brachten ihn in die Form, die wir aus der ausführlichen Beschreibung des in augusteischer Zeit in Rom lebenden Dionys von Halikarnass kennen. Die Zuschauerreihen umgaben die Arena auf beiden Längsseiten und auf der östlichen, halbkreisförmig gebogenen Schmalseite, die westliche, gerade Schmalseite wurde von den Startboxen eingenommen. Nur die Sitze im unteren Drittel des Zuschauerraums (*cavea*) waren aus Stein gebaut, der Rest bestand aus Holz; über der obersten Sitzreihe befand sich eine Colonnade. In die Außenseite des Gebäudes hatte man Schenken und Geschäfte (*tabernae*) eingebaut. Der Circus war nach Dionys insgesamt 3 1/2 Stadien (je nach Berechnungsart 620–665 m) lang und 4 Plethren (ca. 120 m) breit. Die Länge einer Zuschauerreihe soll sich auf 4 800 griechische Fuß (zwischen 1 400 und 1 500 m) belaufen haben, die Kapazität des Circus betrug, gleichfalls nach Dionys von Halikarnass, 150 000 Menschen.

36 n. Chr. brannte der Circus Maximus erneut nieder und wurde von Claudius wiederaufgebaut. Die *carceres* (Startboxen) wurden diesmal nicht mehr in Holz, sondern in marmorverkleidetem Stein ausgeführt. Nero ließ den die Arena umgebenden *euripus* auffüllen und gewann so Platz für neue Zuschauerreihen. 64 n. Chr. brach in einem der Läden im Circus Maximus der berüchtigte Brand aus, dem weite Teile Roms zum Opfer fielen. Der Neubau durch die Flavier besaß einen Triumphbogen für Titus in der Mitte der halbkreisförmigen Schmalseite. Nach einem weiteren Brand erhielt der Circus dann 103 n. Chr. durch Traian die endgültige Gestalt, in der er zum Vorbild für die Circusanlagen in den Provinzen werden sollte. Der traianische Bau wurde ganz in Stein errichtet und hat ohne schwerwiegende Eingriffe bis ins Mittelalter überdauert. Heute ist von ihm jedoch nicht mehr viel zu sehen, da man im letzten Jahrhundert ein Gaswerk auf seinen Ruinen plaziert hat. Dieses ist zwar wieder abgetragen worden, aber vom aufgehenden Mauerwerk des Circus haben sich nur am Ostende nennenswerte Reste erhalten.

Man kann daher zur genauen Größe und Konstruktion des Circus Maximus keine so exakten Angaben machen wie zu einigen besser erhaltenen Anlagen in und außerhalb von Rom. Man muß allerdings auch bei diesen die Einschränkung machen, daß bisher die wenigsten von ihnen einigermaßen umfassend erforscht worden sind, und das ist ganz einfach eine Folge ihrer immensen Größe.

Die sehr präzisen Eintragungen auf der *forma urbis*, einem in Fragmenten erhaltenen Stadtplan aus severischer Zeit, die bisherigen Ausgrabungsergebnisse, die Aussagen antiker Autoren und auf unserer Kenntnis anderer Circusanlagen basierende Analogieschlüsse lassen zu den Dimensionen des Circus Maximus in seiner traianischen Form folgende Angaben zu. Die Gesamtlänge betrug 600–620 m, die höhere Zahl ist die wahrscheinlichere, die Breite 140–150 m. Die Arena besaß eine Länge von 550–580 m und war gegen 80 m breit und übertraf damit die des Colosseums an Fläche um das Zwölffache. Die *spina*, die die Arena in der Mitte teilende Schranke, dürfte etwa 335 m lang und 8 m breit gewesen sein. Am vorderen (westlichen) Wendepunkt (*metae secundae*) war die rechte Bahn etwa 42 m breit, die linke knapp 30 m, an der hinteren waren es 38 m bzw. 34 m, das heißt, die *spina* wich schräg von der Längsachse der Arena ab und bewirkte dadurch, daß die Gespanne in eine sich im Laufe der ersten Runde stetig verjüngende Bahn geschleust wurden. Man wollte damit erreichen, daß der Abstand zwischen den ersten *metae* und dem *podium* der rechten Langseite möglichst groß war, da die Wägen von den Startboxen bis zum Erreichen dieser Linie erst 170–180 m hinter sich hatten und daher noch auf breiter Front fuhren, während davon auszugehen war, daß einige hundert Meter weiter, wenn sie in die Bahn links von der *spina* kamen, das Feld schon etwas auseinandergezogen und der Platzbedarf geringer sein würde.

An dieser Stelle ist es angebracht, etwas zu den Sachzwängen zu sagen, denen die Architekten römischer Rennbahnen gerecht werden mußten. Sie hatten sowohl die Bedürfnisse des technischen Ablaufs wie die des Publikums ins Kalkül zu ziehen. Antike Wagenrennen waren ein imposantes Drama, von dem sich niemand einen Begriff macht, der nur die relative Monotonie moderner Pferderennen, die ihre Spannung vor allem aus der Höhe der gesetzten Wetten beziehen, oder die gepflegte Langeweile sogenannter Turniere von Spring- oder Dressurreitern kennt. Das Publikum sollte dieses Schauspiel aus nächster Nähe miterleben. Das erforderte eine möglichst langgezogene, schmale Bahn. Die Folge waren sehr scharfe Kurven an den Wendepunkten, die man aber gerne in Kauf nahm, da sich gerade hier die aufregendsten Szenen – einschließlich wilder Karambolagen – abzuspielen pflegten. Den Fahrern und ihren Parteien war ganz besonders an Chancengleichheit gelegen, und die römischen Circusarchitekten gaben sich die größte Mühe, diese zu gewährleisten. Da die Römer im Gegensatz zu den Griechen die beiden *metae*, die Wendepunkte, mit einer durchgehenden Schranke, der *spina* (oder *euripus*) verbunden hatten, mußten alle Gespanne, nachdem sie den Anfangsspurt von den *carceres* zu den ersten *metae* hinter sich gebracht hatten, in die Bahn rechts von der Schranke einscheren. Da die Startboxen die ganze Breite einer Schmalseite einnahmen, um zwölf Gespannen die Teilnahme zu ermöglichen, bedeutete das, daß sich die Front der Quadrigen beim Eintritt in die rechte Fahrbahn auf fast ihre ursprüngliche Hälfte verringert haben mußte. Die Breite der Starttore (*ostia*) in den meisten Circusanlagen läßt den Schluß zu, daß ein Pferd eine Breite von 67,5 cm benötigte, für eine Quadriga also ein minimaler Platzbedarf von 2,7 m gerechnet werden mußte. Demgemäß hatte der Abstand zwischen den ersten *metae* und dem *podium* nicht weniger als 33 m zu betragen, da man, zumindest theoretisch, davon ausgehen mußte, daß alle 12 Gespanne nach etwa 170 m sich noch ungefähr auf gleicher Höhe miteinander befanden.

*Abb. 103, 105, 127*

Nachdem der Anfangsspurt zurückgelegt war, spielte sich der Rest des Rennens nur noch rund um die *spina* ab. Jeder Wagenlenker strebte möglichst knapp an diese heranzufahren, um nicht Raum zu verschenken. Zielpunkt war daher für sämtliche Gespanne bei ihrem Spurt aus den *carceres* die Stelle unmittelbar rechts von den ersten *metae*. Um Chancengleichheit herzustellen, mußte der Abstand zwischen dem Starttor und diesem Zielpunkt für alle Teilnehmer der gleiche sein. Das führte die Circusarchitekten zu einer bogenförmigen Anordnung der *carceres*,

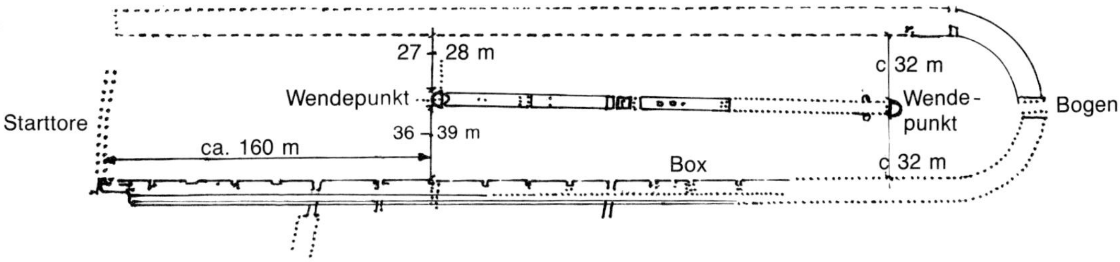


Abb. 105 Der Circus von Leptis Magna nahe Homs im heutigen Libyen. Zeichnung Almut Höbel nach John H. Humphrey.

die aber nicht symmetrisch auf die ersten *metae* bezogen sein durfte, da sonst die am linken Flügel startenden Gespanne benachteiligt worden wären. Der Bogen der Startboxen stellte daher das Segment eines Kreises dar, dessen Mittelpunkt bei einem Radius von 250–300 m auf dem rechten *podium* gegenüber der Mitte der *spina* lag. Die Erfahrung scheint dann gelehrt zu haben, daß trotzdem noch die ganz links und ganz rechts postierten Fahrer größere Schwierigkeiten beim Einscheren hatten als die in der Mitte. Man glich das aus, indem man ihre Strecke um etwa 3 m verkürzte.

Wäre nun die *spina* genau in der Längsachse der Arena gelegen, die ja nicht mit dem Radius des Startbogens übereinstimmte, hätte das für die Gespanne am linken Flügel beim Einbiegen an den ersten *metae* in einem schärferen Winkel resultiert als für den Rest. Daher führte man die *spina* schräg zur Längsachse, was zugleich den oben beschriebenen Vorteil hatte, daß die sie umrundende Bahn an ihrem Beginn breiter war als an ihrem Ende. In späteren Circusanlagen steigerte man diese Wirkung noch, indem man auch der rechten Längsseite der Arena einen diese zusätzlich verbreiternden schrägen Verlauf bis zur Höhe der ersten *metae* gab. Von da an lief sie, einen stumpfen Winkel bildend, parallel zur *spina*. In seinem endgültigen Zustand wies auch der *Circus Maximus* diese Vorkehrung auf, es ist aber unsicher, ob das schon beim traianischen Bau der Fall war. Im allgemeinen findet sich eine asymmetrische Führung der Begrenzungsmauern erst im 4. Jahrhundert, als der römische Circusbau seine höchste Reife erreichte. *Abb. 127*

Die in allen Konsequenzen durchdachte Konstruktion der kaiserzeitlichen Rennanlagen gehört zu den überzeugendsten Beispielen für den bekannten Funktionalismus römischer Baukunst. Der einzige Nachteil des Systems bestand darin, daß die Wägen etwa ein Drittel der Länge der ganzen Arena benötigten, um sich in den Raum rechts von den ersten *metae* einzufädeln. Da sie im weiteren Verlauf des Rennens nur mehr die *spina* umkreisten, waren die Zuschauer, die nahe den *carceres* saßen, nach dem Start ziemlich weit vom Schauplatz des Geschehens entfernt.

Die zwölf Startboxen des Circus Maximus scheinen über 6 m breit gewesen zu sein, die Tore maßen etwa 5 m. Die *carceres* in anderen Circusanlagen, soweit bekannt, waren mit 3–3,5 m Torbreite deutlich schmäler. Da das also für Quadrigen ausreichend gewesen sein muß, lassen sich die größeren Abmessungen der *carceres* im Circus Maximus nur damit erklären, daß hier bisweilen auch mit mehr als vierspännigen Wägen gestartet wurde.

In der Mitte zwischen den *carceres* befand sich ein großes Tor, seitlich von ihnen lagen zwei weitere Tore. Auf der Höhe der ersten *metae* gab es in der rechten Begrenzungsmauer noch ein Tor, die *porta libitinaria*, durch welche die vorzeitig ausgeschiedenen Fahrer die Arena verließen.

*Abb. 104* Die stufenartig aufsteigenden Reihen mit den Plätzen (*loca*) für die Zuschauer saßen auf einem Unterbau mit massiven Gewölben, in die an der Außenseite die Läden eingebaut waren. Zahlreiche Treppen und Ausgänge sorgten für rasche Entleerung des Zuschauerraums. Plinius der Ältere gibt an, der Circus habe nach seinem Ausbau durch Traian 250 000 Menschen gefaßt, spätantike Quellen nennen noch weit höhere Zahlen, die aber in dem bekannten Bau unmöglich unterzubringen gewesen sein dürften.

Aber auch die Zahl des Plinius ist in jüngerer Zeit angezweifelt und auf 150 000 reduziert worden. Wie man aus Leptis Magna weiß, hatten die Sitzstufen eine durchschnittliche Höhe von 33 cm und eine Tiefe von 50 cm, die Sitzbreite betrug nach den Funden in El Djem 40 cm – Ovids Beschreibungen bestätigen die drangvolle Enge auf den Rängen. Die Tiefe des Zuschauerraums auf einer Seite betrug im Circus Maximus etwa 35 m. Macht man hiervon die notwendigen Abzüge für die Galerien zwischen den Rängen, die Außen- und Innenmauern, darf man für die Zuschauerreihen einer Seite eine Tiefe von etwa 25 m rechnen. Das ergibt 50 Reihen. Die Gesamtlänge einer Zuschauerreihe war über 1 400 m also mindestens 3 500 Sitzplätze, zieht man Raum für Treppen und Gänge ab, bleiben noch etwa 3 000. Damit käme man in der Tat auf 150 000 Zuschauer. Zehntausende mögen außerdem noch von den Höhen des Aventin aus zugesehen haben. Aber auch 150 000 Zuschauer reichen aus, um den Circus Maximus zur größten permanenten Sportanlage aller Zeiten zu machen.

Aus den eben genannten Zahlen läßt sich auch die ungefähre Höhe des Circusgebäudes errechnen. Einschließlich der etwa 2,5 m hohen Umfassungsmauer der Arena (*podium*) und der 5–6 m hohen überdachten Colonnade über der obersten Reihe (*partecta*) müßten es bei 50 Zuschauerreihen an die 25 m gewesen sein, das wäre die halbe Höhe des Colosseums. Im Gegensatz zu dem Amphitheater scheinen am oberen Abschluß der Außenmauer keine Masten oder sonstige Vorrichtungen angebracht gewesen zu sein, um ein Sonnensegel über den Zuschauerraum zu spannen. Nicht umsonst gab es daher eine Bestimmung für Senatoren, die wie alle männlichen Zuschauer in der frühen Kaiserzeit den Circus nur in vorschriftsmäßiger Kleidung, das heißt in der warmen und unbequemen Toga, betreten durften, welche es ihnen gestattete, breitkrempige thessalische Hüte als Sonnenschutz zu tragen.

Von dem Mechanismus, mit dem die Tore (*ostia*) der *carceres*, der Startboxen, geschlossen und geöffnet wurden, hat sich im Circus Maximus nichts erhalten. Aufgrund von bildlichen Darstellungen und von Ausgrabungen in dem gut erhaltenen Circus von Leptis Magna im heutigen Libyen konnte John H. Humphrey jedoch zu einer überzeugenden Rekonstruktion gelangen, die sich auch mit den Hinweisen in den schriftlichen Quellen deckt. Die populäre Vorstellung, die Wägen seien aus ihren Boxen zu einer Startlinie in der Arena gefahren und hätten dort auf das Zeichen zum Beginn gewartet, trifft für die römischen Rennbahnen nicht zu. Die Aufregung der Pferde und Fahrer hätte unentwegt zu Fehlstarts und Massenkollisionen geführt. Schon im 5. Jahrhundert v. Chr. versahen die Griechen das Hippodrom von Olympia mit einer keilförmig angeordneten Folge von 60 Starttoren, die, an den Flügeln beginnend, rasch hintereinander geöffnet wurden. Die Einrichtung wurde später in anderen Hippodromen nachgeahmt.

Bedenkt man, daß an griechischen Rennen oft über 40 Gespanne zugleich teilnahmen, dann wird klar, daß es im Anfangsstadium eines jeden Wettbewerbs viel Chaos gegeben haben muß und daß die präzise Chancengleichheit, auf die man im voll professionalisierten römischen Rennsport so großen Wert legte, nicht zu erzielen war.

Ein erster wichtiger Schritt, um zu einem übersichtlichen und geordneteren Ablauf der Spiele zu gelangen, bestand darin, daß die Römer, schon weil das enge Tal des Circus Maximus den Platz beschränkte, die Zahl der bei einem Rennen eingesetzten Gespanne auf zwölf begrenzten. Die Einführung der Circusparteien bedingte, daß die Zahl der startenden Fahrzeuge durch vier teilbar sein mußte. Es gab also Rennen mit vier, acht oder zwölf Gespannen, wobei auf jede Partei ein, zwei oder drei Teilnehmer entfielen. Die zwölf *carceres* nahmen, wie wir gesehen haben, die ganze Breite der westlichen Schmalseite ein. Die bogenförmige Anordnung mit vorgezogenem linken Flügel bewirkte, daß alle Wägen die gleiche Distanz bis zum Eintritt in die rechte Bahn zurückzulegen hatten.

Das nächste Problem bestand darin, einen vollkommen gleichmäßigen Start zu gewährleisten. Dies war die Aufgabe der doppelflügligen Schwingtore (*repagula*), die jede Box verschlossen. Die Torflügel standen unter der Spannung zusammengedrehter Sehnenbündel, deren Prinzip der Funktionsweise der antiken Torsionsgeschütze entlehnt war. Das Torsionssystem haben die Römer im 4. oder spätestens im 3. Jahrhundert v. Chr. aus dem hellenistischen Raum übernommen. Die Riegel, die die Torflügel an der Außenseite verschlossen, konnten mit Stricken geöffnet werden, die auf der Plattform über den *carceres* zusammenliefen und miteinander verbunden waren, um eine zentrale Entriegelung zu ermöglichen. Auf das Zeichen des die Spiele leitenden Magistrats wurde ein Katapultmechanismus ausgelöst, der alle Tore genau gleichzeitig öffnete. Kaum waren die Riegel gezogen, wurde die Spannung der Torsionsbündel frei, die Tore sprangen nach außen auf und die Gespanne konnten aus den *carceres* hervorbrechen. Die Wartung dieses Systems oblag den *tentores*, den „Spannern". *Abb. 106–109*

Die ganze Schmalseite mit den Startboxen und den zugehörigen Vorrichtungen wurde auch als *oppidum* bezeichnet, da die Mauer mit ihren Toren wie eine befestigte Stadt aussah. In der Kaiserzeit befand sich über dem großen Durchgangstor in der Mitte des *oppidum* eine Loge, von der aus der Spielleiter das Zeichen zum Start gab. *Abb. 121* *Abb. 152*

Zwei weitere Logen waren im östlichen Teil der Längsseiten angebracht. Das war einmal die Schiedsrichterloge (*tribunal iudicum*), die sich genau auf der Höhe der Ziellinie auf den Rängen über der rechten Bahn erhob. Ihr gegenüber lag, zumindest seit den Baumaßnahmen Traians, das *pulvinar* (wörtlich Polstersitz). Dabei handelte es sich um einen tempelartigen Bau, der sich auf dem obersten Rang der Nordseite befand, hoch genug, um über die Schranke hinweg einen guten Blick auf die Ziellinie zu haben. Im *pulvinar* pflegten die Kaiser den Spielen beizuwohnen. Nach einer Bemerkung des jüngeren Plinius zu schließen, scheint Domitian statt dessen von seinem Palast auf dem Palatin aus zugesehen zu haben, was ihm das Publikum sehr verübelte. Zugleich diente das *pulvinar* seiner ursprünglichen Aufgabe, nämlich der Aufstellung der zahlreichen Götterbilder, die man bei der Eröffnungsprozession in den Circus getragen hatte.

Die monumentalste Ausschmückung des Baus fand sich auf der *spina*, der 335 m langen Schranke in der Mitte der Arena, konzentriert. Ausgangspunkt für diese Anlage waren die *metae*, die beiden Wendeposten, die die *spina* im Osten (*metae primae*) und im Westen (*metae secundae*) begrenzten. Die *metae* (wörtlich Kegel oder Spitzsäule, gewöhnlich im Plural gebraucht) waren Plattformen mit halbkreisförmigem Grundriß, auf denen jeweils drei sich nach oben verjüngende, von einem eiförmigen Aufsatz gekrönte Säulen standen. Die *metae* waren von der sie verbindenden *spina* (wörtlich Rückgrat) abgesetzt. Spätestens seit dem Neubau Traians bestand die *spina* aus zwei parallelen Mauern, die längliche Wasserbecken einschlossen. Deshalb wurde die *spina* auch häufig *euripus* (Kanal) genannt. Das Wasser wurde gewiß auch für viele praktische Zwecke benötigt. Die Monumente auf der *spina* gingen zum Teil noch auf vortraianische Zeit zurück. *Abb. 89, 101, 102, 103, 105, 110, 111, 123, 127, 139, 140*

In der Mitte stand der von Augustus hierher verbrachte 23,7 m hohe Obelisk Ramses' II. aus Heliopolis (heute auf der Piazza del Popolo). Constantius II. fügte im 4. Jahrhundert westlich davon einen zweiten Obelisken hinzu, den des Thutmosis III. aus Theben, der mit 32,5 m der höchste von allen Obelisken ist (heute am Lateran). Vom Obelisken des Augustus leitete sich die Sitte her, die *spina* einer jeden Rennbahn mit einem solchen Monument zu versehen. Stand kein originaler ägyptischer zur Verfügung, wurde eben ein neuer Obelisk angefertigt.

Die Aufstellung von Obelisken im Circus hatte aber nicht nur dekorative Funktion, sondern sie war auch darin begründet, daß die Römer wußten, welchen Symbolgehalt diese Pfeiler bei

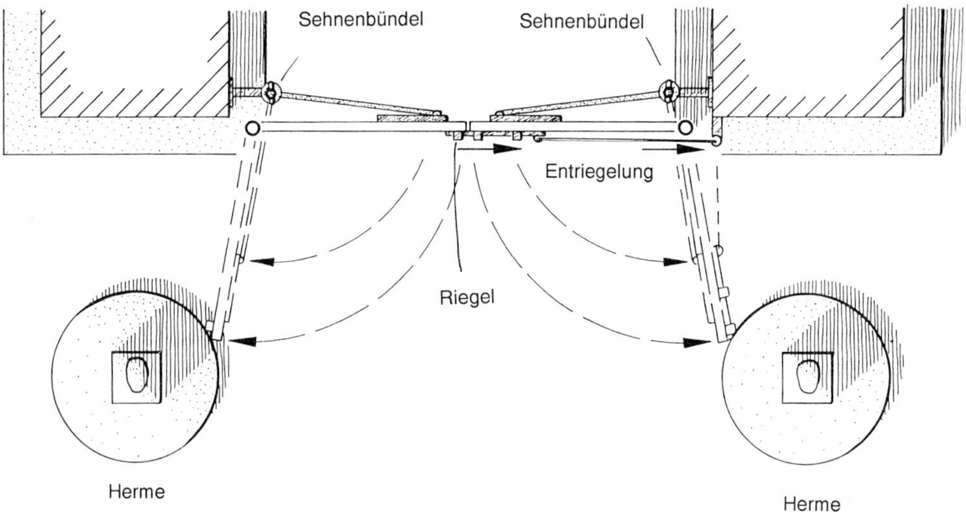


Abb. 106

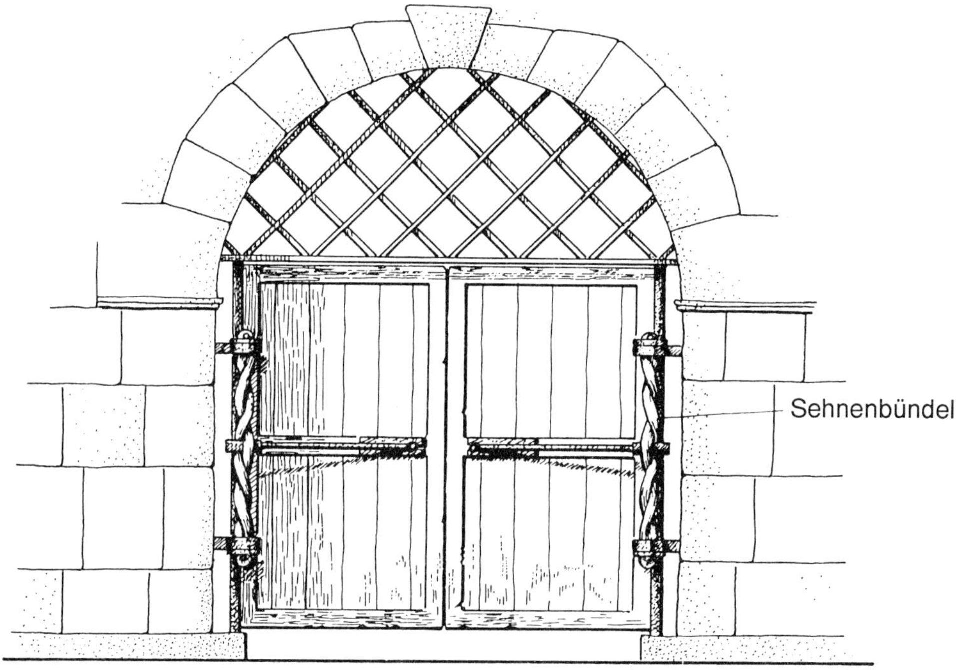


Abb. 107

Abb. 106–109 Der Mechanismus der Starttore von Leptis Magna. Oben links Grundriß der Anlage; unten links Ansicht vom Inneren der Startbox aus; oben rechts Ansicht von der Arena aus, geschlossen; unten rechts Ansicht von der Arena aus, geöffnet. Zeichnung Nikolaus Grohmann

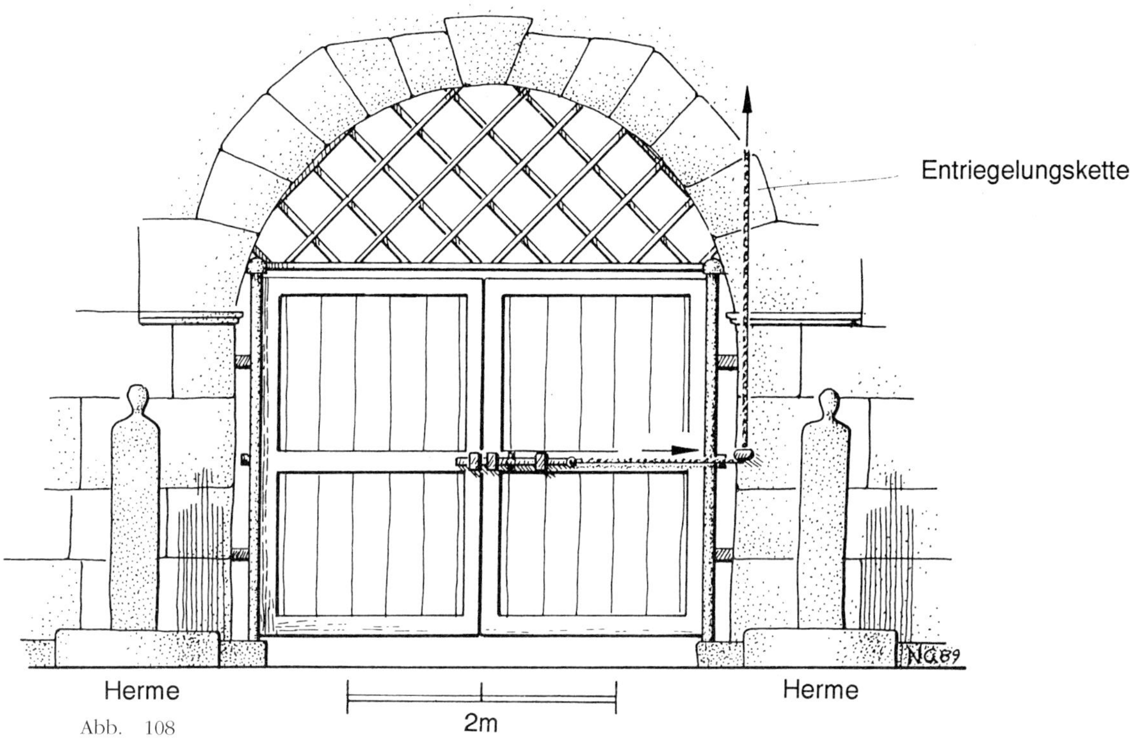


Abb. 108

Abb. 109

den Ägyptern hatten. Der Obelisk verband die Erde mit dem Sonnengott Rê, und die Circusspiele wurden, wie wir von Tertullian und anderen antiken Autoren erfahren, ganz besonders *Abb. 244–246, 257* zu Ehren des Sol, des römischen Sonnengottes, ausgetragen. Über dem *tribunal* befand sich ein kleines Heiligtum des Sol, das möglicherweise gleichzeitig der Luna, der Mondgöttin, geweiht war. Sol wie Luna wurden gerne als Wagenlenker dargestellt, Sol in einer Quadriga, Luna in einer Biga.

Die ursprüngliche kosmisch-religiöse Bedeutung der Rennen und der Circusanlage wird auch von dem im frühen 6. Jahrhundert schreibenden Cassiodor hervorgehoben. Ihm zufolge bedeuteten die 24 Rennen, die normalerweise an einem Festspieltag stattfanden, die Stunden des Tages, die sieben Runden eines Rennens die Tage der Woche. Die zwölf Starttore entsprachen den Tierkreiszeichen, die beiden *metae* den Wendekreisen in der Astrologie, die drei spitzen Säulen auf den *metae* den *decani*, den Schlüsseltagen eines astrologischen Monats. Die beiden Obelisken des Circus Maximus stellten Sonne und Mond dar. Die *quadriga* symboli- *Abb. 245* sierte gleichfalls die Sonne, die *biga* den Mond. Wie die Himmelskörper das Firmament umrunden, kreisten die Wägen um die *spina*, wobei die *metae* die himmlischen Wendepunkte dieser Gestirne im Osten und im Westen verkörperten. (*Variae* III.5)

Circus und Wagenrennen boten sich damit auch als Sinnbilder des Lebens an. Der Tod bedeutete Sieg und Erlösung nach den tapfer gefahrenen Runden eines mehr oder weniger lan- *Abb. 110, 134 150, 152* gen Rennens. Zahlreiche Grabsteine und Sarkophage, vornehmlich des 2. und 3. Jahrhunderts, zeigen uns Szenen aus dem Circus. Vor allem bei Kindersarkophagen treten an die Stelle der *Abb. 98* *aurigae* häufig Amoretten, manchmal sind Hirsche statt Pferden vorgespannt. Natürlich wurden die Rennen nicht nur aus Gründen einer transzendentalen Symbolik als Motiv für Sarkophage gewählt, sondern auch deswegen, weil die Auftraggeber eine Vorliebe für den Rennsport hatten.

*Abb. 102* Im östlichen Teil der *spina* stand eine säulengetragene Plattform, auf der sich sieben hölzerne Eier zum Zählen der Runden befanden. Sie symbolisierten die Reiterzwillinge Castor und *Abb. 256* Pollux, die aus einem Ei entsprungen waren. Die Eier wurden mit Hilfe von Stiften in Löchern auf der Plattform eingelassen. Es ist unsicher, ob bei jeder Runde ein Ei aufgestellt bzw. erhöht oder ein Ei weggenommen bzw. gesenkt wurde, wahrscheinlicher ist letzteres. Eine zweite *Abb. 122* Plattform mit Eiern stand im nordwestlichen Eck der Arena. Sie diente wohl der Information der Fahrer, die die Eier auf der *spina* nicht so leicht ausmachen konnten. Dies war vermutlich der ältere Aufstellungsort.

*Abb. 140, 150* Seit Augustus gab es noch einen zweiten Rundenanzeiger, die Delphine: Sie befanden sich auf einer Plattform im Westen der *spina*. Die Delphine standen im Zusammenhang mit Neptun, dem Gott der Meere, der zugleich als *Neptunus Equester* ein Gott der Pferde war. *Neptunus Equester* wurde mit dem im Circus Maximus verehrten altrömischen Gott Consus gleichgesetzt. Ferner mögen sich die Delphine zum Zeitpunkt ihrer Anbringung durch Augustus' Admiral Agrippa auf den Seesieg über Sextus Pompeius bezogen haben. Vom 2. Jahrhundert an scheinen sie Wasser in das unter ihnen befindliche Bassin gespien zu haben. Es ist nicht sicher, in welcher Weise die sieben Delphine die Zahl der gefahrenen Runden anzeigten. Vielleicht wurde die Position der meist mit dem Schwanz nach oben dargestellten Tiere verändert oder man schaltete nacheinander das Wasser ein.

Weitere Monumente, die sich auf der *spina* in ihrem voll ausgebauten Zustand befanden, waren mehrere, mindestens drei, Säulen, die von weiblichen Statuen gekrönt wurden, die eine *Abb. 110* davon die Siegesgöttin Victoria, die anderen wahrscheinlich frührömische Ackergottheiten wie Seia oder Messia, dann eine Statue der auf dem Löwen reitenden Kybele, neben der eine Palme *Abb. 123* stand (vielleicht auch mehrere), etliche Altäre, eine runde Plattform mit drei weiblichen Gottheiten und, zumindest zeitweise, verschiedene kleine Tempelchen (*aediculae*) und Pavillons.

)b. 110 Wagenrennen im Circus Maximus. Skulptur von einem Sarkophag des frühen 2. Jahrhunderts n. Chr. Links steht der ielveranstaltende Beamte mit seiner Frau. Der Quadriga reitet ein *hortator* voraus, ein *sparsor* steht mit einer Schüssel bereit. Dahin- sind einige Aufbauten der *spina* zu erkennen, beide *metae*, der Obelisk, zwei Säulen, gekrönt von Göttinnenstatuen (eine davon ctoria), die Delphine. Dazwischen steht ein *auriga* mit der Siegespalme. Rechts im Hintergrund sind die Starttore mit den Hermen gebildet. Vatikan, ehemaliges Lateransmuseum.

b. 111 Luftbild vom Circus von *Augusta Emerita* (Mérida in Spanien).

Wenig ist bekannt über den Boden der Rennbahn. Das Wort *arena* bedeutet ja „Sand", und es kann keinem Zweifel unterliegen, daß die oberste Schicht aus Sand bestand. Darunter muß ein festes, planiertes Fundament gewesen sein, das Drainagevorrichtungen aufwies. Diese sachlichen Erwägungen bestätigt der archäologische Befund in mehreren Circusanlagen, vor allem in Caesarea und Karthago.

Interessant sind die Erfahrungen, die 1958 während der Aufnahmen für den Film „Ben Hur" gesammelt wurden. Zunächst hatte man damals eine Grundschicht aus mit Dampfwalzen planiertem zermahlenem Stein angelegt, darüber kamen 25 cm Lavasand und schließlich 20 cm gelber Sand. Das erwies sich als viel zu tief, die Pferde gewannen kein Tempo und ermüdeten sehr rasch. Nun wurden der ganze gelbe Sand und der größte Teil des Lavasandes entfernt, bis vom letzteren nur mehr 4 cm übrigblieben. Diese dünne Sandschicht über dem festgewalzten Untergrund reichte, um den Pferden weichen sicheren Tritt zu geben, an den Kurven zeigten die Wägen gut einsetzbare Gleiteffekte. Es entstanden allerdings deutliche Fahrrillen, die es notwendig machten, nach wenigen Runden den Boden zu glätten und möglichst auch zu besprengen, da die Sandwolken und losgerissenen Steinchen die Kameras und Kameraleute gefährdeten. Zweifellos standen auch im Altertum Scharen von Bediensteten bereit, um bei jeder Gelegenheit mit Rechen und anderen Hilfsmitteln die Oberfläche der Arena wieder in Ordnung zu bringen. Ganz so schlimm wie bei den Filmaufnahmen dürfte es mit der Rillenbildung nicht gewesen sein, da die für „Ben Hur" rekonstruierten Wägen viel zu schwer waren.

Der Circus Maximus blieb nicht die einzige, wenn auch die größte und weitaus bedeutendste derartige Anlage in Rom. Im Bereich der späteren Peterskirche lag der Vatikanische Circus, auch bekannt als Circus des Caligula und des Nero. Seine Arena war mit einer Länge von 560 m und einer Breite von etwa 80 m nicht viel kleiner als die des Circus Maximus. Die *carceres* befanden sich unter dem südöstlichen Rand der Colonnaden des Petersplatzes, die gegenüberliegende Schmalseite 80 m südwestlich von der Apsis der Peterskirche. Den 25 m hohen Obelisken aus

Abb. 113 Kinderwagenrennen in von Vögeln gezogenen Bigen. Sogenanntes „Kleines Circusrennen" aus der spätrömischen Villa bei Piazza Armerina in Sizilien (vgl. Abb. 121–124). Die Mosaiken von Piazza Armerina sind in die erste Hälfte des 4. Jahrhunderts n. Chr. zu datieren und weisen viele Gemeinsamkeiten mit der gleichzeitigen Mosaikkunst in Nordafrika auf. Wer der Besitzer der großartigen Villenanlage war, ist umstritten. Man hat häufig an einen kaiserlichen Bauherrn, vor allem an Maxentius, gedacht, Carandini und seine Koautoren plädieren jedoch mit gutem Grund für einen prominenten Angehörigen der Führungsschicht des Reiches, einen gewissen L. Aradius Proculus Populonius, der in constantinischer Zeit unter anderem Statthalter von Sizilien, *proconsul* von Africa und *praefectus urbi* in Rom war. Das „Kleine Circusrennen" stellt eine Parodie der üblichen Circusmosaike dar. Links oben fährt der *auriga* der Weißen mit vorgespannten Gänsen, links unten der der Blauen mit Kiebitzen, rechts oben der der Roten mit Flamingos, rechts unten der der Grünen mit Tauben. Die Bigen stehen nicht nur für die vier Circusparteien, sondern wohl auch für die vier Jahreszeiten, wie an den am Geschirr befestigten Blättern, Blumen und Früchten deutlich wird. Sieger ist der Frühling (der grüne Wagenlenker rechts unten), dem sein Begleiter die Siegespalme zureicht. Der Besitzer der Villa von Piazza Armerina scheint ein Anhänger der Grünen gewesen zu sein, denn auch auf dem „Großen Circusrennen" siegt der *auriga* dieser Partei (vgl. Abb. 124). Die anderen drei Bigen werden von *sparsores* mit ihren Amphoren begleitet. Die *spina* des Circus ist nur sehr vereinfacht wiedergegeben, außer den *metae* sind der Obelisk und die Wasserbecken abgebildet. ▷

Abb. 114 Der Wagenlenker Eros in seiner Quadriga. Fragment eines Mosaiks aus *Thugga* (Dougga in Tunesien), um 400 n. Chr. Eros trägt eine grüne, im spätantiken Geschmack reichbestickte Tunica, statt der üblicheren Riemenschnürung hat er ein geschlossenes, vorne geschnürtes Korsett angelegt. Er hält Peitsche, Lorbeerkranz und Palmzweig. Unter seinem Namen steht *Omnia per te* – „Alles durch dich !" Die beiden mittleren Pferde heißen *Amandus* („Liebenswerter") und *Frunitus* („Genießer"). Rechts im Hintergrund sind die *carceres* mit den Starttoren zu sehen. Tunis, Musée du Bardo. ▷

bb. 112 Die Arena des Circus des Maxentius an der Via Appia bei Rom. Im Vordergrund ist einer der beiden großen die Startboxen ankierenden Türme zu erkennen, im Hintergrund das sogenannte Triumphtor.

Abb. 114

Abb. 115 Der Wagenlenker Porphyrius (auf der Medaille versehentlich „Purphyrius“ geschrieben) in seiner Quadriga. Rückseite eines im Trierer Amphitheater gefundenen Contorniaten, 2. Hälfte 4. Jahrhundert n. Chr. Die Messingmedaille ist mit Silber, Niello und Kupfer eingelegt. Contorniaten waren Neujahrsgeschenke und wurden vornehmlich als Spielsteine verwendet. Sie dienten häufig altrömisch-heidnischer Propaganda. Die Vorderseite der abgebildeten Medaille zeigt Porphyrius zwischen zwei Vasen mit Palmzweigen stehend, auf der Rückseite ist er in seinem Wagen abgebildet. Die Pferde tragen Büsche aus Straußenfedern. Das Leitpferd heißt *Fontanus* („Quellpferd“, vielleicht eine Übersetzung von „Pegasus“). Trier, Rheinisches Landesmuseum.

Abb. 117

◁
Abb. 116 Einritt zum nachgestellten (gerittenen) Rennen im Circus des Maxentius an der Via Appia, 1. Juli 1989. Im Hintergrund di Ruinen einer der beiden das *oppidum* flankierenden Türme. Links davon beginnt die rechte (südliche) Einfassungsmauer der Aren Die Reiter bewegen sich gerade hinter den *carceres* entlang, die sie nun „beziehen" werden. Links ist das Fundament einer der Tren wände dieser Startboxen zu erkennen. Die Pferde heißen von links nach rechts Pegasus, Iulius, Pius, Incitatus Eroticus, Castor un Taurus.

Abb. 117, 118 Der Start im Circus des Maxentius. Im Hintergrund die Umfassungsmauer des Romulusmausoleums, davor die an de Resten der Trennwände erkenntlichen *carceres,* aus denen die Reiter in den freien Raum vor den *metae secundae* starten. Die weiß Gestalt zwischen den *carceres* ist der Magistrat in der Toga, dessen zu Boden fliegende *mappa* auf dem oberen Bild zu erkennen is

b. 119 Umrunden der *metae secundae* des Maxentiuscircus. Als erster biegt Pegasus, der das Rennen gewann, um die Wendemarke.

b. 120 Wolfgang Meighörner-Schardt auf Taurus, der am Ende der 3. Runde in Führung lag.

Abb. 121

Abb. 123

Abb. 122

b. 124

Abb. 125

Abb. 126

Heliopolis, der heute in der Mitte des Petersplatzes steht, hat Caligula auf der *spina* aufstellen lassen. Er war bis 1586 an seinem ursprünglichen Platz geblieben.

Der Vatikanische Circus besaß wenige oder keine permanenten Zuschauerreihen, da Caligula ihn als privaten Übungsplatz angelegt hatte. Claudius nutzte ihn dann auch für öffentliche Rennen, Nero bediente sich der Arena wieder, um persönlich zu trainieren, wobei er jedoch gelegentlich Publikum zuließ. Hier fanden unter seiner Herrschaft auch die Christenhinrichtun-

◁ Abb. 121 Das *oppidum* des Circus Maximus. Detail aus dem „Großen Circusrennen" aus Piazza Armerina, 1. Hälfte 4. Jahrhundert n. Chr. (vgl. Abb. 113). Bei diesem Mosaik handelt es sich um das bei weitem größte aller erhaltenen Circusmosaike (23,5 x 5,75m). Die Perspektive ist die eines Betrachters vom Palatin aus, einer der Gründe, weshalb oft an einen kaiserlichen Auftraggeber gedacht wurde. Dargestellt sind in synchronistischer Weise die wesentlichen Etappen eines von vier Quadrigen ausgetragenen Wagenrennens, die Vorbereitung, der Start, der Verlauf des Rennens einschließlich eines *naufragium* und die Siegerehrung (vgl. Abb. 122–124). Die Vorbereitungsszene zeigt einen Wagenlenker der Grünen (links) und der Roten (rechts), die von jeweils zwei Gehilfen Helm und Peitsche überreicht bekommen. Hinter ihnen sind drei Tempel sichtbar, von denen nicht klar ist, ob man sie sich innerhalb oder außerhalb des Circusgebäudes vorzustellen hat. Innerhalb der Anlage sind an dieser Stelle Heiligtümer anderweitig nicht belegt. Rechts dürfte es sich der durch den Eingang zu erkennenden Statue nach um einen Herculestempel handeln, die beiden anderen Tempel werden in der Forschung verschiedenen Göttern wie Iuppiter, Dea Roma und Ceres zugeordnet. Unterhalb der Wagenlenker sind die zwölf *carceres* beiderseits des Eingangstores abgebildet, über letzterem die Loge des die Spiele leitenden Beamten. Wir sehen diesen, wie er sich aus seiner Loge beugt, um die *mappa* zu werfen. Der Giebel der Loge ist von einer Löwenquadriga gekrönt (Kybele?). Auf dem Sims über den *carceres* stehen die Statuen von Göttern (deutlich erkennbar Mercur) und Athleten.

Abb. 122 Der Start. Detail aus dem „Großen Circusrennen" von Piazza Armerina (vgl. 113, 121). Von oben nach unten preschen die Quadrigen der Weißen, der Blauen, der Roten und, bereits in Führung, der Grünen in die Arena. Links sind die *metae secundae* zu erkennen, unten ein rundes Gebäude, auf dessen Dach eine Victoriastatue steht, und die zweite Garnitur der zum Zählen der Runden dienenden Eier (die erste steht auf der *spina*, vgl. Abb. 123). Ein *sparsor* (oben) und ein *hortator* zu Pferde grenzen die Szene von den nächsten Episoden des Rennens ab.

Abb. 123 *Naufragium.* Detail aus dem „Großen Circusrennen" von Piazza Armerina. Die Quadriga der Roten hat „Schiffbruch" erlitten, der *auriga* stürzt kopfüber aus dem Wagen. Der Fahrer der Grünen zieht vorbei und sieht sich nach dem unglücklichen Konkurrenten um, während ein *sparsor* mit seiner Amphora bereitsteht. Gut erkennbar ist der Boden der Wägen, der aus einer Art Gurtgeflecht zu bestehen scheint. Die Schweife der Pferde sind coupiert und umwickelt, wohl um zu vermeiden, daß sie sich in solchen Situationen in Deichsel oder Radspeichen verfingen. Auf der marmorverkleideten *spina* sind von links nach rechts die *metae primae*, die Statuen zweier Raubkatzen, ein Pavillon, die erste Garnitur Eier, ein flachgedeckter Bau, die Statue der auf einem Löwen reitenden Kybele und der Obelisk des Augustus abgebildet.

Abb. 124 Siegerehrung. Detail aus dem „Großen Circusrennen" von Piazza Armerina. Begleitet von einem Tubabläser steht der Magistrat mit Palmzweig und Kranz bereit, um sie dem siegreichen *auriga* der Grünen zu überreichen.

Abb. 125 Vergeblich kauert sich der Hase in sein Versteck, der Reiter hat ihn schon erspäht und zielt mit einem mit zwei widerhakenbewehrten Spitzen versehenen Speer nach ihm. Detail aus dem Kleinen Jagdmosaik in Piazza Armeria. (Vgl. Abb. 162–164)

Abb. 126 Auszug zur Hasenjagd. Während in der Mitte ein Hundehalter noch zwei seiner Tiere mit aller Kraft an den Leinen festhält und zwei weitere Hunde einen in seiner Sasse verborgenen Hasen nicht entdecken können, hetzen unten die Windhunde und Reiter schon hinter einem der Langohren her. Mosaik aus *Thysdrus* (El-Djem in Tunesien), 4. Jahrhundert n. Chr. Tunis, Musée du Bardo.

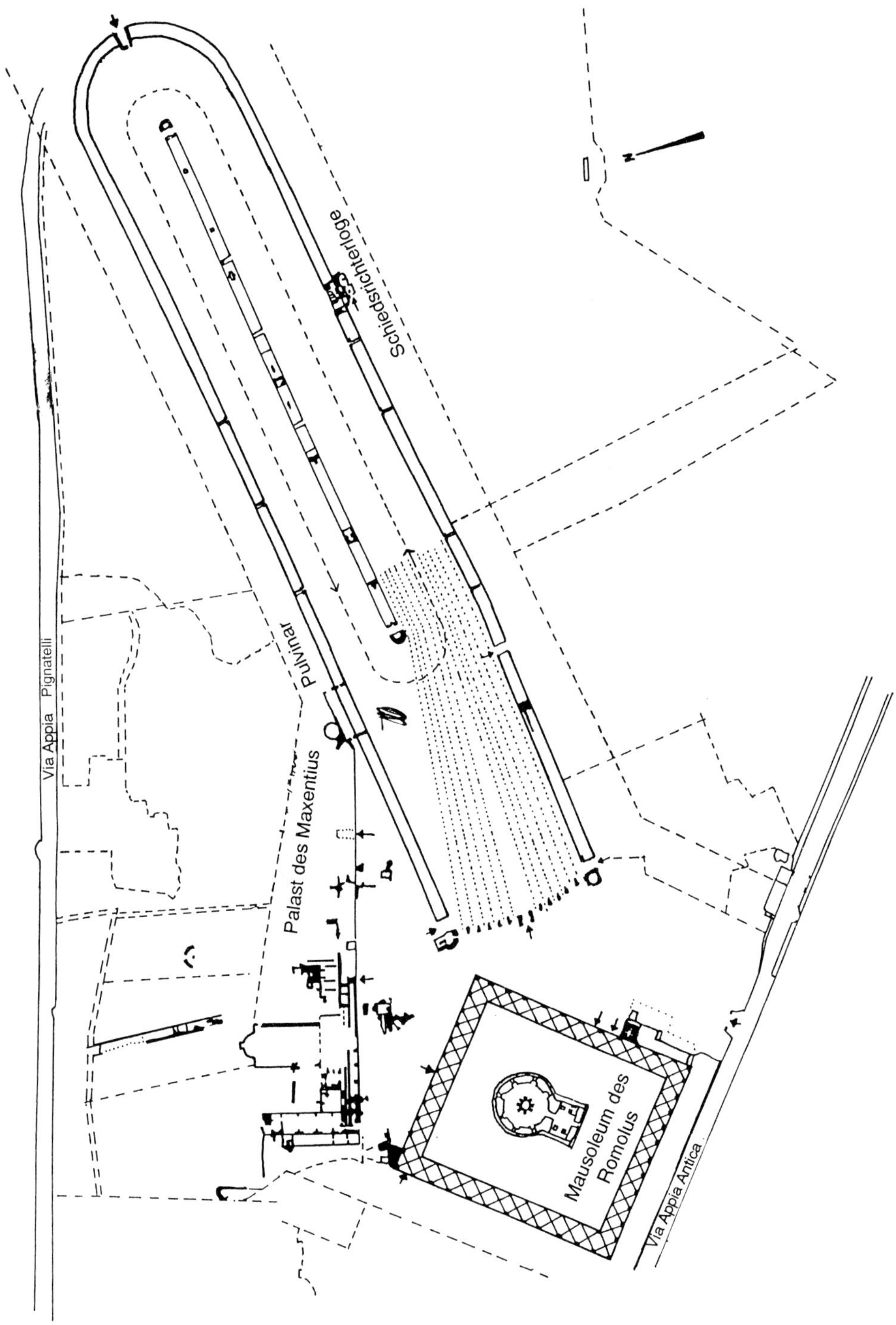


Abb. 127 Der Circus des Maxentius, die Villa des Maxentius und das Mausoleum des Kaisersohnes Romulus an der Via Appia bei Rom. Die gepunkteten Linien bezeichnen die vorgeschriebenen Bahnen von den Starttoren bis zur Höhe der *metae secundae*. Zeichnung von Almut Höbel nach Pisani Sartorio.

gen statt, denen der Apostel Petrus zum Opfer fiel, der deshalb an dieser Stelle beigesetzt wurde. In nachneronischer Zeit nutzte man die Anlage nicht mehr für Rennen, sondern nur als Park und als Begräbnisplatz.

Ein anderer großer Circus war Teil des Sessoriums, eines gewaltigen Palastkomplexes aus severischer Zeit in der Gegend der Kirche S. Croce in Gerusalemme. Als Bauherren kommen Caracalla und Elagabal in Frage. Die Arena dieses sogenannten Circus Varianus ist nur wenig kürzer und bedeutend breiter als die des Circus Maximus (565 m x ca. 120 m). Da es sich auch hier um eine im wesentlichen private Anlage des Kaisers gehandelt haben dürfte, war nicht viel Raum für Zuschauer vorhanden. Der Circus Varianus stellt mit seiner engen Verbindung zu einer Palastanlage einen Vorläufer der Circusbauten der Tetrarchenzeit dar. Von diesen liegt ein Musterbeispiel nur wenige Kilometer außerhalb von Rom an der Via Appia, der Circus des Maxentius.

Dieser Bau ist einer der besterhaltenen und auf jeden Fall der am vollständigsten ausgegrabene Circus, der aus römischer Zeit auf uns gekommen ist. Er entstand während der kurzen Regierungszeit des Kaisers Maxentius zwischen 306 und 312 n. Chr. als Teil eines Komplexes, zu dem außer dem Circus ein Palast und ein großes Mausoleum gehörten, in dem Romulus, der 309 verstorbene Sohn des Maxentius, beigesetzt wurde. Palast, Mausoleum und Circus bildeten so eine Einheit mit klarer dynastisch-repräsentativer Aussage. Der Circus war keine Privatanlage zum Vergnügen des Kaisers, wie der Vatikanische Circus es gewesen war, sondern ein politisch motivierter höfischer Bau. Er faßte nach neueren Berechnungen nicht mehr als 10 000 Zuschauer, war also nicht dazu bestimmt, dem Circus Maximus als Ort von Massenveranstaltungen Konkurrenz zu machen, wie auch schon aus der dezentralen Lage hervorgeht. Die Rennen fanden hier vor ausgesuchtem Publikum, vor dem Hof, dem Adel, der Garde und anderen wichtigen Personenkreisen in einer unmittelbar auf den Kaiser bezogenen Atmosphäre statt. Auf der Nordseite der *cavea* befand sich 14 m über der Arena das direkt mit dem Palast zusammenhängende *pulvinar*. Es hatte mit fast 30 m Breite und 4,85 m Tiefe beachtliche Ausmaße.

*Abb. 112, 116–119, 127*

Baulich stellte der Maxentische Circus die Quintessenz einer jahrhundertelangen Entwicklung dar, „die endgültige Stufe der römischen Circus-Architektur in ihrer vollkommenen Stromlinienform". (John H. Humphrey) Der Grundriß folgte kompromißlos dem Bedürfnis, die Rennbahn ständig zu verjüngen. Beide Umfassungsmauern sind leicht geknickt, um dieses Ziel zu erreichen, der Bau ist, entgegen dem Augenschein, vollkommen asymmetrisch. Die gewaltigen, noch gut erhaltenen Türme, die die *carceres* flankieren, sind typisch für spätrömische Circusanlagen. Sie mögen in den Boxen benötigtes Material enthalten haben, ihre imponierende optische Wirkung war aber gewiß wichtiger als die praktische Bedeutung.

*Abb. 112, 116*

Der Circus ist ziemlich genau west-östlich orientiert. Das nach Osten zu ansteigende Gelände begrenzt die Länge des Baus und hat zur Folge, daß auch die Rennbahn eine Steigung von 0,5 % aufweist – das Haupttor im Osten liegt ungefähr 4 m höher als die *carceres*. Wenn auch die Arena mit 503 m Länge und 75–79 m Breite kleiner ist als die des Circus Maximus, übertrifft sie doch die der meisten anderen außerhalb Roms gelegenen Anlagen deutlich. Wegen der nur 6 Reihen von Zuschauern in zwei Rängen umfassenden *cavea* ist die Gesamtgröße des Circus eher bescheiden (520 m x 92 m). Die Höhe der gut erhaltenen Rückmauern der *cavea* belief sich auf 6,75 m. Die einzelnen Sitzstufen waren 37–40,5 cm hoch und nur 30 cm tief: Das bedeutet, daß hier im Gegensatz zu allen anderen bekannten römischen *loca* ein Zuschauer zwei Stufenreihen benötigte, eine für seine Sitzfläche und eine für seine Füße. Das war natürlich bequemer als die übliche Anordnung, kostete aber mehr Platz und zeugt somit vom elitären Charakter des vorgesehenen Publikums.

Die Schiedsrichterloge ist in besserem Zustand auf uns gekommen als in irgendeinem anderen römischen Circus. Es war ein von zwei Treppen flankierter Einbau, der auf der Südseite in der Höhe der Ziellinie bis zur Arena herabreichte und den ein kleiner Tempel krönte, der wahr-

Abb. 129 Die Wagenlenker der vier Circusparteien. Die Tunicen (*vestes quadrigariae*) sind in den Farben der Grünen, Roten, Weiß und Blauen gehalten. Darüber tragen die *aurigae* ein Korsett aus Lederriemen (*fasciae*). Um die Beine sind schützende Überzüge a Filz und Leder gebunden. Auf dem Kopf sitzt ein mit einem Federbusch geschmückter Sturzhelm aus dickem Filz (*pilleus*). Mosaik a Baccano um 200 n. Chr. Rom, Museo Nazionale Romano.

›b. 130 *Felix populus* *neti* – „Glückliche Partei r Blauen". *Populus* (Volk) ır eine übliche Bezeich- ıng für die Anhänger der *ctiones*, der Circusparteien. e Griechen übersetzten es örtlich als δῆμος, was in der ›rschung fälschlicherweise einer Gleichsetzung mit n Demen, Stadtbezirken, d zur Annahme einer poli- chen Funktion der oströmi- ıen Circusparteien geführt :. Mosaikinschrift der An- nger der blauen Circuspar- aus dem Maison des Che- ux in Karthago, 3./4. Jahr- ndert n. Chr. Tunis, Musée Bardo.

›. 131 Ein Kunstreiter bei nem Auftritt im Circus. ›saik aus dem Marstall der auen", dessen Reste unter n Palazzo Farnese in Rom unden wurden.

dem die Forderungen der *factiones* zu unverschämt erschienen und der daraufhin begann, Hunde für das Rennen trainieren zu lassen. Die Roten und Weißen zeigten sich kompromißbereit, aber die mächtigen Parteien, die Grünen und Blauen, blieben hart. Da griff Nero ein und bezahlte die Rechnung, um einen Skandal zu verhindern. (Römische Geschichte, LXI.6.1)

Die kaiserlichen Zuschüsse führten dazu, daß im Laufe des 3. und 4. Jahrhunderts der Betrieb der *factiones* mehr und mehr in staatliche Hand überging. Das stand im Einklang mit den auf allen Gebieten zu beobachtenden Zentralisierungsbestrebungen der späten Kaiserzeit. Wie die Wagenrennen wurden auch die Tierhetzen und Gladiatorenkämpfe, die schon sehr früh in überwiegend staatliche Regie übergegangen waren, und die Theaterspiele privater Initiative und Einflußnahme entzogen. Im Rahmen dieser Maßnahmen gerieten auch die anderen Zweige der „Unterhaltungsindustrie" in die Zuständigkeit der *factiones*. Grüne und Blaue waren jetzt nicht mehr einfach „Circusfans", also Anhänger von Rennsportclubs, sondern auch Gladiatoren- und vor allem Theater„fans". Die *domini factionum* verloren ihre ursprüngliche Bedeutung, an ihre Stelle traten *factionarii*, staatlich angestellte Spielleiter, Manager und Trainer, bei denen es sich nicht selten um erfolgreiche Wagenlenker handelte.

Die Verstaatlichung der Parteien hatte auch zur Folge, daß sie sich über das ganze Reich ausdehnten. Außerhalb von Rom hatte es in der frühen und mittleren Kaiserzeit nur in wenigen größeren Städten Nordafrikas, Spaniens und Galliens *factiones* gegeben, da sich der Betrieb solcher professionellen Organisationen nur lohnte, wenn entsprechende Bevölkerungsmassen und eine für die Kosten aufkommende Beamtenschaft vorhanden waren. Im Osten, wo die Mehrzahl der großen Städte lag, hielt die römische Art des Rennsports mit ihren *factiones* erst nach deren Verstaatlichung Einzug. Gerade dort war es, wo dann in byzantinischer Zeit die Parteienleidenschaft ihre spektakulärsten Exzesse feiern sollte.

Man hat den spät- und oströmischen Circusparteien eine bedeutende politische Rolle zugeschrieben, sah in Grünen und Blauen gegensätzliche soziale und religiöse Gruppen verkörpert, die sich nicht nur untereinander heftig befehdeten, sondern auch der kaiserlichen Macht zu trotzen wagten – ganz im Gegensatz zur stadtrömischen *plebs* früherer Jahrhunderte, die sich mit „Brot und Spielen" habe abspeisen lassen. Neuere Untersuchungen haben gezeigt, daß dies unzutreffend ist. Politische Kundgebungen im Circus waren vorgekommen, seitdem es Spiele gab, sie hatten aber kaum etwas mit den *factiones* zu tun. Von den Kaisern waren von Anfang an einige erklärte Parteigänger einer Farbe gewesen – Vitellius und Caracalla der Blauen, Caligula, Nero, Domitian, Lucius Verus, Commodus, Elagabal der Grünen –, aber entweder lag echte Begeisterung vor oder das politische Kalkül, sich beim Volke beliebt zu machen, indem man seine Leidenschaften teilte, nicht aber eine konkrete politische Funktion der einen oder anderen Partei, auf die die Kaiser reflektiert hätten.

Vom 4. Jahrhundert n. Chr. an kam dem Repräsentationswert der Spiele wachsende Bedeutung zu, wie sich das in der häufigen Verquickung von Palast- und Circusbau zeigt. Das lag im wesentlichen daran, daß der Circus mit seinen übersichtlich geordneten Menschenmassen, seiner monumentalen Kulisse und seiner aufwühlenden Atmosphäre den idealen Rahmen bot für die Selbstdarstellung des Kaisers und seines Hofes. Viele Haupt- und Staatsaktionen wurden daher von den oströmischen Kaisern in das Hippodrom von Konstantinopel verlegt, und es bot sich an, die Grünen und Blauen gewissermaßen als organisierte Vertreter des Volkes bei der Durchführung solcher Zeremonien heranzuziehen. Mit dieser Statistenrolle scheint sich aber die politische Funktion der Parteien auch in byzantinischer Zeit erschöpft zu haben.

Die gewalttätigen Ausschreitungen der oströmischen Circusfanatiker, denen in einigen Fällen Tausende von Menschen zum Opfer fielen, hatten gleichfalls schon gewisse Parallelen in der frühen und mittleren Kaiserzeit. Sie scheinen weniger von den eigentlichen Rennsportanhängern ausgegangen zu sein als von den Theaterfans. Die oft politisch oder sexuell anzüglichen Pantomimen hatten seit den Tagen des Augustus immer wieder Skandale und Unruhen ausge-

bb. 132 Tanzende Circusfans schwingen ihre Mäntel. Relief vom Sockel des „neuen" Denkmals des Wagenlenkers Porphyrius im ippodrom von Konstantinopel (linke Seite), Anfang 6. Jahrhundert n. Chr. (Vgl. Abb. 147). Rechts oben im Bildfeld befindet sich eine riechische Inschrift, die typische Akklamation eines Fans: „Ich, Dazius, sage : ‚Hoch leben die Grünen!' (νικᾷ ἡ τύχη τῶν πρασίνων)" ρασίνοι (*Prasini*) ist, wie die meisten griechischen Fachausdrücke des Rennsports, ein Latinismus. Über dem Relief ist ein weiterer ext eingemeißelt:„Du kannst den Menschen keinen größeren Sieg als diesen zum uhme der Grünen bieten. Mit deiner Fahrkunst hast du deine Rivalen erniedrigt und ie zu deiner Beute gemacht, Porphyrius, die dich hassen." Der Verdacht, herzlich ehaßt zu werden, lag besonders nahe, da Porphyrius noch kurz vorher für die Blauen efahren war und von diesen gleichfalls eine Statue erhalten hatte. Noch deutlicher eißt es auf der rechten Seite des Sockels: „Bleibe nun in der ersten der Parteien, der oliden, der besseren Partei, und breche die neidischen Herzen unserer Feinde, die ihre gene Dummheit verfluchen, wenn sie deine stets siegreiche Peitsche sehen." Istanbul, rchäologisches Museum.

ob. 133 Spielmarke aus Elfenbein mit der Abbildung des Rennpferdes *Amicus* Freund"), das einem gewissen Antonius gehört hat (Besitzerbrand). Sie wurde zusamen mit fünf ähnlichen Marken in einem Grab an der Via Appia gefunden. Vatikanihe Museen.

löst; als dann in der Spätantike die Theater- und Circusanhänger in den Parteien vereinigt wurden, gab es naturgemäß weit mehr Ärger mit grünen und blauen Rowdies als je zuvor. Irgendwelche politischen Zielsetzungen der feindlichen Parteien lagen diesen Krawallen sowenig zugrunde, wie das heute bei den Exzessen randalierender Fußballfans der Fall zu sein pflegt.

## DIE WAGENLENKER UND IHRE PFERDE

In frührömischer Zeit scheinen Pferdebesitzer ohne Rücksicht auf ihren oft adeligen Stand im Wettkampf selbst gelenkt zu haben, wie das auch in Griechenland bei den großen Spielen gemacht wurde. Das änderte sich vollkommen, als sich, wohl im Laufe der mittleren republikanischen Ära, die spezifisch römische Form des Wagenrennens herausbildete. Zum einen wurde das Rennen hierdurch zu einem durch und durch professionalisierten Sport, in dem Amateure nur mehr wenig Siegeschancen hatten, zum anderen brachte es der Charakter des Schaugeschäftes, den die Spiele nun angenommen hatten, mit sich, daß eine Teilnahme mit der Würde einer römischen Standesperson nicht mehr vereinbar war. Die alten rituellen Wettrennen, wie sie an den *Equirria* oder den *Consualia* oder beim Fest des *Equus October* veranstaltet wurden, bestritten wohl weiterhin römische Bürger und auch Adelige. Die eigentlichen Circusrennen jedoch wurden von spätrepublikanischer Zeit an fast nur noch von Sklaven und Freigelassenen gefahren.

Rennsportbegeisterte Angehörige der oberen Schichten besaßen gewiß nicht selten eigene Wägen und Gespanne, mitunter sogar private Rennplätze, und praktizierten den Sport zu ihrem Vergnügen oder auch aus Imponiersucht wie jener junge Mann, der laut Iuvenal sein Vermögen mit Pferden verschwendete und dann vor den Augen seiner Angebeteten mit flatterndem Mantel die Via Flaminia entlangfegte, als wäre er der Wagenlenker des Achill. (Satiren I,58)

Die professionellen Rennfahrer (*aurigae*) waren, wie die großen Gladiatoren, trotz ihrer niedrigen Abkunft Publikumslieblinge. Auf zahllosen Bildwerken sind die gefeierten Helden der Arena zu sehen mit ihren Siegeskränzen und Palmzweigen. Die Erfolgreichen ernteten aber nicht nur Ruhm, sondern verdienten auch durch die Siegesprämien gewaltige Vermögen, und das mit sehr jungen Jahren, da die Laufbahn eines Wagenlenkers noch im Kindesalter zu beginnen pflegte.

*Abb. 134* „Ich bin jener Scorpus, der Ruhm des lärmenden Circus, von Beifall umrauscht, Rom, war ich dein kurzlebiger Liebling, den die neidische Parze hinweggerafft hat in seinem 27. Jahr, indem sie die Palmen zählte, hielt sie mich für einen Greis." (Martial, Epigrammata X,53)

Scorpus scheint, nach einem anderen Epigramm Martials zu schließen, bei einem Unfall ums Leben gekommen zu sein:

„. . .Betrogen um die Blüte deiner Jugend, Scorpus, bist du gefallen und allzu früh spannst du die dunklen Pferde des Todes ein. Warum nur wurde der Wendepunkt im Circus, dem du so oft in rasender Fahrt in deinem Wagen zugestrebt, zum Endpunkt deines Lebens?" (Epigrammata X,50)

Als er noch am Leben gewesen war, hatte Martial dem jungen Wagenlenker freilich seinen übergroßen Reichtum ein wenig mißgönnt, wenn er ihn mit dem spärlichen Einkommen eines

Abb. 135 Quadrigarennen. Detail von einem Relieffries vom monumentalen Grabmal des erfolgreichen Rennfahrers P. Aelius Gutta Culpurnianus (1127 Siege) an der Via Flaminia, 1. Jahrhundert n. Chr. Rom, Museo Capitolino. ▷

›b. 134. Der Rennfahrer Scorpus in seiner Quadriga, den Siegeskranz in der Hand. Relief vom Grabmal des T. Flavius Abascantus, Hälfte 1. Jahrhundert n. Chr. Unter der Grabinschrift des römischen Beamten finden sich in kleinen Buchstaben die Namen des erühmten Wagenlenkers und seiner vier Pferde: „Scorpus mit *Ingenus* (‚Freigeborener'), *Admetus* (griechischer Eigenname), *assserinus* (‚Sperling'), *Atmetus* (vom griechischen ἄτμητος – ‚Unbesiegter')". Die Abbildung des siegreichen Wagenlenkers soll wohl en Triumph über den Tod symbolisieren. Urbino, Palazzo Ducale.

Abb. 136 Der Wagenlenker Polydus als Sieger in seiner Quadriga. Bodenmosaik aus einem Haus unter den Trierer Kaiserthermen, u
250 n. Chr. Polydus hält in der Linken die Siegespalme, in der Rechten Peitsche und Lorbeerkranz. Er ist mit einer roten Tunica bekle
det, fuhr also für die *Russati*. Das Leitpferd hat den Namen *Compressor* („Dränger“, „Zusammendrücker“), wohl wegen seiner Funkti
innerhalb des Teams. Trier, Rheinisches Landesmuseum.

Abb.137 Siegreicher Wagenlenker in einer *decemiuga,* einem Zehnspänner. Alle zehn Pferde sind nebeneinander angespannt. Tonmodel aus Ostia, 3. Jahrhundert n. Chr. Ostia, Museum.

b. 138 Miniaturbiga aus Bronze (ein Pferd fehlt). Möglicherweise eine Votivgabe. London, British Museum.

Klienten verglich: „... während Scorpus in einer einzigen Stunde fünfzehn schwere Säcke prall gefüllt mit Gold als Sieger davonträgt." (Epigrammata X,74)

Scorpus hatte in seinem kurzen Leben nicht weniger als 2 048 Rennen gewonnen und war damit einer der seltenen und gepriesenen *miliarii*, Fahrer, die mehr als tausendmal gesiegt haben.

Noch bevor er Sieg und Ruhm erringen konnte, ereilte den jugendlichen Florus sein Schicksal, wie wir auf dem Grabstein erfahren, den ihm sein Lehrer Ianucerius errichten ließ, und auf dem der fatale Unfall abgebildet ist:

„Das bin ich, Florus, ein kleiner Wagenlenker, wie ich falle. Als ich beschleunigte, fiel ich in die Schatten der Lethe."

Der Wagenlenker Polyneices aus Rom setzte zwei Söhnen, die beide bei Rennen ums Leben gekommen waren, Denkmäler, auf deren Sockeln es heißt:

„Marcus Aurelius Polyneices, der als Sklave geboren wurde, lebte 29 Jahre, 9 Monate, 5 Tage. 739 mal errang er die Palme, und zwar 655 mal für die Roten, 55 mal für die Grünen, 12 mal für die Blauen, 17 mal für die Weißen. Dreimal siegte er mit sechsspännigen Wagen, achtmal mit achtspännigen, neunmal mit zehnspännigen."

„Marcus Aurelius Mollicius Tatianus, der als Sklave geboren wurde, lebte 20 Jahre, 8 Monate, 7 Tage. 125 mal errang er die Palme, und zwar 89 mal für die Roten, 24 mal für die Grünen, 5 mal für die Blauen, 7 mal für die Weißen."

Nach ihren Namen zu schließen, erreichten die Brüder in der Zeit des Marcus Aurelius oder wenig später ihre Freilassung.

Eine längere Karriere brachte Gaius Appuleius Diocles aus Lusitanien hinter sich, der uns in Rom eine ausführliche Inschrift mit der Aufzählung seiner Leistungen hinterlassen hat. Sein erstes Rennen fuhr er 122 n. Chr. im Alter von 17 Jahren für die Weißen, zwei Jahre später errang er seinen ersten Sieg, 128 wechselte er zu den Grünen über, und drei Jahre später zu den Roten, die dann für 15 Jahre seine *factio* blieben. 4 257 mal startete er in diesen Jahren mit der Quadriga und wurde dabei 1 462 mal Erster, 861 mal Zweiter, 576 mal Dritter und einmal Vierter. 1 064 seiner Siege errang er in Einzelrennen, 347 in Zweierteams und 51 in Dreierteams.

Dazu kommen 6 Siege in Bigarennen, 4 in Trigarennen, 2 in Seiugarennen (sechsspännig) und eines mit einem höchst außergewöhnlichen Siebenergespann.

Die Siegesprämien schwankten zwischen 15 000 und 60 000 Sesterzen pro Rennen, insgesamt erhielt Diocles 35 863 120 Sesterzen ausbezahlt, ein Betrag, dessen Kaufkraft ihn in moderner Währung zum mehrfachen Dollarmillionär machen würde. Mit 42 Jahren setzte er sich in Praeneste (Palestrina) zur Ruhe.

Diocles hat es auch nicht vergessen, auf seiner Inschrift die Pferde zu würdigen, denen er Erfolg und Reichtum zu verdanken hatte. Neun Pferde fuhr er in 100 siegreichen Rennen, eines in 200. Abigeius, Lucidus, Pompeianus, Cotynus und Galata waren bei 445 seiner Siege als Jochpferde (*introiugae*), das heißt als Führungstiere dabei.

Die gleichfalls auf Inschriften erhaltenen Pferdelisten einiger anderer Wagenlenker geben auch Auskunft über die Ursprungsländer der Tiere. Sie bestätigen die Angabe antiker Autoren,

Abb. 139 Eine Quadriga nähert sich den *metae*, der vorausreitende *hortator* biegt schon um die Wendemarke. Tonrelief (Campanaplatte), 1. Hälfte 1. Jahrhundert n. Chr.. London, British Museum. ▷

Abb. 140 Ein *naufragium*. Der Fahrer ist aus dem Wagen gefallen und hängt noch an den um den Leib geschlungenen Zügeln, zwei Pferde sind gestürzt, Arenabedienstete greifen ein. Gut sichtbar ist die in die Luft ragende Deichsel mit dem Joch. Im Hintergrund *metae* und Delphine. Campanarelief, 1. Hälfte 1. Jahrhundert n. Chr.. Wien, Kunsthistorisches Museum.

ANNIAE
ARESCVSA

daß Nordafrika und Spanien die dominierenden Zuchtgebiete für Rennpferde waren. 46 von 74 Tieren auf einer dieser Listen stammten aus Afrika, der Rest verteilte sich auf Gallien, Mauretanien, Spanien, Sparta, Cyrenaica und Thessalien. Ein anderer überaus erfolgreicher Wagenlenker, dessen Name leider nicht erhalten geblieben ist, errang 548 Siege mit afrikanischen und 1 378 mit spanischen Pferden. Die Namen der Tiere lassen darauf schließen, daß Stuten nur in ganz seltenen Ausnahmefällen eingesetzt wurden.

Die Namen berühmter Rennpferde waren in aller Munde, man diskutierte fleißig ihre Vorzüge und Schwächen und machte sich Sorgen um ihr Wohlergehen. Wie uns Galen berichtet, berochen die Fans der Blauen und Grünen sogar den Kot der Tiere, um sicher zu sein, daß sie gut und zweckmäßig ernährt würden. (*De methodo medendi*, X.478)

Die Rennpferde selbst nahmen lebhaften Anteil an den aufregenden Höhen und Tiefen ihres prominenten Daseins. Sie brennen auf den Start und schlagen wild mit Hufen und Köpfen gegen die Tore ihrer Boxen, bevor diese aufspringen und ihnen die Bahn freigeben. (Ovid, Tristia, V.9.29–30 und Metamorphosen, 2.153–155) Plinius der Ältere schildert uns einen Fall von den Saecular-Spielen des Jahres 47 v. Chr., als die Pferde eines Wagenlenkers der Weißen so blitzartig losstürmten, daß der Fahrer noch in der Box aus dem Wagen geschleudert wurde. Die Pferde waren aber ganz in ihrem Element und gewannen das Rennen auch ohne ihren Lenker. (Naturgeschichte, VIII.160) Noch im Schlafe träumten die Rennpferde von ihren Erlebnissen in der Arena, wie Lucretius uns das beschreibt:

„Und du wirst ja die starken Rosse sehen, wie sie, wenn auch die Gliedmaßen ruhig hingestreckt liegen, in ihren Träumen noch schwitzen, auch fortwährend schnauben und gleichsam die äußersten Kräfte anspannen, um die Palme zu erringen." (*De rerum natura*, IV, 987–9)

Ausgediente Rennpferde scheint in der Regel nicht das traurige Schicksal von mühlsteindrehenden Arbeitsmähren erwartet zu haben, das uns verschiedene griechische Schriftsteller schildern.

"Damit es nicht absteige in dieser Welt und die vielen Palmen entehre, die es gewonnen, kaut in Muße das alte Rennpferd das Gras auf den Weiden." (Ovid, Tristia, VIII.19) Manche Tiere erhielten sogar ehrenhafte Begräbnisse. Auf dem Grabstein der afrikanischen Stute Spendusa stand zu lesen:

„Gezeugt auf den Sandflächen Gaetuliens [Landschaft in Nordafrika] von einem gaetulischen Hengst, geschwind wie der Wind, ungepaart in deinem Leben, wohnst du, Spendusa, im Reiche der Lethe."

Innerhalb der Gespanne gab es ein Führungspferd, gewöhnlich das rechte Jochpferd (*introiuga* oder *iugalis dexter*). Üblich waren Zweiergespanne (*bigae*), Dreiergespanne (*trigae*), Vierergespanne (*quadrigae*), Sechsergespanne (*seiugae*), Achtergespanne (*octoiugae*) und
*Abb. 137* sogar Zehnergespanne (*decemiugae*). In der großen Mehrzahl der Rennen wurden *quadrigae* eingesetzt, daneben spielten noch *bigae* eine gewisse Rolle, die meist von Neulingen gefahren wurden. Mehr als vier Pferde vorzuspannen dürfte die Geschwindigkeit schwerlich erhöht haben, aber es sah natürlich imposant aus und vergrößerte die Schwierigkeit für den Wagenlenker, der hier seine ganze Virtuosität demonstrieren konnte. Die Pferde wurden stets nebenein-
*Abb. 142* ander eingespannt, nie hintereinander. Die beiden mittleren Tiere (*iugales*) zogen unter dem Joch, die übrigen (*funales*) waren nur mit Zugseilen mit dem Wagenkasten verbunden. Die
*S. 72–75* unzweckmäßige antike Schirrung, die bei hohem Zuggewicht den Hals einschnürte, hat sich bei den Rennpferden wohl kaum negativ ausgewirkt, da der Fahrer mit seinem sehr leicht gebauten zweirädrigen Wagen auf dem ebenen Boden der Arena für zwei oder mehr Pferde keine nennenswerte Belastung darstellte.

*Abb. 122, 138, 139* Leider ist kein originaler römischer Rennwagen (*currus*) erhalten geblieben. Nach Abbildungen zu schließen, ähnelten die Fahrzeuge stark ihren griechischen Vorbildern. Entgegen der von Triumph- und Paradewägen geprägten populären Vorstellung hatten sie keine hohen, über

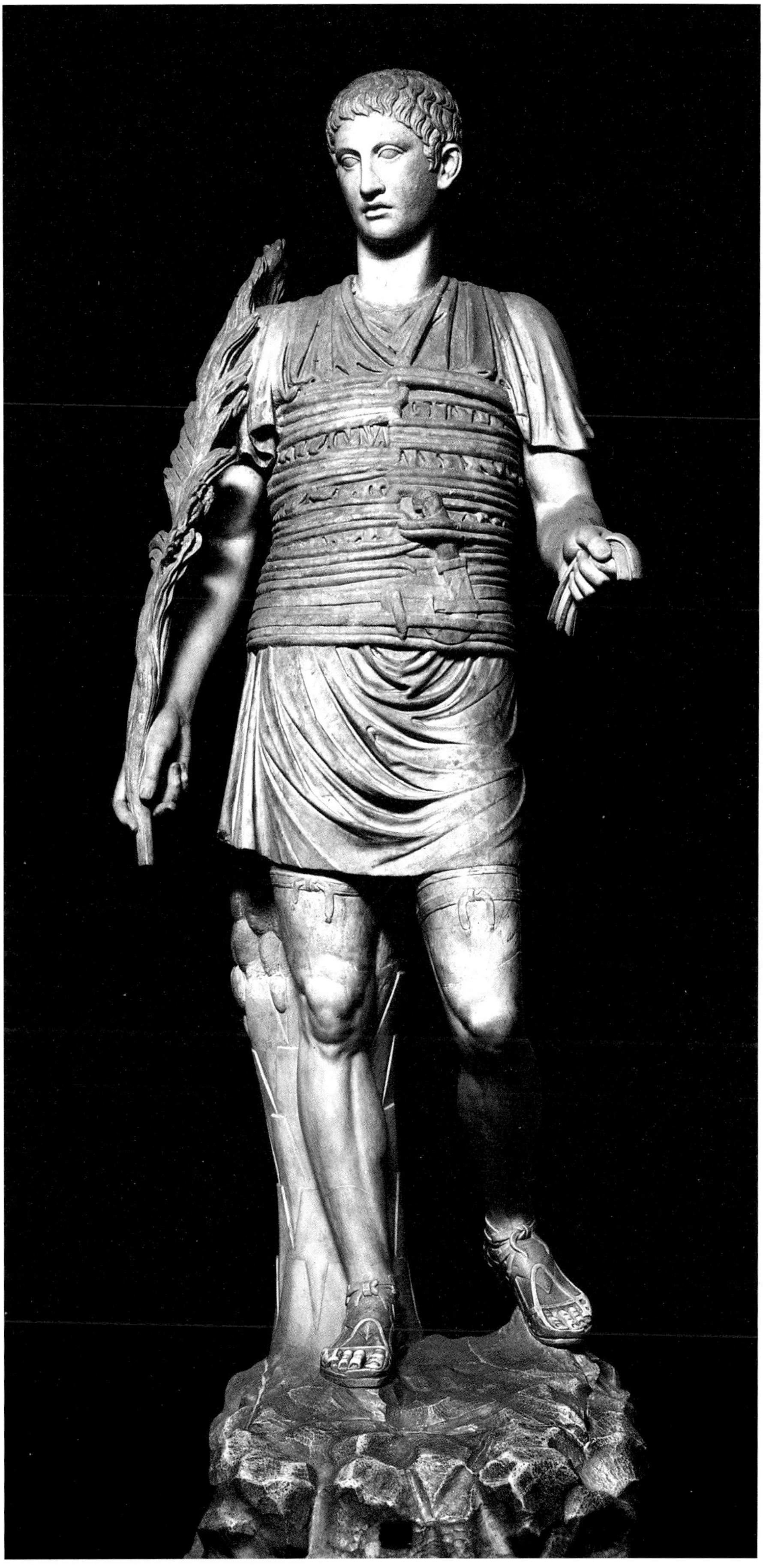

bb. 141 Denkmal eines siegrei-
ıen Wagenlenkers. Das Rie-
ıenkorsett ist sehr detailliert
iedergegeben. Man kann auch
nks das in den Riemen stek-
ende krumme Messer erkennen,
as bei einem Unfall zum Durch-
chneiden der Zügel diente. In
er rechten Hand hält der *auriga*
ie Siegespalme, in der linken
ohl Zügel. Marmorskulptur des
Jahrhunderts n. Chr. Vatikan,
ala della Biga.

Abb. 144 Der siegreiche Rennfah
Marcianus. Mosaik aus *Augusta E*
*rita* (Mérida in Spanien), 4. Jahrh
dert n. Chr. Das Bild zeigt die Q
driga in der für spätkaiserzeitlic
Mosaiken typischen Frontalansic
Marcianus hält Peitsche und Sieg
palme, die Köpfe der Pferde sind
Palmzweigen geschmückt. Hin
seinem Namen ist die Akklamat
*Nicha* (vom griechischen νίκα – „S
ge!") angebracht. Das Leitpferd h
*Inluminator* („Erheller"). Méri
Museum.

Abb. 145

Abb. 146

lassen waren, so ging es doch bei den Rennen ohne Zweifel äußerst ruppig zu. Die zweitrangigen, als „Wasserträger" fungierenden Fahrer versuchten den Favoriten ihrer *factio* zu unterstützen, indem sie seine Konkurrenten blockierten, abdrängten oder sonstwie behinderten. Vor allem an den *metae*, den Wendepunkten, die jeder so knapp wie möglich zu umrunden suchte, kam es immer wieder zu fürchterlichen *naufragia* („Schiffbrüchen"), oft regelrechten Massenkarambolagen.

Die größte Gefahr für den *auriga* bestand darin, daß er von den Pferden geschleift wurde. Es war nämlich üblich, daß die Fahrer sich die Zügel um den Bauch banden. Sie konnten dann mit ihrem ganzen Körpergewicht lenken und bremsen und hatten die Hände frei für korrigierende Eingriffe und den meist heftigen Einsatz der Peitsche. Erlitt das Gefährt jedoch „Schiffbruch" oder fiel der Fahrer aus dem Wagen, hing er an den Zügeln und lief Gefahr, zu Tode geschleift zu werden. Die *aurigae* hatten deshalb kurze krumme Messer bei sich, mit denen sie in einem solchen Fall versuchen konnten, die Zügel durchzuschneiden, und sie trugen Schutzrüstungen aus Lederbandagen (*fasciae*) um den Rumpf, oft auch um die Extremitäten, sowie leichte Helme oder helmartige Kappen. Plinius der Ältere hat uns ein Rezept für die Behandlung von typischen Rennverletzungen hinterlassen:

„Verrenkungen und Wunden, die durch einen Schlag entstanden sind, behandelt man mit dem Kot von wilden Ebern, den man im Frühjahr sammelt und trocknet. Das gleiche Mittel wendet man bei Rennfahrern an, die geschleift worden oder von einem Rad verletzt worden sind oder auf irgendeine andere Weise arge Beschädigungen davongetragen haben. Manche glauben, der Kot wirke besser, wenn er in Essig gekocht wird. Man vertritt auch die Ansicht, zu Pulver gestoßen und in die Trinkflüssigkeit gegeben, sei dies eine gute Kur für Knochenbrüche und Muskelzerrungen, während man es denen, die frisch bei einem Unfall verletzt worden sind, besser in Essig verabreicht. Besonders vorsichtige Ärzte brennen den Kot zu Asche und mischen ihn mit Wasser; Kaiser Nero soll sich regelmäßig damit gestärkt und auch auf diese Weise versucht haben, sich als echter Rennfahrer zu bewähren. [Nero war auf den griechischen Spielen nicht nur als Sänger, Schauspieler und Herold aufgetreten, sondern auch als Wagenlenker.] Wenn man keinen Wildeberkot bekommen kann, dann ist das nächstbeste Mittel der von Hausschweinen." (Naturgeschichte, XXVIII,237)

◁ Abb. 147 Der siegreiche Wagenlenker Porphyrius in seiner Quadriga. Dieses Relief bildet den oberen Abschluß der linken Seite des „neuen" Denkmalssockels des Porphyrius im Hippodrom von Konstantinopel (vgl. Abb. 132). Insgesamt wurden Porphyrius, der einer der erfolgreichsten Wagenlenker aller Zeiten gewesen sein muß und es auch zum φακτιονάριος (*factionarius*, wieder ein Latinismus), also zum offiziellen Leiter einer Circuspartei brachte, sieben solcher Ehrendenkmäler gesetzt, die alle auf der *spina* des Hippodroms standen. Da Porphyrius mehrfach die Partei wechselte, stammten sie sowohl von den Grünen wie von den Blauen. Zwei von den Denkmalssockeln blieben erhalten, von den restlichen wissen wir durch Epigramme. Die zumindest lebensgroßen Metallstatuen, die die 2,85 m (alt) und 3,57 m (neu) hohen Sokkel krönten, sind verschwunden. Die oberen vier Felder des „neuen" (d.h., später gefundenen, tatsächlich ist es das ältere Stück) Sockels zeigen jeweils Porphyrius in der Quadriga, eingerahmt von als Karyatiden dienenden Siegesgöttinnen. Auf dem Relief der linken Seite schwebt über seinem Haupte die Tyche, die Stadtgöttin von Nikomedia, wie aus der Inschrift auf der Leiste über dem Relief hervorgeht. Porphyrius muß in dieser Stadt einen besonders herausragenden Sieg errungen haben, wie auch in Berytus, dessen Tyche auf einer anderen Seite abgebildet ist. Über dem Relief ist eines der auch handschriftlich überlieferten Epigramme eingemeißelt: „Die einen verdanken ihre Statuen dem Alter, die anderen aber brauchen keine grauen Haare, um als Sieger zu gelten, sondern ihr natürliches Können, aus dem der Ruhm entspringt, weshalb Porphyrius zweimal die Ehre solcher Stiftungen erlangt hat. Dein Alter noch nicht einmal nach Jahrzehnten zählend, scharen sich deine Siege zu vielen Hunderten und alle errungen in der größten Eleganz." Porphyrius war also kaum 20 Jahre alt, als man ihm schon seine zweite Ehrensäule setzte. Mit 60 war er immer noch aktiv und erhielt Denkmäler. Istanbul, Archäologisches Museum.

Die ständige Todesgefahr und die enorme Rolle, die Glück und Zufall spielten, führten dazu, daß sich im Bannkreis der Circusrennen ein kräftiger Aberglaube ausbreitete. Die Fluchttäfelchen, die den Fahrern und Pferden Unglück bringen sollten, wurden schon erwähnt. *S. 130f.* Natürlich versuchten sich die *aurigae* auf vielfältige Weise gegen die Flüche ihrer Gegner und übelwollende Dämonen zu schützen. Das einfachste und verbreitetste Mittel bestand darin, am Wagen oder am Zaumzeug ein *fascinum*, ein phallusförmiges Amulett, anzubringen. Eine bei den Rennfahrern wie bei allen Menschen, die mit Pferden zu tun hatten, sehr beliebte Schutzgottheit war die keltische Pferdegöttin Epona. Im Volke galt der siegreiche Wagenlenker als glückbringendes Symbol. Das, und nicht nur die verbreitete Circusleidenschaft, erklärt die zahllosen Darstellungen Siegespalmen und -kränze haltender *aurigae* in der Gebrauchskunst.

## DAS RENNEN

Vor dem Beginn eines Circusrennens mußte zunächst festgelegt werden, welches Gespann welche Startbox zugeteilt erhielt. Obwohl man sich ja bei der Anlage der Arena alle erdenkliche Mühe gegeben hatte, größtmögliche Chancengleichheit zwischen den Teilnehmern herzustellen, konnte doch die Verteilung der einzelnen Teams auf die *carceres* taktische Konstellationen schaffen, die die eine oder andere Partei bevorzugten. War etwa der Favorit einer Farbe von den sekundierenden Fahrern eines Konkurrenten flankiert, konnten diese ihn leicht einzwängen und behindern. Lagen die Startpositionen eines Teams dagegen nebeneinander, war es den Sekundanten möglich, ihr Spitzengespann abzuschirmen und ihm freie Bahn zu verschaffen.

Um dem Verdacht von Manipulationen entgegenzuwirken, wurde ein Losverfahren angewandt. Unter Aufsicht des spielleitenden Beamten gab man für jeden Fahrer eine Kugel in eine κυλίστρα (Rollgefäß) genannte große Urne, die mit zwei Zapfen drehbar an einem Gestell *Abb. 148* befestigt war. Vermutlich zeigten die Kugeln die Farben der Parteien und nicht die Namen der Fahrer. Es war Sache der Parteien, sich intern über die Reihenfolge ihrer *aurigae* zu einigen. Nachdem die Kugeln gründlich gemischt waren, ließ man sie durch einen nicht genau bekannten Mechanismus einzeln aus der Urne rollen. Ein Fahrer der jeweils gelosten Partei mußte sich dann eine Startbox aussuchen. Zwar hatten diejenigen, die zuerst an die Reihe kamen, den Vorteil, frei wählen zu können, doch war es jederzeit möglich, daß sich eine Entscheidung infolge der sich nachher ergebenden Kombination negativ auswirkte, so daß der letzte oft von dem ersten um seinen Platz beneidet wurde, wie uns Symmachus in einem Bericht aus dem Jahre 384 n. Chr. mitteilt. „Die Wahl ist eine zweifelhafte Sache", fährt er fort, „wenn man sich zwischen so ähnlichen Alternativen entscheiden muß." (*Relationes* IX.6)

Die Auslosung war also mehr als eine bloße Platzzuweisung, wie in modernen Rennen, sie stellte schon einen wesentlichen Teil des Dramas selbst dar, da das Ergebnis die Taktik der Teams bestimmte, und da die Fahrer mit ihrer Entscheidungsfreiheit eine gewisse Einwirkungsmöglichkeit hatten. Dementsprechend folgte das Publikum mit großer Aufregung diesem Vorgang. „Der Beamte rollt die Loskugel, und die Augen des Volkes hängen an ihm, als würden sie mit den Kugeln rollen", schreibt Tertullian im späten 2. Jahrhundert n. Chr. (*De spectaculis*, 6). Die Auslosung mußte daher an einem gut sichtbaren Ort stattfinden. Das war aller Wahrscheinlichkeit nach die Tribüne, die sich über den *carceres* befand, es könnte aber auch das *tribunal*, die Schiedsrichterloge, gewesen sein.

Die Fahrer begaben sich dann zu ihren Gespannen und bezogen ihre Startboxen. Über den *carceres* nahm auf der eben erwähnten Tribüne der die Spiele leitende Beamte Platz, wenn er sich nicht schon von der Auslosung her dort befand. Meist handelte es sich bei diesem Beamten in voraugusteischer Zeit um einen Aedilen, später um einen Praetor, häufig auch um einen Con-

Abb. 148, 149 Die linke und die rechte Seite des sogenannten Kugelspiels, eines gestuften Steinblocks, der für ein Glücksspiel dier bei dem man Kugeln herabrollen ließ. Das aus dem Hippodrom von Konstantinopel stammende Stück dürfte ins 6. Jahrhundert n. C zu datieren sein. Auf beiden Seiten sind oben tanzende Fans mit geschwungenen Mänteln abgebildet. Das mittlere Feld zeigt auf linken Seite dann die Losmaschine, mit deren Hilfe die Startboxen zugeteilt wurden, darunter einen startenden Rennfahrer. Auf Rückseite setzt sich das Rennen mit zwei Bigen fort, auf der linken Seite unten dann der siegreiche Fahrer zwischen den *me* Darüber sehen wir den Sieger zu Pferde seine Ehrenrunde absolvieren. In der Hand hält er einen länglich-flächigen Gegensta möglicherweise ein Tuch in der Farbe seiner Partei. Berlin, Staatliche Museen.

Abb. 150 Wagenrennen im Circus Maximus. Detail vom Relief eines Sarkophages des 3. Jahrhunderts n. Chr. Vor der *spina* presch die Quadrigen vorbei. Links neben dem Obelisken ist ein Relief mit einer *tensa* abgebildet. Zu den sieben Delphinen weiter links fü eine Leiter für das Bedienungspersonal. Vatikan, Sala Rotonda.

sul, in seltenen Fällen um einen Dictator. Seine Aufgabe war es nun, das Zeichen zum Start zu geben. Daß dies von einer Position oberhalb der *carceres* aus geschah, ist nicht nur sachlich wahrscheinlich, sondern geht auch aus verschiedenen schriftlichen Quellen hervor, vor allem aus zahlreichen Inschriften von Mitgliedern des Priesterkollegiums der *Fratres Arvales*, die Wagenrennen in ihrem Circus an der Via Campana geleitet haben. In diesen aus dem 1. bis 3. Jahrhundert n. Chr. stammenden Zeugnissen werden immer wieder Formulierungen gebraucht wie „*Supra carceres circi adscendit et signum quadrigis, bigis, desultoribus misit*“ – „Er stieg auf die Plattform über den Startboxen und gab den Quadrigen, Bigen und Kunstreitern das Zeichen zum Start.“

Vermutlich lenkte ein Trompetensignal die Aufmerksamkeit des Publikums auf die Tribüne, wenn es soweit war. Der Beamte, in die *toga praetexta* gehüllt, hob die Rechte, in der er die *mappa*, ein zusammengerolltes weißes Tuch, hielt, und warf sie flatternd in die Tiefe. In diesem Augenblick betätigte ein Bediensteter den Katapultmechanismus, der auf die oben beschriebene Art alle Tore der *carceres* auf einen Schlag aufspringen ließ. *Abb. 151* *S. 111* *Abb. 106–109*

Das Zeichen mit der *mappa* ist erst seit neronischer Zeit verbürgt. Cassiodor (*Variae*, III.51.9) erzählt eine wohl erfundene Anekdote, der zufolge Nero selbst den Brauch begründet haben soll, indem er in seiner Loge speisend eine Serviette herabwarf, als das Publikum ungeduldig wurde. Wahrscheinlich ist der Brauch aber älter. Er diente ohnehin nur der Information der Menge, das Entscheidende war das wohl mündlich gegebene Kommando, den Tormechanismus auszulösen.

Beim Start sprangen die unter Spannung stehenden Torflügel mit einem lauten Knall auf und die bis dahin von Gehilfen (*ministri, moratores*) festgehaltenen Pferde stürmten los. Wie oben dargelegt, strebten nun alle Gespanne der rechten Bahn unmittelbar neben den ersten *metae* (die allerdings *metae secundae* hießen, weil sie als zweite umrundet wurden) zu. Die Distanz dorthin betrug im Circus Maximus mindestens 170 m, in anderen Anlagen schwankte sie zwischen 140 m und 170 m. Wären nun sogleich alle Wägen direkt auf den rechten Rand der *metae* losgerast, hätte das zu einem heillosen Durcheinander geführt und den ganzen Effekt der mühsam ausgeklügelten Anordnung der *carceres* und der *spina* zerstört. Deshalb war, wie Cassiodor mitteilt, „nicht weit von den Starttoren eine weiße Linie quer über die ganze Bahn gezogen als ein gerader Trennstrich, der verhindern soll, daß die vorwärtsbrausenden Wägen sich gegenseitig kreuzen, bevor sie diesen Punkt erreichen, denn würden sie zu früh durcheinanderfahren, wären sofortige Zusammenstöße die Folge, die die Zuschauer des größten Teils des Schauspiels berauben würden.“ (*Variae*, III.51.7) *S. 108 f.*

Die von Cassiodor beschriebene Linie ist uns von mehreren Abbildungen her bekannt. Sie verlief zwischen den ersten *metae* und dem *podium*, also genau dort, wo die rechte Rennbahn begann. Bis zum Erreichen dieser Linie durfte keiner der Fahrer die jedem Gespann vorgeschriebene Bahn verlassen, so daß sie sie auf breiter Front, wenn auch nur selten auf gleicher Höhe, überfuhren. Von diesem Augenblick an konnten die Wagenlenker ihre Bahn selbst bestimmen, das heißt sie schwenkten so ab, daß sie möglichst nahe an die *spina* herankamen. Zweifellos hat man nicht nur die erwähnte Linie am Boden gekennzeichnet, sondern auch die Bahnen von den *carceres* zu dieser Linie. Die Markierung erfolgte ursprünglich mit *calx* (Kalk), später mit *creta* (Kreide). *Calx* war auch die Bezeichnung für die Ziellinie; man rannte „*a carceribus ad calcem*“. Schiedsrichter (*Iudices*) wachten darüber, daß die Regeln eingehalten wurden. Am Start erfüllte der leitende Beamte selbst diese Funktion, wahrscheinlich saß ein weiterer Schiedsrichter an der Linie gegenüber den *metae secundae*, etwa 180 m weiter befand sich über der Ziellinie das *Tribunal*, auf dem mehrere Schiedsrichter den entscheidenden Augenblick des Rennens beobachteten. Geschahen Regelverstöße, konnten die Fahrer, wohl mit Trompetensignalen, zurückgerufen werden, um den Start zu wiederholen (*remittere* oder *revocare*, letzterer Ausdruck scheint manchmal aber auch zu bedeuten, daß ein Wagenlenker zu *Abb. 102* *Abb. 103, 127* einer Art Zugabe veranlaßt wurde). Leider wissen wir nichts Näheres über die Vorschriften, die zu solchen Maßnahmen führten.

Im großen und ganzen scheinen die Rennen, war die Linie an den vorderen *metae* einmal überschritten, ziemlich unbelastet von Regeln abgelaufen zu sein. Man versuchte, sich gegenseitig zu blockieren und abzudrängen, die taktische Zusammenarbeit innerhalb der Teams spielte eine große Rolle. Besonders wichtig war es, die Kräfte der Pferde richtig einzuteilen. Um die Hauptkonkurrenten zu einem zu schnellen Anfangstempo zu verführen, schickte man gerne ein sekundierendes Gespann vor, bei dem es nichts ausmachte, wenn es sich nach wenigen Runden verbraucht hatte. Von Grabinschriften kennen wir eine Reihe von Ausdrücken, die die verschiedenen Taktiken bezeichnen. Der uns schon bekannte Gaius Appuleius Diocles gewann 815 mal, indem er „*occupavit et vicit*" – „frühzeitig die Führung übernahm und behauptete", 502 mal, indem er „*eripuit et vicit*" – „die Führung entriß" (wohl im letzten Augenblick, nachdem er die ganze Zeit an zweiter Stelle gelegen war), 67 mal, indem er „*successit et vicit*" – „sich von hinten an die Spitze vorkämpfte", und 36 mal gewann er „*praemissus*" – „vorausgeschickt", was wahrscheinlich bedeutet, daß er, wohl am Anfang seiner Karriere, eigentlich als Schrittmacher hatte verheizt werden sollen, also unplanmäßig gesiegt hat.

*Abb. 98, 110, 139, 152; Abb. 110, 122, 123*

Viele bildliche Darstellungen zeigen, daß jedes Gespann von einem Reiter begleitet wurde, der die gleiche Kleidung und Ausrüstung trug wie der *auriga*. Diese Reiter hießen *hortatores* (Mahner, Aufmunterer), und ihre Aufgabe dürfte es gewesen sein, ihre Fahrer, die mit der Lenkung der Pferde voll ausgelastet waren und inmitten der Staubwolken nur mehr wenig Überblick hatten, durch Zuruf über die taktische Situation zu informieren und sie in unübersichtlichen Lagen zu dirigieren. Auf den Abbildungen galoppieren sie meist ihren Gespannen voraus. Es ist unklar, ob diese *hortatores* zu allen Zeiten und in allen Formen des römischen Rennsports üblich waren, für das 1. bis 4. Jahrhundert n. Chr. sind sie jedenfalls vielfach belegt.

Daneben gab es noch Assistenten zu Fuß, die sogenannten *sparsores* (Wassersprenger). Sie sind gleichfalls auf vielen Bildzeugnissen vertreten. Meist tragen sie Wasserkrüge und Schalen, die sie im *euripus*, den Bassins auf der *spina*, füllen konnten. Die naheliegende Annahme, sie seien zum Besprengen der Arena dagewesen, dürfte, jedenfalls während des laufenden Rennens, schwerlich zutreffen, da die wenigen Liter, die sie hätten vergießen können, der sprichwörtliche Tropfen auf den heißen Stein gewesen wären. Zudem hätten sie damit nicht speziell ihrem Gespann, sondern ebenso der Konkurrenz genützt. Es gibt Darstellungen, auf denen die *sparsores* Wasser über die Pferde gießen oder ihren *aurigae* eine Schale hinhalten, auch an ein Besprengen der heißen Radnaben dürfte zu denken sein, wenn es auch nicht dokumentiert ist. Da all diese Dienste einem mit unvermindertem Tempo vorbeibrausenden Gespann erwiesen werden mußten, war die Tätigkeit der *sparsores* eine ziemlich riskante Angelegenheit, und in der Tat sehen wir auf nicht wenigen Abbildungen einen von ihnen in wahrsten Sinne des Wortes unter die Räder kommen. Erlitt das Gespann ein *naufragium*, waren die *sparsores* gewiß für die rasche Bergung ihres Fahrers zuständig. Es muß darüber hinaus aber auch nicht parteigebundenes Personal gegeben haben, das die sofortige Räumung der Unfallstätte sowie die Pflege der Bahn in den Pausen übernahm.

*Abb. 150; Abb. 140*

Die Funktion der *sparsores* wird verständlich, wenn man bedenkt, daß ein Rennen im Circus Maximus über eine Strecke von mehr als 5 km ging. Die genaue Länge hängt davon ab, wo man die Ziellinie unterbringt. Manche Forscher vermuten sie am Ende der linken Fahrbahn auf der Höhe der vorderen *metae*, John H. Humphrey hat aber mit wohl überzeugenden Gründen dafür plädiert, die Ziellinie in der rechten Fahrbahn ein Stück vor dem Ende der *spina* anzunehmen. Hierfür spricht vor allem die Stelle, an der sich das *tribunal* befand. Indem die Gespanne nach der 7. Runde nochmals um die vorderen *metae* bogen und bis zum *tribunal* fuhren, ergab sich erst die Symmetrie des Rennens. Es wären sonst die vorderen *metae* nur sechsmal umrundet worden, und zudem entsprachen die 180–200 m dieses letzten Stücks annähernd dem Anfangs-

*Abb. 102, 103*

.bb. 151 Magistrat mit der *mappa.* Statue aus em „Tempel der Minerva Medica" (Gartensaal er Licinier) in Rom, 1. Hälfte 4. Jahrhundert . Chr. Der Beamte steht im Begriffe, das Starteichen zu geben. Anghörige des spätrömischen Iochadels ließen sich gerne als Veranstalter der *udi* darstellen. Rom, Musei Capitolini, Palazzo ei Conservatori.

.bb. 152 Wagenrennen im Circus Maximus. elief von einem Grabbau in *Fulginia* (Foligno ı Umbrien), spätes 3. Jahrhundert n. Chr. Links ind die *carceres* mit den zwischen den Startoxen stehenden Hermen zu erkennen. Darüer eine Loge, in der drei *togati* sitzen, der mittere von ihnen der Veranstalter der Spiele, der ugleich der Grabinhaber sein dürfte. Rechts ben das Triumphtor des Titus. Das dramatische haos des Rennens ist eindrucksvoll wiedergeeben. Foligno, Museum.

spurt von den *carceres* bis zu den vorderen *metae*. Geht man von dieser Lösung aus, käme man auf eine Strecke von knapp 5 200 m pro Rennen. In anderen Circusanlagen mit einer kürzeren *spina* waren die Distanzen natürlich entsprechend geringer. So hatte der Circus des Maxentius bei einer Länge des Anfangsspurts von 159 m und einer Länge der *spina* von 296 m eine Rennstrecke von etwa 4 570 m. Um diese zu bewältigen, brauchte bei unserem gerittenen Rennen das schnellste Pferd 10 Minuten 20 Sekunden, was eine Durchschnittsgeschwindigkeit von 26,5 km/h bedeutet. Auf den Circus Maximus umgerechnet, käme man dann auf eine Rennzeit von 11 Minuten 45 Sekunden. Die speziell ausgesuchten und trainierten römischen Rennpferde waren gewiß deutlich schneller, mehr als 3 Minuten dürfte die Diskrepanz aber schwerlich ausgemacht haben.

Auf das Rennen folgte die Siegerehrung, die vom Veranstalter der Spiele vorgenommen wurde. Während die geschlagenen Gespanne die Arena durch die *Porta libitinaria* verließen, stieg der betreffende *auriga* vor dem *tribunal* vom Wagen und schritt die Treppe hinauf, um sich den Siegeskranz aus Lorbeerzweigen und die Siegespalme verleihen zu lassen und den oder die Beutel mit der Prämie entgegenzunehmen. Unter Trompetenklang rief dabei ein Herold den Namen des Siegers aus, der sodann unter dem Jubel des Publikums eine Ehrenrunde fuhr.

Am höchsten bewertet wurde der Sieg in Einzelrennen, wenn jede Farbe nur von einem einzigen Fahrer vertreten wurde, da dann die Unterstützung durch sekundierende Gespanne wegfiel und man ausschließlich auf die eigene Geschicklichkeit angewiesen war. Die Fahrer hatten bei einem solchen Rennen auch viel mehr Raum, um ihre Kunst frei entfalten zu können. Dramatischer und für die Masse des Publikums spannender waren aber gewiß die Zweier- und Dreierrennen mit acht oder zwölf Teilnehmern. Vereinzelt kamen besondere Bravourleistungen vor, indem etwa ein siegreicher Fahrer das Rennen mit ausgetauschten Gespannen wiederholen ließ, um durch einen erneuten Sieg zu demonstrieren, daß er seine Erfolge nicht einfach der Überlegenheit seiner Pferde, sondern vor allem dem eigenen Können zu verdanken hatte.

Seit Caligula wurden an einem Spieltag 24 Rennen (*missus*) gefahren. Vorher scheinen es in der Regel zehn gewesen zu sein. Einschließlich Auslosung, Siegerehrung und einer kurzen Pause, während der die Arena wieder in Ordnung gebracht wurde, wird man ein Rennen mit etwa einer halben Stunde veranschlagen können, so daß die Rennen sich über den ganzen Tag hinzogen. In flavischer Zeit gab es auch Tage mit 30 Rennen und mehr, Domitian ließ bei den *ludi saeculares* 88 n. Chr. sogar 100 Rennen an einem Tag fahren, die allerdings aus nur 5 Runden bestanden. Der Normalfall dürften aber auch in der Spätantike noch 24 Rennen zu 7 Runden gewesen sein, wie aus einer Bemerkung Cassiodors hervorgeht.

Zum Abschluß dieses Kapitels sei die detaillierteste und lebendigste Schilderung eines Wagenrennens zitiert, die uns die Antike hinterlassen hat. Sie stammt von dem im 5. Jahrhundert n. Chr. schreibenden Sidonius Apollinaris. Zwar handelt es sich um ein im Palastcircus von Ravenna von Amateuren gefahrenes höfisches Wagenrennen, das Consentius, ein Freund des Dichters, gewinnt, aber der geschilderte Ablauf entspricht mit nur kleinen Abweichungen dem eines professionellen Circusrennens.

„Phoebus begann ein neues Jahr zu umrunden und der doppelgesichtige Ianus brachte wieder seine Kalenden, an denen die Beamten ihre curulischen Stühle einnehmen [1. Januar]. An diesem einen Tag pflegt der Kaiser zweimal Spiele zu geben, die sie private nennen. Dann liefert sich eine Schar von jungen Männern, alle vom Hof, ein grimmiges Abbild der Olympischen Spiele und ihre Quadrigen schwärmen über die Bahn. Und schon ruft dich die Losurne und das dumpfe Getöse der pfeifenden Runde begrüßt dich. Dort wo das Tor ist und der Sitz der Consuln sich befindet, die auf beiden Seiten im Bogen eine Wand mit je sechs verschlossenen Ställen umgibt, bestimmt dir das Los einen von vier Wägen und du besteigst ihn, die hängenden Zügel ergreifend. [Da die Gespanne vom Kaiser gestellt werden, entscheidet das Los hier nicht nur über die Startbox, sondern auch über die Pferde, die der Fahrer erhält.] Dein Partner [*col-*

*lega*, da es ein Einerrennen ist, arbeiten je zwei Gespanne unterschiedlicher Farbe zusammen] tut das gleiche und ebenso die Gegenseite. Hell schimmern die Farben, weiß und blau, grün und rot [auch hier die üblichste Kombination], eure Abzeichen. Des Stallburschen Hände halten Maul und Zügel, sie bändigen in biegsamen Flechten die lockigen Mähnen, und dabei ermahnen sie die Pferde, kraulen und tätscheln sie und bringen die Vierfüßigen zu leidenschaftlicher Erregung. Diese schnauben an die Tore und drücken gegen die verriegelten Flügel, während ihr Atem durch die Bretter dampft und die Bahn schon vor dem Rennen erfüllt. Sie schlagen, sie tänzeln, sie ziehen, sie sind widersetzlich, sind hitzig, sie machen Sprünge, sie haben Furcht und sie werden gefürchtet; keinen Augenblick halten sie ihre Beine still, sondern trommeln mit unruhigem Huf gegen das harte Holz. Endlich ruft der Tubabläser mit dem schmetternden Klang seines Instruments die aufgeregten Quadrigagespanne und entläßt die schnellen Wägen ins Feld. Kein Schlag des dreigezackten Blitzes, kein Pfeil von des Skythen Bogensehne geschnellt, keine Bahn des rasch stürzenden Meteors und auch kein Hagelsturm bleierner Geschosse, der die wirbelnden Schleudern der Balearen verläßt, fuhr je in so rasender Schnelligkeit durch des Himmels luftiges Gewölbe, die Erde erbebt unter den Rädern und die Luft wird beschmutzt vom Staub, der auf der Spur aufgewirbelt wird. Gleichzeitig lassen die Fahrer die Peitsche sausen und führen die Zügel, und nun fegen sie dahin, weit hinausgelehnt aus dem Wagen mit waagrecht geneigter Brust, und schlagen die Jochpferde über die Schenkel, nicht auf den Rücken. Du kannst nicht sofort unterscheiden, ob die so kopfüber nach vorne gebeugten Lenker mehr von der Deichsel oder der Achse des Wagens gehalten werden. Nachdem ihr die offene Strecke des ersten Anlaufs durcheilt, entschwindet ihr den Augen wie im Fluge und die mit Kunst eingeengte Bahn hat euch verborgen, durch die der *euripus* seine lange niedrige Doppelmauer gezogen hat. Als alle wieder um die hintere *meta* biegen, überholte dein Partner die beiden anderen, die an dir schon vorbeigezogen waren. So warst du nach dem Gesetz der Rennbahn der Vierte. Die zwei, die in der Mitte fuhren, warteten auf den Moment, in dem jener erste vom Schwung zu weit nach rechts getragen würde, um dann mit einem nach innen gelenkten Wagen vorbeizudrängen, sobald er erst, die Zügel in Richtung auf das *podium* führend, auf der linken Seite Raum ließ. Du aber biegst dich in der Anstrengung, dein Vierergespann zu zügeln, und hältst dich mit größter Geschicklichkeit wohlweislich bis zur siebten Runde zurück. Die anderen jedoch treiben ihre Tiere mit Hand und Stimme an, mit jedem Schritt tropft der Schweiß der Fahrer und der dahinfliegenden Pferde auf die Erde. Das vielstimmige Getöse des anfeuernden Publikums läßt die Herzen schneller schlagen, und den Männern wie den Tieren wird es gleichermaßen heiß durch die Anstrengung und kalt durch die Furcht. So rennen sie die erste Runde, die zweite, die dritte, die vierte. In der fünften aber wendet der erste, der dem Druck der Folgenden nicht mehr gewachsen ist, seinen Wagen zur Seite, da er gemerkt hat, als er sein geschwindes Gespann antreiben wollte, daß seine Jochpferde erschöpft waren. Schon ist der Rücklauf der sechsten Runde passiert und alles scheint klar und die Masse schreit nach den Preisen. Die Gegner drehten vor dir, sich in Sicherheit wiegend und keinen Augenblick fürchtend, du könntest ihnen noch gefährlich werden, erneut die Runde – da parierst du plötzlich mit angezogenen Trensen und angespannter Brust deine Pferde durch, setzt den Fuß fest nach vorn und jagst dein rasendes Gespann los, wie es jener Wagenlenker machte, der im bebenden Pisa [=Olympia] den Oenomaus mit sich fortriß. Einer von den Gegnern, der gerade die *metae* so scharf und eng wie möglich umrunden will, wird von dir vorwärtsgescheucht, und er kann sein im plötzlichen Schwung durchgehendes Gespann in der Kurve nicht mehr unter Kontrolle halten. Du ziehst an ihm, der in wildem Durcheinander abdriftet, vorbei, indem du unbeirrt auf deiner Spur bleibst. Der andere, der schon den Beifall des Publikums genießt, ist dabei zu weit nach rechts an die Zuschauerreihen gefahren. Zu spät lenkt er nun seine Rosse schräg nach innen und treibt sie mit der Peitsche an, nachdem er seine Zeit vergeudet hat – in geradlinigem Anlauf überholst du auch diesen Gegner, der jetzt im

im 19. Jahrhundert den Interessen der Schafzüchter zum Opfer, die italienischen Eichen wurden tatsächlich in einem verheerenden Ausmaß zu Schiffen verarbeitet, aber nicht von den Römern und auch nicht von den Venezianern, die beide bereits eine durchdachte Waldwirtschaft betrieben, sondern von den Engländern und Franzosen im 18. und 19. Jahrhundert.

Es gab also keinen Mangel an jagdbarem Wild. Hasen, Hirsche, Rehe und Wildschweine waren die üblichsten Beutetiere für den berittenen Jäger. Grundsätzlich war die Jagd frei, doch konnten sich den mit der Großwildjagd verbundenen Aufwand, die Pferde, Hunde, Treiber und sonstigen Gehilfen, nur die wohlhabenderen Kreise leisten. Viele Reiche besaßen *saltuaria, vivaria* und *leporaria*, private Wildgehege, die als Tiergärten, aber auch als Beutereservoir für die Jagd dienten.

## DIE PRAXIS DER JAGD

Die Jagdmethoden der Römer kennen wir vor allem aus einer Fülle bildlicher Darstellungen. Als Waffen standen Pfeil und Bogen, Wurfhölzer, Schlaufenschleuder, Wurfspeer und Spieß zur Verfügung, bei der berittenen Jagd scheinen aber fast nur die beiden letzteren zum Einsatz gekommen zu sein. Ein beliebtes Hilfsmittel waren große Netze, in die man die Tiere trieb.

*Abb. 125, 153, 172* Der Jäger trug in der Kaiserzeit Tunica, Schuhe oder kurze Stiefel, meistens bis unter die Knie reichende Gamaschen aus Leder oder Leinen (*tibialia, fasciae crurales*) und häufig Kniehosen (*feminalia*). Ein Mantel mit oder ohne Kapuze kann diese Kleidung ergänzen. Bei *Abb. 165, 166* der Jagd auf gefährliches Wild wie Raubkatzen wurden auch Schilde verwendet, Helme oder Körperschutz kommen jedoch nie vor.

Die Pferde sind ähnlich aufgezäumt wie die des Militärs, der Schmuck an Brust- und Hinterriemen fällt meist spärlicher aus. Man muß dabei allerdings berücksichtigen, daß die Masse der Jagddarstellungen aus dem 3. und 4. Jahrhundert n. Chr. stammt, also deutlich später ist als die Hauptbildquellen zur Kavallerieausrüstung.

Unentbehrlicher Helfer bei der berittenen Jagd war der Hund, der das Wild aufzuspüren, aufzuscheuchen und zu hetzen hatte. Die berühmtesten Jagdhunde der Antike waren die lakonischen (spartanischen), die der Sage nach erstmals von Castor gezüchtet worden waren. Es handelte sich um vielseitig einsetzbare schnelle, kräftige Tiere, vermutlich eine leichte Doggenkreuzung. Sehr gesucht war auch der gallische *vertragus*, ein Windhund, der vornehmlich zur Hatz auf Hasen benutzt wurde. Andere Windhunderassen zur Jagd auf schnelles, flüchtiges Wild kamen aus Kreta und Sizilien. Der schwerste Jagdhund war der Molosser (Epeirote), eine Doggenart. Er wurde auf Eber und anderes Großwild angesetzt. Dem gleichen Zweck dienten die großen vorderasiatischen Hunde. Über das Aussehen der beiden italischen Rassen, der Umbrer und der Tuscer, wissen wir nicht Bescheid.

Gute Jagdhunde genossen eine intensive Ausbildung und waren sehr teuer. Sie trugen gewöhnlich breite Halsbänder, an denen die Hundeführer ihre Leinen befestigen konnten. Beim Anblick des Wildes wurden sie losgelassen.

*Abb. 125, 126, 154* Bei der Hasenjagd leistete der Hund meist die Hauptarbeit. Der Reiter folgte und nahm die Beute, die ihm sein vierbeiniger Gehilfe lebend oder tot überbrachte, entgegen, gelegentlich griff er aber auch selbst mit dem Wurfspeer ein. „Den schlauen Hasen auf mächtigem Roß niederzureiten", wie Martial es etwas spöttisch ausdrückt (Epigrammata, I.49,25), kommt uns ziemlich übertrieben vor, aber es scheint den zahlreichen Abbildungen nach ein recht beliebter Sport gewesen zu sein. Und kein ungefährlicher, da das Pferd beim wilden Galopp durch unübersichtliches Gelände leicht stolpern konnte: „Was helfen dir die Zügel, wenn du blindlings losprescht? Nur zu oft geschieht es den Jägern, daß der Reiter zu Boden geschmettert wird statt des Hasen." (Martial, Epigrammata, XII.14[,11–12])

›. 153 Rückkehr von der Hasenjagd. Der von Diener und Hund begleitete Jäger trägt kurzen Kapuzenmantel und wohl lederne ›naschen. Stolz hält er die Beute in der Rechten. Oberes Relief von einem Grabmal aus *Noviomagus* (Neumagen), 3. Jahrhundert ›hr. Trier, Rheinisches Landesmuseum.

EDERATVS
MVSTELA

SALTVARII
JANVS
CRESCONIVS
VERNACEL
ARCENTIVM
FIDELIS
LIBER·P·VII
CESS IONIVS
DIAZ
CASTVS
NEANTVS
LIBER
POMPEIANVS

*Abb. 156, 158, 164, 170* Rotwild versuchte man bei der Parforcejagd in ein großes aufgespanntes Netz zu treiben. Man konnte die Tiere dann entweder mit Wurfspeeren töten oder lebendig fangen.

*Abb. 157* Die Jagd auf den Eber und anderes gefährliches Wild wie Bären oder Löwen endete oft mit einem regelrechten Kampf, wenn das in die Enge getriebene, von Wurfspeeren verletzte Tier sich stellte. Zum mit beiden Händen ausgeführten Fangstoß mit dem Spieß saß man nach *Abb. 172* Möglichkeit ab.

Der Abtransport der Beute erfolgte dann mit einer Tragstange, an die das Tier gehängt wurde und die zwei Diener zu Fuß schleppten, oder mit einem schweren ochsengezogenen Karren *Abb. 166* (*plaustrum*).

Bei den *venationes* konnte das Pferd auf zweierlei Weise zum Einsatz kommen. Einmal beim Einfangen der wilden Tiere, indem man diese in Fallgruben, Netze und ähnliche Vorrichtungen trieb, und dann bei der öffentlichen Darbietung selbst. Tierkämpfe konnten zu Fuß oder zu Pferde ausgetragen werden. Der meist ungepanzerte *venator* reizte seinen Gegner – Bär, Eber, Raubkatze, Stier oder was immer es sei – und tötete ihn dann unter möglichst eindrucksvoller Demonstration seiner Geschicklichkeit. Der portugiesische Stierkampf gibt heute noch einen guten Begriff von der Art solcher Vorführungen. Allerdings dürfte die Sache für den römischen *venator* noch um einiges riskanter gewesen sein, vor allem wenn er es mit Raubkatzen zu tun hatte. Im Gegensatz zur Jagd auf freier Wildbahn war die öffentliche *venatio* die Aufgabe von professionellen Kämpfern und nicht von vornehmen Amateuren.

Große Treibjagden wurden wie ein militärisches Manöver angelegt, nicht selten dienten sie dem Militär als Großübungen, wie uns das der oströmische Kaiser Mauricius in seinem um 600 n. Chr. entstandenen „Strategikon" schildert: „Es ist wichtig, die Zahl der Reiter zu begrenzen, die pro Meile eine Formation bilden, so daß sie sich nicht im Wege stehen und durcheinandergeraten. 800–1 000 Reiter auf die Meile sind etwa angemessen. ... Die Linie setzt sich wie eine normale Phalanx in Bewegung, aber wenn man näher an das Wild kommt, müssen die Flügel schneller vorgehen, so daß die ganze Linie Halbmondform annimmt, wobei die hornartig vorgeschobenen Flügel sich einander nähern, bis sie sich berühren und das Wild einschließen. ... Sobald dem Wild die Flucht versperrt ist und die Hörner sich vereinigt haben, reiten sie aneinander entlang, der rechte Flügel bildet den inneren Kreis, der linke den äußeren. Indem beide Flügel ihre Spiralbewegung fortsetzen, wird das Wild immer mehr zur Mitte hin

◁ Abb. 154 Jagd auf Hase und Fuchs. Die Hunde *Ederatus* („Mit Efeu Bekränzter") und *Mustela* hetzen hinter den Beutetieren her, während zwei ihre Pferde mit Peitschen antreibende Jäger zu folgen suchen. Links unten der Hundeführer mit den leeren Leinen. Mosaik aus *Uthina* (Oudna in Tunesien). Tunis, Musée du Bardo.

Abb. 155 Hirschjagd mit Lasso. Mosaik aus Karthago. Tunis, Musée du Bardo.

Abb. 156 Hirschjagd mit dem Netz. Von Reitern und Treibern zu Fuß gehetzt, stürmen die Hirsche auf das Fangnetz zu. Detail von einem Sarkophagrelief. Rom, Musei Capitolini, Museo Nuovo.

Abb. 157 Wildschweinjagd. Der von einem Wurfspeer getroffene Keiler greift das, gleich dem Hund, sichtlich erschrockene Pferd an. Mosaik aus Rom, 4. Jahrhundert n. Chr. Rom, Antiquarium Comunale.

Abb. 158 Jagd im Gehege. Mosaik des 4. Jahrhunderts n. Chr. aus Oued Athménia bei *Cirta* (Constantine in Algerien), Original heute verschollen. Oben sind die Gebäude abgebildet, die das Wildgehege (*saltuarium*) begrenzen. Die drei Felder darunter zeigen die mit Namen bezeichneten Jäger am Werk. Man treibt Hirsche und Antilopen in Fangnetze. Obwohl es sich um verhältnismäßig harmloses Wild handelt, scheinen sowohl Jäger wie Pferde Schutzkleidung aus Leder und Filz zu tragen.

Abb. 159

Abb. 160

›b. 161 Kaiser Commodus auf
r Löwenjagd. Rückseite einer
ınze des Commodus. Paris,
›liothèque Nationale, Cabinet
s Médailles.

◁ Abb. 159 Kaiser Hadrian auf der Eberjagd. Einer von acht Relieftondi von einem unbekannten Monument, die in zweiter Verwendung am Constantinsbogen in Rom angebracht wurden. Der Kopf Hadrians wurde dabei durch den Constantins des Großen ersetzt und mit einem Nimbus versehen. Leider sind die Reliefs, die zu den hervorragendsten Leistungen des hadrianischen Klassizismus gehören, arg beschädigt. Die Tondi stellen den Kaiser beim Aufbruch zur Jagd, bei Opferhandlungen an Diana, Silvanus, Hercules und Apollo sowie auf der Bären-, Eber- und Löwenjagd dar. Sie dürften paarweise einander zugeordnet gewesen sein. Auf dem Eberjagdrelief sehen wir den Kaiser im fliegenden Galopp gegen das fliehende Beutetier den (verlorenen) Speer erheben.

◁ Abb. 160 Jäger zu Pferd. In der rechten Hand hat der Reiter einen Speer gehalten, um ihn nach einem rechts unter ihm laufenden Tier zu schleudern. Als Satteldecke dient ein Löwenfell, was auf eine hochrangige Persönlichkeit schließen läßt. Die traditionelle Identifizierung des Jägers mit Kaiser Commodus ist fraglich. 2. Hälfte 2. Jahrhundert n. Chr. Vatikan, Museo Pio Clementino.

zusammengetrieben. . .. Das Wild kann dann rasch erlegt werden, wobei der Innenraum groß genug sein muß, daß die Bogenschützen schießen können, ohne einander zu verletzen." (Strategikon, D)

Der intensive Einsatz von Pfeil und Bogen ist typisch für die spätrömische und oströmische Ära.

## DER JAGDHERR ZU PFERDE

Die Jagd, und besonders die berittene Jagd auf gefährliches Großwild hob die Teilnehmer über den Durchschnitt des Alltagslebens hinaus. Wilde Eber, Bären oder gar Löwen zu jagen, bedeutete, daß man es Hercules, Meleager, Hippolytus und anderen Heroen der Mythologie gleichtat. Schon im alten Orient war die Löwenjagd ein Privileg der Könige gewesen. Alexander der Große und die hellenistischen Herrscher knüpften an diese Tradition an, und schließlich traten auch die römischen Kaiser in ihre Fußstapfen. Von Hadrian an gibt es zahlreiche Darstellungen auf Münzen und Reliefs, die den Imperator hoch zu Roß auf der Eber- oder Löwenjagd zeigen. Es war dies aber nicht nur ein Topos herrscherlicher Ikonographie, wir wissen auch aus schriftlichen Quellen, daß Hadrian, Marcus Aurelius, Commodus und eine Reihe anderer Kaiser tatsächlich große Jäger waren.

Natürlich haftete dem Porträt des Herrschers als Jäger auch allegorische Bedeutung an. In der Überwindung der Bestie konnte man den Sieg der Kultur über die rohen Kräfte der Natur und der Barbarei, der Ordnung über das Chaos, des Lebens über den Tod erkennen. Von severischer Zeit an machten sich in wachsendem Maße auch Privatpersonen die symbolische Befrachtung des Jagdmotives zu eigen. Träger dieser Aussage waren die Sarkophagreliefs, neben dem Porträt die dominierende skulpturelle Gattung der Spätantike.

Am Anfang standen Szenen rein mythologischen Inhalts, Abschied und Eberjagd des Hippolytus, der Tod des Adonis im Kampf mit einem Keiler, die Jagd Meleagers und seiner Gefährten auf den Kalydonischen Eber. Wie sich in der ersten Hälfte des 3. Jahrhunderts n. Chr. aus der Darstellung dieser drei Mythen, „in denen Jagd, Liebe und Tod tragisch verbunden
*Abb. 167* sind", ein symbolisch auf die Person des Bestatteten bezogenes Bildprogramm entwickelte, ist von Bernard Andreae in allen Übergangsstufen erschlossen worden. Ausgangspunkt waren vor allem die Hippolytussarkophage. Das Relief zeigte, wie auch bei den sehr ähnlich aufgebauten Adonissarkophagen, zwei verschiedene Szenen, die durch einen Torbogen voneinander

Abb. 162 Opfer an Diana. Detail aus der „Kleinen Jagd" in Piazza Armerina (vgl. Abb. 113). Der Jagdherr opfert auf einem vor der Statue der Jagdgöttin aufgestellten Brandaltar. Die Kultstätte steht in einem kleinen Hain von Zypressen und Laubbäumen. Die Jagdgefährten des Opfernden halten ihre Pferde am Zügel fest. Alle tragen ungegürtete reich bestickte kurze Tunicen mit langen Ärmeln, geschlossene Schuhe und bis unter die Knie reichende Wickelgamaschen.

Abb. 163 Picknick der Jagdgesellschaft. Detail aus der „Kleinen Jagd" in Piazza Armerina. Die Jäger haben sich in einem Hain au Kissen um einen Tisch gelagert. Über ihnen ist zwischen den Ästen ein schattenspendendes Sonnensegel ausgespannt worden. Link hängt am Baum ein Fangnetz. Man speist gebratenes Geflügel und trinkt Wein. Im Vordergrund packen Diener die mitgebrachte Getränke und Speisen aus großen Körben. Die Pferde stehen mit ihren Longen an Bäumen festgebunden, richtigerweise ist die Anbi dung sehr hoch erfolgt, so daß sie sich nicht mit den Beinen in den Stricken verfangen können. Die bunte Färbung des Laubes deut an, daß sich die Szene im Herbst abspielt.

bb. 164 Treibjagd auf Hirsche. Zwei Reiter jagen drei Hirsche in ein aufgespanntes Fangnetz. Detail aus dem Kleinen Jadgmosaik in azza Armerina.

bb. 165 Jagd auf Raubkatzen. Detail des großen Fußbodenmosaiks aus der kaiserlichen Villa von Daphne bei Antiochia in Syrien, n 330 n. Chr. Die Pferde, vor allem das linke, zeigen deutliche Anzeichen des Erschreckens, auch ein Reiter hat seinen Schild rloren. Paris, Louvre.

Abb. 166 Expedition zum Einfangen von Raubkatzen. Detail aus der „Großen Jagd" in Piazza Armerina (vgl. Abb. 113). Im Gegens. zur Jagd auf harmloseres Wild sitzen die Jäger nun auf voll gesattelten Pferden und tragen Schilde. Im Vordergrund rollt e ochsengezogenes *plaustrum* mit Scheibenrädern heran, das zum Transport des schweren Materials und der gefangenen Beuteti dienen soll.

getrennt waren. Links sieht man den Helden Abschied nehmen und zur Jagd aufbrechen, rechts ist die Jagd selbst wiedergegeben. Begleitet von Virtus, der Verkörperung der männlichen Tugend, greift Hippolytus zu Pferde den von Neptun geschickten Keiler an. Der Betrachter weiß, daß das Reittier des Jägers scheuen und ihn zu Tode schleifen wird. Auf den Adonissarkophagen kommt dagegen der Tod des Helden durch den Eber unmittelbar zur Darstellung. Letztlich geht es aber nicht um den Tod, sondern um die Überwindung des Todes. Auf Bitten der Diana wird Hippolytus von Aesculap wieder zum Leben erweckt, Adonis darf auf Wunsch der Venus jedes Frühjahr zur Erde zurückkehren. *Abb. 168*

Auf dem um 230 n. Chr. in Rom entstandenen „Venatorsarkophag" wird erstmals der mythische Jäger durch den Verstorbenen selbst ersetzt. In der realistisch wiedergegebenen Kleidung eines *venator* nimmt er Abschied von Diana, um sich rechts in heroischer Nacktheit auf den Eber zu stürzen. Wir haben hier ein Beispiel für die stilbildende Beeinflussung eines Relieftyps durch die Praxis der öffentlichen Tierhetzen vor uns. Der nächste Schritt bestand darin, daß der vom Mythos geforderte Eber durch den Löwen, ein uraltes Symbol des alles verschlingenden Todes, ersetzt wurde. Der von dem Eber getötete Held der Adonissarkophage wurde als ein unter dem Löwen liegender Treiber beibehalten. Er symbolisierte Tod und Weiterleben. Man konnte dann auch die Abschiedsszene aufgeben und den linken Teil des Reliefs auf den sich zum Aufbruch anschickenden Grabinhaber mit seinem Pferdehalter reduzieren, der Torbogen wurde überflüssig. Das hatte wiederum zur Folge, daß man Virtus nicht einfach in Begleitung des Jägers nach rechts wegrennen lassen durfte, vielmehr wurde sie allmählich dem linken Bildteil zugeordnet und fungierte nun als Bindeglied zwischen beiden Szenen. Das entsprach der zentralen Bedeutung dieser Figur für die allegorische Aussage des ganzen Reliefs, denn in der Jagd bewährte sich die Mannhaftigkeit, die *virtus*, des Bestatteten. Noch deutlicher wurde dies, als man dazu überging, diesen in der Aufbruchsszene, seltener in der Jagdszene im Offizierspanzer abzubilden. Die *virtus* des Soldaten verbindet sich mit der des Reiters und Jägers. *Abb. 169*

Die Darstellung des Grabinhabers in Offiziersausrüstung läßt Rückschlüsse auf den Kreis der Besteller dieser immer monumentaler werdenden Sarkophage zu. Man darf sie wahrscheinlich unter den führenden Militärs des Reiches suchen. Eine kleinere Abart der Löwenjagdsarkophage, auf der die Aufbruchsszene fortgelassen ist und der Verstorbene nur einmal, als Reiter, abgebildet ist, zeigt niemals die Rüstung und dürfte für hohe zivile Beamte bestimmt gewesen sein.

Im späten 3. Jahrhundert verlieren die Löwenjagdsarkophage allmählich ihre Exklusivität. Sie werden jetzt auch häufig für Kinder hergestellt. In das Bildprogramm drängen sich zunehmend volkstümlich-realistische Elemente aus dem Bereich der Tierhetzen, von constantinischer Zeit an aber vor allem aus dem der Treibjagd. Die Gestalt der Virtus verschwindet, der Löwe wird durch Eber und Hirsch ersetzt. Nach 330 kommen nur mehr Treibjagdsarkophage vor, die, zumindest vordergründig, keine mythischen oder allegorischen Bezüge mehr haben. Man darf aber davon ausgehen, daß der Ritt des Jägers nach wie vor als ein Gleichnis auf die Bewährung im Leben angesehen wurde. Das Netz, in das man den Hirsch treibt, symbolisiert den Tod. Das wird durch das Kapuzenmännchen, das am Netz kauert, verdeutlicht. Der Jagdgesellschaft pflegt ein weiterer *genius cucullatus* vorauszureiten und sie zu ihrer Bestimmung, dem Tode, zu bringen. Der Sieg über das Beutetier ist aber, wie auf den Löwenjagdsarkophagen, wieder ein Zeichen für die Überwindung des Todes. Das erklärt die triumphierende Gebärde, mit der der Jagdherr und Grabinhaber inmitten des auf das Netz zustürmenden Figurengewimmels dahingaloppiert. Er entspricht damit dem siegreichen Reiter auf den Kavalleriegrabsteinen und auf den Schlachtensarkophagen, ein Sieger über den Tod. *Abb. 156, 170, 172* *Abb. 171*

Abb. 167 Hippolytussarkophag aus dem „Bunten Grab“ an der Via Latina, um 220 n. Chr. Vatikan, Museo Gregoriano Lateranense.

Abb. 168 „Venatorsarkophag“. Rom, um 230 n. Chr. Rom, Palazzo Lepri Gallo.

Abb. 169 Löwenjagdsarkophag. Rom, um 260 n. Chr. Links steht der Grabinhaber, ein hoher Offizier, im Panzer zwischen dem vo einem jungen Diener gehaltenen Pferd und der zur Jagdszene blickenden Virtus. Ein Erote zu seinen Füßen hält ihm einen Helm hi Symbol der kriegerischen *virtus*. In der Mitte reitet der Verstorbene im Jagdgewand mit erhobenem Speer auf den ihn anspringende Löwen los, der bereits einen der Jagdbegleiter niedergestreckt hat. Der Reimser Löwenjagdsarkophag gilt als der Höhepunkt in de Entwicklung dieses Typus. Reims, Musée Saint-Remi .

·b. 170 Jäger, Hirsche und *genius cucullatus* am Fangnetz. Detail von einem Treibjagdsarkophag des 4. Jahrhunderts n. Chr. tsdam, Staatliche Gärten und Schlösser.

·b. 171 Der Jagdherr zu Pferde. Detail von einem Treibjagdsarkophag des 4. Jahrhunderts n. Chr. Rom, Musei Capitolini, Museo ιovo.

Abb. 172 Treibjagdsarkophag, 4. Jahrhundert n. Chr. Berittene Jäger und Hunde treiben Hirsche in ein Fangnetz, links erlegt ein Jäg zu Fuß einen Eber mit dem Spieß. Der Jagdherr und Grabinhaber galoppiert in der Mitte der Komposition, der Jagdgesellschaft vora reitet rechts ein *genius cucullatus*, ein zweiter dieser unheimlichen Begleiter lauert zusammengekauert am Fangnetz, das den T symbolisiert. Der Sarkophag wurde von einem Christen in Auftrag gegeben, wie aus den Motiven des oberen Relieffrieses (Anbetu der Könige, Moses schlägt Wasser aus dem Felsen, Jonas und das Seeungeheuer) hervorgeht. Osimo, Dom.

A
ENTIS
OC.
A
CLI.

C ROMANIVS
EQ ALAE NORIC
CLAVD CAPITO
CELEIA AN XL STIP XIX
H S E H EX T F C

). 178

Abb. 179

). 180 Lucius Verus als Reitersieger über die Parther. Rückseite
er Medaille des Lucius Verus, 166 n. Chr. Vatikanische Museen.

Mit Ausnahme dieses Reliefs bleibt der vom Grabinhaber niedergestreckte Barbar immer anonym, in aller Regel wird er wohl eine fiktive Figur sein. Die eigentliche Aufgabe des Kompositionsschemas besteht darin, den Verstorbenen zu heroisieren, ihn in seiner Idealgestalt als siegreichen Kämpfer festzuhalten.

*Abb. 176* Der Ursprung dieser Art von Grabreliefs liegt zweifellos in Griechenland. In klassischer und frühhellenistischer Zeit erfreuten sich dort Stelen mit Reitersiegerreliefs großer Beliebtheit. Die bekannteste von ihnen ist die des 394 v. Chr. im Korinthischen Krieg gefallenen Dexileos vom Athener Kerameikos. Der Verstorbene sprengt mit zum Stoß erhobenem Speer über den am Boden kauernden und sich mit einem Schild zu decken suchenden Gegner hinweg. Im 3. Jahrhundert v. Chr. macht im hellenistischen Bereich jedoch der den Feind überwindende Sieger dem im ruhigen Schritt reitenden Heroen Platz. Dagegen ist der ältere Darstellungstyp auf Grabsteinen in Italien noch weiterhin belegbar.

Oberitalische Bildhauer dürften es auch gewesen sein, die in iulisch-claudischer Zeit im Rheinland den charakteristischen römischen Reitergrabstein schufen. Zunächst scheint nur der Wunsch bestanden zu haben, den Verstorbenen in seiner Eigenschaft als Kavallerist zu charakterisieren. Die frühesten dieser Steine aus Mainz zeigen jedenfalls noch den Reiter allein, ohne *Abb. 177–179* *calo* und ohne besiegten Gegner. Bald aber stellte sich die griechisch-hellenistische Bildtradition ein und es entstand die bekannte Komposition des über den Barbaren triumphierenden Reiters. Vom Rheinland breitete sich der Typ nach Britannien, ins Donaugebiet und nach Nordafrika aus, der östliche Mittelmeerraum blieb jedoch weitgehend unberührt, ein deutliches Zeichen dafür, daß das Motiv nicht direkt von dort übernommen worden war.

Das Bild des den Gegner überreitenden Siegers bot sich zur Monumentalisierung an. Hellenistische Reiterdenkmäler zeigten das Pferd meist in der Levade, also sich leicht bäumend, als würde es dazu ansetzen, über einen Gegner hinwegzusprengen. Der Reiter holte mitunter auch zum Stoß aus, ob sich unter ihm jedoch tatsächlich ein Feind befand, ist unsicher. Frühe römische Reitermonumente scheinen vielfach von gleicher Art gewesen zu sein. Ein Münzbild mit *Abb. 207* der Wiedergabe eines Standbildes des älteren Drusus läßt deutlich erkennen, daß der auf levadierendem Pferd sitzende Feldherr die Lanze zum Stoß gegen einen imaginären Barbaren *Abb. 180, 182* erhob. Auf den Münzen der Kaiserzeit wurde der Imperator immer wieder als Reitersieger abgebildet, doch dürfte es meist keinen Bezug zu realen Denkmälern mehr gegeben haben.

Aber der Typ ging in die kaiserliche Repräsentationskunst in einer anderen Form ein, nämlich als Teil einer größeren Schlachtenkomposition. Vorbild war das Gemälde des Philoxenos, *Abb. 181* von dem wir in Form des Alexandermosaiks aus Pompeii noch eine Kopie besitzen. Man kann das Bild als das früheste uns bekannte Schlachtengemälde im vollen Sinne des Wortes bezeichnen. Es bildet nicht zuletzt eine perfekte Verschmelzung des Wunsches nach symbolischer, möglichste Personalisierung des Konflikts anstrebender Überhöhung der Wirklichkeit einerseits und der Absicht zu realistischer Dokumentation des historischen Ereignisses andererseits. Dargestellt ist die entscheidende Episode der Schlacht bei Issos, als Alexander der Große an der Spitze seiner Reiter die persischen Linien durchbrach und den Großkönig in die Flucht trieb, ein tatsächliches Ereignis also, das, wie selten eines, den dramaturgischen Bedürfnissen der Schlachtenmalerei entgegenkommt, ohne daß der Wirklichkeit allzu sehr Gewalt angetan zu werden bräuchte. Dementsprechend dominiert der Eindruck der realistischen Momentaufnahme, die idealisierenden Aspekte ergeben sich fast von selbst, sind vom Künstler aber geschickt herausgearbeitet.

In seiner vom fragmentarischen Erhaltungszustand der linken Bildhälfte noch zusätzlich betonten Isoliertheit ist es Alexander persönlich, der die Entscheidung herbeiführt. Mit seiner langen Lanze stößt er gewissermaßen stellvertretend für das feindliche Heer einen persischen Reiter nieder und jagt den Großkönig in die Flucht. Seltsam emotionslos, fast seherisch in die Ferne blickend, kommt Alexander wie ein unaufhaltsames Schicksal über seine Gegner.

ıbb. 181 Die Alexanderschlacht. Mosaik des 1. Jahrhunderts n. Chr. nach einem Gemälde des Philoxenos aus dem späten 4. Jahrhun-
ert v. Chr. (Ausschnitt). Vermutlich ist die Schlacht bei Issos 333 v. Chr. dargestellt, bei Gaugamela spielte sich zwei Jahre später
lerdings ein ähnlicher Zwischenfall ab. In reichgeschmücktem Klappenpanzer, aber barhäuptig prescht der junge Makedonenkönig
on links ins Bild und durchbohrt mit seiner langen Lanze einen Perser auf zusammenbrechendem Pferd. Nach rechts jagt der persische
roßkönig in einem hochrädrigen Wagen davon. Das Mosaik wurde im Jahre 1831 im Haus des Fauns in Pompeii gefunden und
efindet sich heute im Museo Nazionale Archeologico von Neapel.

ıb. 182 Kaiser Traian als Reitersieger. Der Herr-
her ist als Überwinder der Daker dargestellt.
ickseite eines Aureus des Traian, 103–111 n. Chr.
ailand, Medagliere Nazionale die Brera presso le
viche Raccolte Numismatiche.

Abb. 183 Rekonstruktion eines der Reiterdenkmäler von Cartoceto (sogenannter Nero Caesar). Florenz, Palazzo della Gherardesc
Società Metallurgica Italiana.

ɔb. 184 Pferdekopf von einem der beiden Reiterdenkmäler aus Cartoceto. Vergoldete Bronze, 1. Drittel 1. Jahrhundert n. Chr. ncona, Museo Nazionale Archeologico.

Abb. 185 Reiterstandbilder auf dem Forum von Pompeii. Wandgemälde aus der Villa der Iulia Felix, Mitte 1. Jahrhundert n. Chr. D Bild gibt einen Begriff davon, in welcher Dichte die Reiterdenkmäler vornehmlich des Ritteradels die öffentlichen Plätze vieler Städ Italiens bevölkerten. Sie standen gewöhnlich vor den Gebäuden am Rande der Plätze wie hier vor einer girlandengeschmückte Colonnade. An den Sockeln ist ein querliegendes langes Brett befestigt, auf das eine öffentliche Bekanntmachung geschrieben se dürfte, die von den Männern im Vordergrund gelesen wird. Neapel, Museo Nazionale.

Dieses bahnbrechende Bild, das einflußreichste Schlachtenbild, das je geschaffen wurde, hat allen hellenistischen und römischen Kampfdarstellungen seinen Stempel aufgedrückt. Die eindrucksvollste, in vielem eigenständige Version, die die Römer hinterlassen haben, ist der große traianische Schlachtenfries, den Constantin der Große später an seinem Triumphbogen anbringen ließ. Der gewaltige Fries, dessen ursprünglichen Aufstellungsort wir nicht sicher kennen, ist mit einer Länge von mindestens 30 m einer der größten, die wir aus dem Altertum besitzen. Das Schlachtengetümmel wird von dicht zusammengedrängt stehenden Gruppen unterbrochen und rhythmisiert. Im Gegensatz zur Alexanderschlacht wird nicht der Eindruck einer objektiven Ereignisdarstellung suggeriert, vielmehr haben wir es mit einem ganz offenkundigen Gemenge aus realistischen und symbolischen Elementen zu tun. Das Zentralstück der Komposition, das alles niederwerfende persönliche Eingreifen des fast fünfzigjährigen Kaisers, ist kein faktisches Geschehnis, sondern eine grandiose Allegorie. Begleitet von Feldzeichenträgern zu Fuß, bricht Traian auf seinem Roß mit einem Impetus, mit einer alles zur Seite wirbelnden unwiderstehlichen Vehemenz in die Daker ein, deren Dynamik ihresgleichen sucht in der Kunstgeschichte. Einer der Gegner kauert sich unter den Pferdehufen zusammen, ein anderer, auf die *clementia* des Siegers hoffend, schickt sich an, sich dem Kaiser zu unterwerfen, den Rest fegt die Wucht der Attacke vor sich her. *Abb. 186, 187, 188* *Abb. 186*

Die Alexanderschlacht war nicht das einzige hellenistische Gemälde, das den römischen Künstlern als Vorbild diente. Großen Einfluß übte vor allem ein in der ersten Hälfte des 2. Jahrhunderts v. Chr. entstandenes Bild des Phyromachos aus, das den Kampf der Attaliden von Pergamon gegen die keltischen Galater zum Gegenstand hatte. Es ist verloren, doch konnte Bernard Andreae durch die Analyse mehrerer römischer Reliefs, die zwar keine Kopien sind, aber deren Schöpfer sich einzelner Figurengruppen als Versatzstücke bedienten, viele Details und das Prinzip der Gesamtkomposition erschließen. *Abb. 190*

Die „Alexanderschlacht" erhielt ihre Spannung und ihre Geschlossenheit durch den Zweikampfcharakter, der das Bild beherrscht. Von links sprengt der siegreiche Alexander heran – die Identifikationsfigur kommt immer von links, ein Grundsatz, der heute noch in Filmen häufig befolgt wird –, rechts ergreift Darius mit seinem Gefolge die Flucht. Der Rest der Schlacht ist in den Hintergrund gedrängt. Eine andere Möglichkeit besteht darin, die Vielzahl der Kämpfe, das Wogen der Schlacht zu betonen. Friese mit ihrer im Verhältnis zur Höhe großen Längenausdehnung legten eine Gestaltung in dieser Art nahe. Sie bestanden aus einer Aneinanderreihung von locker verbundenen Zweikampfszenen. Der Ausdruck „Zweikampf" ist nicht wörtlich zu verstehen, die kleinen Gruppen von Kämpfern können auch einmal aus drei oder mehr aufeinander bezogenen Figuren bestehen. Die Pydnastele des Aemilius Paullus von 168 v. Chr. ist ein gutes Beispiel für einen derartigen Fries. *Abb. 189*

Die Neuerung des Phyromachos bestand nun darin, daß er den Fries von aneinandergereihten Zweikämpfen aufbrach in in sich geschlossene, plastisch komponierte und mit möglichst großer Abwechslung gestaltete Blöcke von Kämpfern. Sie erhielten ihre Tiefe nicht nur, indem sie perspektivisch ineinander verschränkt wurden, sondern auch, indem die Bewegungsachsen der einzelnen Figuren und Gruppen nicht mehr parallel zur Bildfläche verliefen, vielmehr verschiedene, schräg gegeneinander gesetzte Winkel bildeten. Die sehr viel bewegtere, dynamischere Wirkung, die auf diese Weise erzielt wurde, möge der Vergleich zweier provinzialrömischer Arbeiten der frühen Kaiserzeit verdeutlichen. Die Kampfreliefs am Iuliermonument von Saint-Rémy, die aus dem späten 1. Jahrhundert v. Chr. stammen, sind zweifellos nach hellenistischen Vorbildern angefertigt worden. Das schließt eigenständige Abänderungen und Zusätze durch die gallorömischen Bildhauer natürlich nicht aus. Die in allen möglichen Winkeln zum Betrachter dahinpreschenden, aus dem Raum hervorbrechenden, in diesen wieder zurücktauchenden Reiter ergeben einen plastischen Effekt von wirbelnder Dramatik, wie das dem Wesen eines Reitermêlées angemessen ist. *Abb. 190* *Abb. 191*

Abb. 186 Traian besiegt die Daker. Mittlerer Teil des großen traianischen Frieses am Constantinsbogen in Rom, 106–117 n. Chr.

FVNDATORIQVIETIS

FIERI·ET·CONSECRARI·IVSSIT
EX·AVRI·P·III·ET·ARG·P·CCVI

Abb. 193 Fragment von einem rheinländischen Reiterschlachtenfries aus Arlon in Luxemburg, Mitte 1. Jahrhundert n. Chr. Arlon, Mus Luxembourgeois.

Abb. 194 Barbarenschlacht. Relief von einem Sarkophag aus Poronaccio, um 190 n. Chr. Das Kampfgewoge ist links und rechts v je einem Tropaeum (rechts mit Maskenhelm) und einem Paar mit ergreifendem Mitgefühl porträtierter gefangener Barbaren eingefa Rom Museo Nazionale Romano.

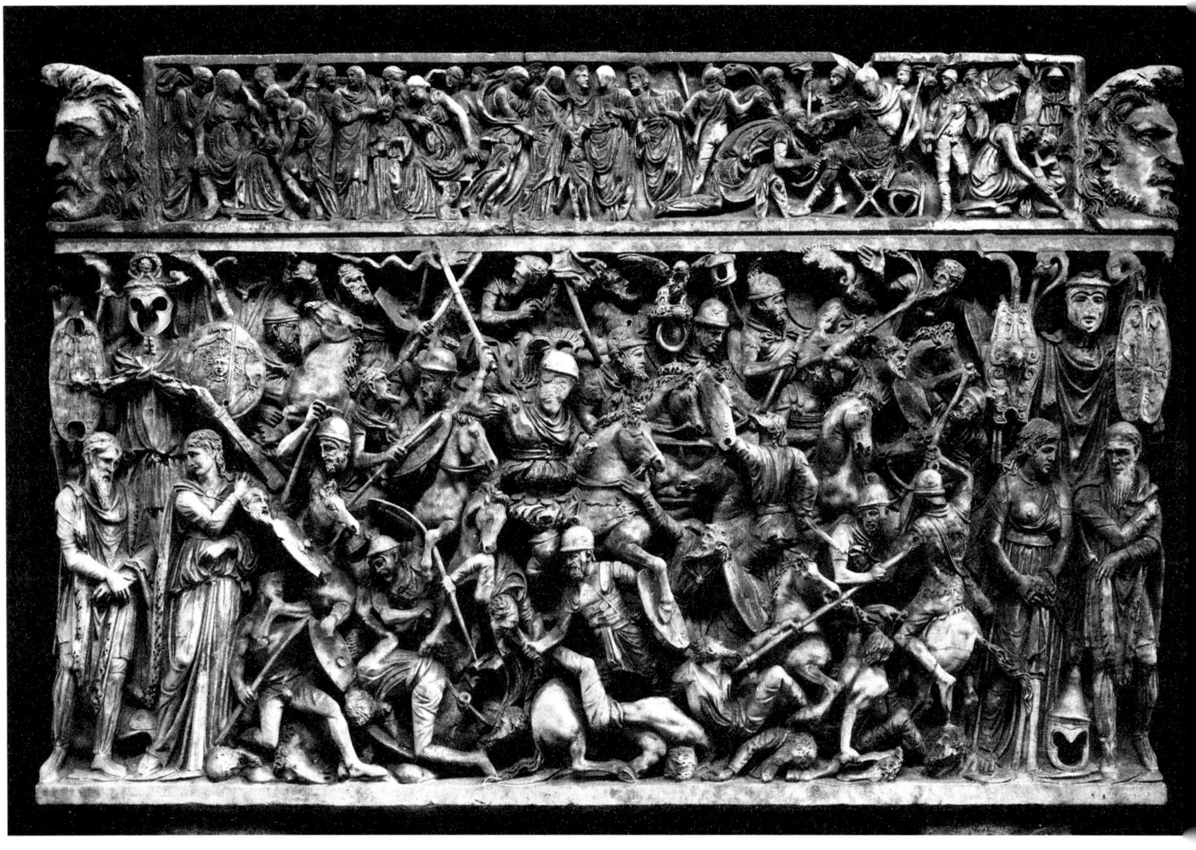

den späten Treibjagdsarkophagen erinnert. Auch er ein Sieger über das Leben und über den Tod.

So großartig diese Reiterkampfdarstellungen sind und so überzeugend sie die Stimmung in dem zerrissenen und um sein Überleben kämpfenden Reich wiedergeben, realistische Abbildungen der damals stattfindenden Kampfhandlungen sind sie ganz und gar nicht. Weder hat die klassizistisch idealisierte Ausrüstung viel mit dem tatsächlichen Aussehen der römischen Soldaten des 3. Jahrhunderts zu tun, wenn sich auch einige aktuelle Details wie die Drachenstandarte zwischen die sich sonst vollkommen in die jahrhundertealten Konventionen fügenden Requisiten verirrt haben, noch wird der leiseste Versuch unternommen, taktische Formationen und Verfahrensweisen zu dokumentieren. Ältere Darstellungen wie der traianische Fries oder die Reitergrabsteine waren bezüglich der Waffen, der Ausrüstung und der Kleidung zwar ungleich zuverlässiger, zur Kenntnis der Taktik tragen sie aber auch kaum etwas bei. Es gab bei den Römern nichts, was etwa dem „kartographischen" Schlachtenbild der Barockzeit entsprechen würde. Das Steinrelief ist wenig geeignet, hundert- und tausendköpfige Schlachtordnungen wiederzugeben, und der Körperlichkeit und Individualisierung anstrebende griechische Einfluß wies ohnehin in eine ganz andere Richtung.

Dem dokumentarischen Schlachtenbild am nächsten kommen die Darstellungen auf der Traians- und Marc-Aurel-Säule. Aber selbst hier finden wir nur eine einzige taktische Formation *Abb. 21,* abgebildet, eine von Legionären gebildete „Schildkröte". Ansonsten wird fortwährend das prä- *173* sentiert, was die taktischen Führer tatsächlich vermeiden wollten, solange es nur ging, nämlich das ungeordnete Einzelgefecht, das Mêlée. In der neuzeitlichen Schlachtenmalerei ist das gar nicht so sehr viel anders. Die meisten Bilder zeigen wilde Handgemenge mit Bajonett und Säbel, die zwar in Wirklichkeit eher die Ausnahme bildeten, für den Künstler und sein auf dramatische Effekte wartendes Publikum aber das lohnendere Sujet darstellten als das Gefecht in Reih und Glied. Besonders gilt das für das Reitergefecht, dessen mitreißende Dynamik am wirkungsvollsten zum Ausdruck kommt, wenn Roß und Reiter sich ungehemmt vom Reglement austoben dürfen. Nicht umsonst dominiert auf den Schlachtensarkophagen und den meisten anderen römischen Kampfreliefs die Kavallerie in höherem Maße, als sie es auf den Schlachtfeldern tatsächlich getan hat. Das wogende Reitergefecht war das überzeugendste Sinnbild des Krieges in seinem großartigen und erschreckenden Chaos, der Reitersieger die eindrucksvollste Verkörperung des Soldaten und Feldherrn.

Abb. 195 Barbarenschlacht. Relief des Großen Ludovisischen Schlachtensarkophages, um 260 n. Chr. Rom, Museo Nazionale Romano
Sammlung Ludovisi.

Abb. 197

Abb. 198

Abb. 199

Abb. 200

Abb. 201

Abb. 202

63

sollte in propagandistisch wirksamer Weise das ehrwürdige Alter dieser Familien und die bedeutende Rolle, die sie schon seit langem im Staatsleben gespielt hatten, belegt werden. Der Umstand, daß etwa den großen Feldherren der Punischen Kriege nicht vor dem 1. Jahrhundert v. Chr. in Rom Reiterdenkmäler gesetzt wurden, ist ein weiterer Beweis dafür, daß die Statuen der Aemilier und Marcier nicht in eine frühere Epoche zurückreichen können.

Die ersten derartigen Monumente römischer Feldherren scheinen nicht in Rom, sondern an den heiligen Orten Griechenlands, in Olympia und Delphi, aufgestellt worden zu sein. Sie waren zweifellos das Werk griechischer Bildhauer, wie die ganze Denkmalsgattung eine Schöpfung der Griechen war und nicht etwa der östlichen Reitervölker wie der Skythen und Perser. 146 v. Chr. brachte Quintus Caecilius Metellus Macedonicus nach seinem Sieg über Andriskos von Makedonien eine erbeutete Gruppe von nicht weniger als 25 bronzenen Reiterstandbildern nach Rom, wo sie in der von ihm erbauten *porticus*, der späteren *Porticus Octaviae*, am Circus Flaminius, zur Aufstellung gelangten. Es handelte sich um Werke des Lysippos, die im Auftrag

◁ Abb. 197 *Profectio* des Marcus Aurelius und des Lucius Verus. Rückseite einer Medaille des Jahres 162 n. Chr. Die beiden Kaiser reiten mit Lanzen bewaffnet in den Krieg, je ein Feldzeichenträger geht ihnen voraus, einer folgt ihnen. Die Medaille wurde anläßlich des Aufbruches des Lucius Verus in den Partherkrieg herausgegeben. London, British Museum.

Abb. 198 Heimkehr Kaiser Iustinians als Sieger. Rückseite einer Goldmedaille Iustinians, um 534 n. Chr. Der Medaille dürfte ein in einem Epigramm beschriebenes wirkliches Reiterdenkmal Iustinians zugrunde liegen, dem eine Victoria beigegeben war. Iustinian reitet, gepanzert, die Lanze in der Hand, mit Diadem und Nimbus, auf einem reichgeschmückten Roß, Victoria mit geschultertem Tropaeum eilt ihm voraus. Paris, Bibliothèque Nationale, Cabinet des Médailles.

Abb. 199 *Adventus* Constantins des Großen. Rückseite einer Medaille Constantins aus dem Jahre 313 n. Chr. Sie wurde anläßlich der Ankunft des Kaisers in Mailand herausgegeben. Dem Kaiser geht Victoria voraus, Virtus (?) mit einem Feldzeichen folgt. Paris, Bibliothèque Nationale, Cabinet des Médailles, Beistegui Collection.

Abb. 200 Reiterstatue des Q. Marcius Rex als Erbauer bzw. Erneuerer der *Aqua Marcia*. Rückseite eines Denars der *gens Marcia*, um 75 v. Chr. Die Statue dürfte damals von den Marciern als angeblicher Ersatz für eine ältere (Q. Marcius Rex war 144 v. Chr. Praetor) auf dem Aquaeduct errichtet worden sein, letztlich aber König Ancus Marcius, einem angeblichen Vorfahren des Geschlechts gegolten haben, der das Bauwerk zuerst angelegt haben soll. London, British Museum.

Abb. 201 Reiterstatue des M. Aemilius Lepidus als siegreicher Krieger. Rückseite eines Denars der *gens Aemilia*, um 75 v. Chr. In der römischen Frühzeit soll dieser sagenhafte Vorfahr der Aemilier noch als halbes Kind einen Feind erschlagen haben. Auf dem Münzbild sieht man den Helden mit geschultertem Tropaeum heimkehren. Auch hier handelt es sich um die „Wiedererrichtung" eines fiktiven alten Denkmals. Hannover, Kestner-Museum, Münzkabinett.

Abb. 202 Reiterstatue des L. Cornelius Sulla Felix. Rückseite eines Aureus des Sulla, um 81 v. Chr. Der Dictator sitzt mit der *trabea* bekleidet in der Geste der *adlocutio* auf dem stehenden Pferd. Die Sullastatue ist das erste gesicherte Reiterdenkmal in Rom. London, British Museum.

Abb. 203, 204 Torso eines Reiters im Klappenpanzer und Teil eines Pferdes. Fragmente von Reiterdenkmälern aus Lanuvium, um 60 v. Chr. London, British Museum.

Abb. 205 Reiterstatue des Marcus Nonius Balbus maior. Das in die Mitte des 1. Jahrhunderts n. Chr. gehörende Denkmal wurde zusammen mit dem seines Sohnes in Herculaneum gefunden. Der Adelige trägt Panzer, Schwert, *paludamentum* und *calcei*. Neapel, Museo Nazionale.

Alexanders des Großen entstanden waren und seine in der Schlacht am Granikos 334 v. Chr. gefallenen Gardereiter zeigten. Von dieser Statuengruppe dürfte die Begeisterung für Reiterdenkmäler herrühren, die den römischen Adel im 1. Jahrhundert v. Chr. ergriff.

Den Anfang machte, wie erwähnt, Sulla. Sein Ende der 80er Jahre errichtetes Standbild, das wir von einer Münzdarstellung her kennen, war nicht vom hellenistisch-bewegten Typ, sondern zeigte den Dictator auf stehendem Pferd. Drei Jahrzehnte später waren die Reiterstandbilder auf den öffentlichen Plätzen Roms so zahlreich geworden, daß Cicero von wahren *turmae*, Eskadronen, von vergoldeten Reitern sprechen konnte. Quintus Caecilius Metellus Pius Scipio, ein von den Metellern adoptierter Scipione, soll bei der Aufstellung seiner „*turma Metelli*" im Eifer sogar die Schrifttafeln für die Statuen seiner Ahnen verwechselt haben. *Abb. 202*

Die Mehrzahl der spätrepublikanischen Denkmäler dürfte den Reiter auf levadierendem Pferd gezeigt haben. Die einzigen Originale, von denen Reste erhalten geblieben sind, stammen aus Lanuvium bei Rom. Man fand dort in einer Porticusanlage die Fragmente von sieben Reiterstandbildern aus Marmor. Die Männer trugen alle Offizierspanzer und saßen auf levadierenden Pferden. Vermutlich wurde die Gruppe von L. Licinius Murena, der 62 v. Chr. Consul war, in Auftrag gegeben und stellte ihn und sechs andere Mitglieder seines in Lanuvium beheimateten Geschlechts dar, die es zur Praetorenwürde gebracht hatten. *Abb. 203, 204*

In der Kaiserzeit waren die Reiterstandbilder der örtlichen adeligen Familien ein vertrauter Anblick in allen Städten Italiens. Stets handelte es sich um Angehörige des an Macht gewinnenden Ritteradels. Die Zahl solcher Monumente konnte auch in kleineren Städten recht beachtlich sein, wie die Überreste in Pompeii und Herculaneum zeigen. Im Laufe des 1. Jahrhunderts n. Chr. tritt der hellenistische Typ mit levadierendem Pferd weitgehend zurück hinter dem spezifisch römischen mit gravitätisch schreitendem Reittier, der sich in spätrepublikanischer Zeit neben jenem herausgebildet hatte. *Abb. 185, 205*

Maßgeblich für diese Entwicklung war das kaiserliche Standbild, das in der Hauptstadt seit Augustus alle anderen Formen des Reiterdenkmals verdrängte. Nur noch Mitgliedern der kaiserlichen Familie wurden von da an in Rom derartige Statuen gesetzt. Nicht weniger als 80 silberne Figuren des Augustus, die ihn zu Fuß, als Reiter und in der Quadriga zeigten (*Statuae meae pedestres et equestres et in quadrigeis*, Augustus, *Res gestae*, IV.27), wurden noch während seiner Regierungszeit in Rom aufgestellt. Die meisten von ihnen entstanden gewiß in den letzten Jahren seiner Herrschaft. Den Anfang hatte man mit einer Reiterstatue gemacht, die, gleich den Standbildern des Sulla, des Pompeius und des Caesar, auf den *rostra* errichtet wurde. Auf der Inschrift war das Alter des 19 jährigen Imperators genannt, für den der Senat 43 v. Chr. diese Ehrung beschloß. Von dem Monument existieren mehrere Münzbilder, teils mit stehendem, teils mit schreitendem, teils mit levadierendem Pferd. Das dürfte darauf zurückzuführen sein, daß der Entwurf mehrfach abgeändert wurde und einige der Münzen aus Gründen der politischen Propaganda noch vor Fertigstellung der Statue geprägt wurden. Der endgültige, wohl nach dem Sieg von Naulochos 36 v. Chr. erreichte Zustand zeigte das Pferd des Imperators in der Levade. *Abb. 206*

Aus der Kaiserzeit besitzen wir eine ganze Reihe von Überresten vergoldeter bronzener Reiterdenkmäler und ein vollständig erhaltenes, das des Marcus Aurelius auf dem Capitolsplatz. Sie gehören mit einer Ausnahme alle dem ruhig schreitenden *adlocutio*-Typ an. Von Augustus selbst wurde in der Ägäis ein bedeutendes Fragment einer solchen Statue gefunden. Er trägt Tunica mit *clavi*, *paludamentum* und Schwert. Das Pferd ist verloren. Wenig später sind die beiden großartigen Reiter von Cartoceto bei Pergola in den Marken entstanden, deren Trümmer 1946 zusammen mit zwei besser erhaltenen Standbildern von Frauen gefunden wurden. Zweifellos handelt es sich um Angehörige der kaiserlichen Familie. Einer der beiden Reiter läßt sich mit ziemlicher Sicherheit als der Germanicussohn Nero Caesar identifizieren, eine der beiden Frauen als Livia. Das legt die Vermutung nahe, daß es sich bei dem zweiten Reiter um Drusus (III), den Bruder des Nero Caesar, handelt, bei der zweiten Frau um Agrippina maior, *Abb. 210* *Abb. 183, 184*

Abb. 206 Reiterstatue des Octavian. Rückseite eines Aureus des Octavian, 43 v. Chr. Der 19jährige trägt in der rechten Hand den Augurstab. Unter dem Pferd ist durch einen Schiffsschnabel (*rostrum*) der Standort der geplanten Statue auf der Rednerbühne (*rostra*) angedeutet. London, British Museum.

Abb. 207 Reiterstatue des Nero Claudius Drusus auf eine Triumphbogen. Rückseite eines Sesterzen, den Kaiser Claudi 41 n. Chr. zu Ehren seines Vaters prägen ließ. Drusus ist n erhobener Lanze auf levadierendem Pferd dargestellt. Londo British Museum.

Abb. 208

Abb. 209

Abb. 210

›b. 211, 212, 213 Fragmente einer bronzenen Reiterstatue des Nerva aus *Misenum* (Miseno), 96–98 n. Chr. Der Kaiser trägt ıppenpanzer und *paludamentum*. Die Mähne des Pferdes ist vorne hochgebunden. Neapel, Museo Nazionale.

›b. 208 Reiterstatue des Kaisers Traian. Rückseite eines Denars von 114 n. Chr. Es handelt sich um das auf dem Traiansforum ·ichtete Denkmal (*equus Traiani*). Der Kaiser stützt sich auf eine lange Lanze. Die Lanze ist am hinteren Ende gefaßt und mit der itze in den Boden gesteckt, womit der siegreiche Abschluß des Krieges, die Wiederherstellung der *pax Romana* symbolisiert wird. ndon, British Museum.

b. 209 Reiterstandbild des Marcus Aurelius. Rückseite einer Medaille von 177 n. Chr. Das Standbild entspricht im wesentlichen dem ·nkmal auf dem Capitolsplatz. Mailand, Medagliere Nazionale di Brera presso le Civiche Raccolte Numismatiche.

b. 210 Kopf und Oberkörper einer überlebensgroßen Reiterstatue des Augustus. Die Bronzeskulptur wurde 1979 in der Ägäis ischen Ag. Efstratios und Euböa gefunden. Sie dürfte aus der Zeit um 10 v. Chr. stammen. Athen, Nationalmuseum.

Abb. 225 Triumph des Titus. Nördliches Durchgangsrelief des Titusbogens auf dem Forum Romanum, um 90 n. Chr. Der Judentriump des Titus 71 n. Chr. ist in einer Mischung aus realistischer Darstellung und allegorischer Überhöhung wiedergegeben. Wie in d Wirklichkeit begleiten die Triumphquadriga zwölf Lictoren mit ihren *fasces*, den Rutenbündeln, Würdenträger in der Toga folgen ih Hinter dem Triumphator steht aber nicht der Staatssklave, sondern Victoria, die ihm den Kranz über das Haupt hält. Die nack männliche Figur vor dem Wagen könnte *Honos*, die Ehre, oder *Genius Populi Romani*, die Lebenskraft des römischen Volkes sein. D rechte Pferd der Quadriga wird von *Virtus*, der männlichen Tugend des Titus, geführt.

Der Triumphator blieb während der Dauer der Zeremonie auch innerhalb der Stadt im Besitz des vollen *imperium*. Verweigerte der Senat seine Zustimmung, konnte ein Sieger aus eigener Machtvollkommenheit (und auf eigene Kosten) außerhalb des *pomerium*, auf dem Mons Albus am Albanersee einen vollgültigen Triumph abhalten, wohl ein Zeichen dafür, daß die Entscheidung ursprünglich ganz beim Feldherrn gelegen war. Als minderen Ersatz für den Triumph konnte der Senat die *ovatio* zuerkennen, bei der der Sieger zu Fuß oder auf dem Pferde reitend (Caesar 44 v. Chr.) in die Stadt einzog.

Die *pompa triumphalis*, der Triumphzug, war aber weit mehr als nur eine mit einem Dankopfer endende Siegesparade. Der Feldzug war unter den *auspicia*, der amtsgebundenen Fähigkeit des *imperators*, die Meinung der Götter zu erkennen und im Einklang mit ihr zu handeln, durchgeführt worden. Iuppiter hatte sein Gelübde erhört, der Sieger war ein *vir felix*, eine begnadete und glückverheißende Verkörperung der römischen Bestimmung zur Herrschaft. So haftete seinem Auftritt im Triumphzug das Wesen einer Epiphanie göttlicher Macht an.

Die übermenschliche Rolle des Triumphators wurde auch in seinem Ornat deutlich. Er trug den *ornatus Iovis*, die Gewänder des Capitolinischen Iuppiter, die *tunica palmata* – eine mit goldenen Palmenzweigen bestickte purpurne Tunica – und die *toga picta* – eine Purpurtoga, geschmückt mit goldenen Sternen. In der linken Hand hielt er ein von einem goldenen Adler gekröntes Elfenbeinszepter, in der rechten einen Lorbeerzweig. Das Gesicht war mit Mennige zinnoberrot gefärbt, wie das der Iuppiterstatue im Tempel. Um den Hals hing eine goldene Kapsel (*bulla*), an der Hand steckte ein eiserner Fingerring, beides apotropäische, unheilabwendende Amulette, wie auch das an der Achse des Wagens angebrachte Phallussymbol. Dem Triumphator standen zwei Kränze (*coronae*) zu, einer aus frischem Lorbeer, den er auf dem Kopf trug, ein zweiter aus goldenem Eichenlaub (*corona etrusca*), den ihm der Staatssklave über den Kopf hielt.

*Abb. 220, 221*

Nicht minder bemerkenswert als der Ornat des Triumphators war seine Quadriga. Der Paradewagen war ein altes königliches Privileg und wurde nach der Gründung der Republik abgeschafft. Nur wenn ein Beamter oder ein Priester kultische Funktionen wahrzunehmen hatte, die ursprünglich dem König zugefallen waren, ließ der religiöse Konservativismus der Römer zeitlich begrenzte Ausnahmen zu. Die wichtigste von diesen war die Wagenfahrt des Triumphators zum Capitol. Es bedeutete eine der vielen von Caesar bewirkten Aushöhlungen der republikanischen Tradition, als er sich 44 v. Chr. vom Senat auf Lebenszeit das Recht zuerkennen ließ, den Triumphornat zu tragen und im Triumphwagen durch die Stadt zu fahren.

*Abb. 225, 226*

Der Triumphwagen (*currus triumphalis*) war ein mit Gold, Elfenbein und Juwelen reich verziertes, doch verhältnismäßig hohes und schwerfälliges Fahrzeug. Im Gegensatz zum niedrigen, leichtgebauten Rennwagen hatten die Räder einen ziemlich großen Durchmesser, um den Triumphator gut sichtbar zu machen. Natürlich fuhr der Wagen nur ganz langsam im Schritt und die Pferde wurden von Gehilfen zu Fuß geführt. Trotzdem kam es bisweilen zu Unfällen. 500 v. Chr. fiel Manius Tullius Longus bei einer *pompa circensis* aus dem Wagen und verletzte

◁ Abb. 226 Triumph des Marcus Aurelius. Relief von einem stadtrömischen Monument (vgl. Abb. 196), 176–182 n. Chr. Der Kaiser feiert seine Siege über die Markomannen, Quaden und Jazygen. Auch hier ist es Victoria, die ihm die *corona triumphalis* über das Haupt hält. Der hohe Wagenkasten ist mit Götterfiguren (Victorien, Neptun, Roma, Minerva) geschmückt, die Wagenspeichen sind als Herculeskeulen gestaltet, die Deichsel läuft in einen Löwenkopf aus. Der neben Marcus stehende Kaisersohn Commodus ist später weggemeißelt worden. Neben den Pferden gehen ein Lictor und ein *tubicen*, ein Tubabläser. Im Hintergrund sind ein Tempel und ein Triumphbogen abgebildet. Rom, Musei Capitolini, Palazzo dei Conservatori.

sich tödlich. Dem großen Caesar widerfuhr es angeblich bei seinem Triumph 46 v. Chr., daß sein *currus triumphalis* Achsenbruch erlitt und er den Rest des Weges zu Fuß zurücklegen mußte. Im Wagen konnten die kleineren Kinder des Triumphators mitfahren, die erwachsenen ritten hinterher. Die Deichsel des Triumphwagens scheint kein Joch getragen zu haben, das heißt, die Pferde waren alle nur mit Strängen vorgespannt.

Man hat viel darüber gestritten, ob der mit all diesen Insignien ausgestattete Triumphator auf seiner Quadriga eine Verkörperung des *Iuppiter Optimus Maximus Capitolinus* darstellte oder ob er einfach den Ornat der etruskisch-römischen Könige übernommen hatte. Tatsächlich ist der Gegensatz zwischen den beiden Interpretationen gar nicht so groß, da schon die Könige sich bewußt der Attribute Iuppiters bedient hatten. Eine absolute Gleichsetzung des Triumphators mit dem Gott ist auf keinen Fall erfolgt, das zeigen schon die Worte, die der kranzhaltende Staatssklave dem Sieger immer wieder ins Ohr zu sagen hatte: „*Respice post te, hominem esse memento!*" – „Schau hinter dich, gedenke, daß du ein Sterblicher bist."

Aus ebendiesem Grunde scheint es ursprünglich eine gewisse Scheu gegeben zu haben, den Triumphwagen von Schimmeln ziehen zu lassen, da dies die Identifizierung mit Iuppiter vollendet hätte. Dem weißen Pferd wurde besondere Ehrfurcht entgegengebracht. Die Dioskuren ritten Schimmel, Iuppiter und Sol fuhren Schimmelquadrigen, als Aeneas zum ersten Mal Italien erblickte, sah er vier Pferde „*candore nivali*" – „von schneeweißer Farbe" – auf den Wiesen grasen, ein Zeichen kommender siegreicher Kriege. (Vergil, *Aeneis*, III.537f.) Die Wägen des von Sol abstammenden Latinerkönigs Latinus wie des Stadtgründers Romulus wurden von weißen Pferden gezogen. Die göttergleiche Stellung, die dem Fahrer einer Schimmelquadriga zukam, war sprichwörtlich: „Wenn du die Gelegenheit jetzt versäumst – beim Pollux! –, dann wirst du sie nie wiederbekommen, selbst mit von Schimmeln gezogener Quadriga nicht." (Plautus, *Asinaria*, 278f.) Als Camillus nach der Einnahme von Veii 396 v. Chr. mit einer Schimmelquadriga in Rom einzog, empfand man dies als frevlerische Anmaßung. Normalerweise spannte man also vor den Triumphwagen dunkle Pferde. Später kamen sogar Elefanten- oder Hirschquadrigen vor.

Caesar in seiner bewußten Herausforderung republikanischer Bräuche verwendete wieder Schimmel und war damit wegweisend für die Kaiserzeit, obwohl es keineswegs gesichert ist, daß von da an nur noch weiße Pferde zum Einsatz gekommen wären. Octavius, der Vater des Augustus, sah seinen Sohn im Traum in einem von 12 Schimmeln gezogenen Wagen fahren, Zeichen der göttlichen Stellung, die dem *princeps* und seinen Nachfolgern zukommen sollte.

Mit der Errichtung des Kaiserreiches änderte sich der Charakter des Triumphzuges vollkommen. Der Imperator bedurfte seiner nicht mehr, um in eine gottähnliche Position zu gelangen, denn er war ohnehin ein Gott. Da alle Feldzüge unter seinen *auspicia* stattfanden, war der Triumphzug von den späteren Regierungsjahren des Augustus an sein persönliches Privileg. Lediglich engsten Angehörigen des Kaiserhauses und designierten Nachfolgern wie Tiberius 12 n. Chr. und Titus 71 n. Chr. konnte ausnahmsweise ein Triumph zugestanden werden, später ist auch das nicht mehr vorgekommen. Das bedeutete eine herbe Entrechtung für den senatorischen Adel, dessen Mitglieder stets den Triumph als die höchste Ehre angestrebt hatten, die sie für sich und ihre Familien erringen konnten. Als recht mageren Ersatz führte Augustus die Verleihung der *ornamenta triumphalia* ein, also des Rechts, den Ornat des Triumphators tragen zu dürfen, ohne daß ein tatsächlicher Triumphzug abgehalten wurde.

Die Quadriga, und vor allem die Schimmelquadriga, wurde damit zu einem Symbol des Kaisertums. Die Unterschiede zwischen regulären Triumphzügen und anderen feierlichen Auftritten des Imperators, etwa dem *adventus*, der Rückkehr nach Rom, gerieten zusehends ins Fließen. Dabei muß jedoch erwähnt werden, daß es schon in republikanischer Zeit Festzüge gegeben hatte, die in vieler Hinsicht dem Triumph glichen, ohne doch Teil eines solchen zu sein. Da war vor allem die *pompa circensis*, die Prozession bei Eröffnung von Spielen. Der ver-

*Abb. 227*
*S. 93 f.*

•. 227 *Adventus* des Septimius Severus. Nordwestfries von der Attika des Septimius-Severus-Bogens (*quadrifons*) in Leptis Magna, –209 n. Chr. Der Einzug ist ganz in der Art eines Triumphzuges gestaltet. Der Kaiser steht zwischen seinen Söhnen in der Trium-lquadriga, Offiziere in der weißen Toga folgen zu Pferde dem Wagen (*albata decursio*).

•. 228 *Pompa* eines städtischen Beamten. Relief von einer etruskisch- römischen Aschenurne aus Volterra, Mitte 1. Jahrhundert hr. Der Magistrat fährt in der Quadriga auf die von den Lictoren flankierte *sella curulis*, den die Amtsgewalt symbolisierenden ›pstuhl, zu. Ein Reiter begleitet den Wagen, ein *togatus* und ein verkleinert dargestellter Amtsschreiber mit seinen Tafeln folgen. erra, Museo Guarnacci.

Abb. 229 Triumph oder Apotheose des Marcus Aurelius. Kuchenform des Töpfers Pacatus aus *Aquincum* (Budapest), um 180 n. C Der Kaiser stößt mit der Lanze nach einem Barbaren unter ihm, wodurch auch das Reitersiegermotiv in die Darstellung Eingang det. Victoria krönt ihn mit dem Siegeskranz, Mars führt die Pferde der Biga. Im Hintergrund ist ein Triumphbogen mit *tropaea* sic bar. Das Model zeigt, wie bereitwillig Motive der kaiserlichen Repräsentationskunst von der provinziellen Volkskunst übernomm wurden. Budapest, Museum Aquincum.

Abb. 230 Apotheose des Lucius Verus. Relief vom Parthermonument des Lucius Verus in Ephesos, nach 169 n. Chr. Der während s nes Partherkrieges verstorbene Mitkaiser des Marcus Aurelius fährt, von Victoria begleitet, in der Quadriga des Sonnengottes in c Himmel auf, um unter die Götter aufgenommen zu werden. Wien, Neue Hofburg.

anstaltende Magistrat hielt dabei seinen Einzug im Ornat des Triumphators auf der Quadriga stehend. Das mag damit zusammengehangen haben, daß die vornehmsten der Festspiele, die *Ludi Romani* und die *Ludi Plebeii,* gleichfalls zu Ehren des *Iuppiter Optimus Maximus* abgehalten wurden. Die Route der *pompa circensis* entsprach zum Großteil der des Triumphzuges in umgekehrter Richtung, das heißt, sie begann am Tempel des Capitolinischen Iuppiter, führte durchs Forum und endete im Circus Maximus. *Abb. 99* *Abb. 1*

Der *processus consularis,* die Amtsübernahme der Consuln, aber auch anderer Magistrate am 1. Januar, pflegte im römisch-etruskischen Bereich seit alters her gleichfalls in Form festlicher Aufzüge zu erfolgen. Inwieweit dabei Pferde und Wägen benutzt wurden, ist unsicher, da bildliche Darstellungen sich auch auf die bei dieser Gelegenheit häufig veranstalteten Circusspiele beziehen, also eigentlich eine *pompa circensis* zeigen können. Nachweisbar ist der Einsatz des Triumphwagens beim *processus consularis* erst ab flavischer Zeit. *Abb. 228*

Auch die *pompa funebris,* die Leichenprozession hochgestellter Persönlichkeiten, vor allem der Kaiser, wies Elemente des Triumphes auf. So zog man beim Begräbnis des Augustus durch die *porta triumphalis* zum Mausoleum auf dem Marsfeld. Der herrscherliche Totenkult führte zur äußersten Steigerung des Triumphgedankens, zur Apotheose. Romulus fuhr mit einer Quadriga zu den Göttern auf, wie Hercules es getan hatte. Die Kaiser standen nicht an, es ihm gleichzutun. Im von geflügelten Rossen gezogenen Triumphwagen sehen wir auf den Skulpturen die Göttlichen in den Himmel aufsteigen. Die Vorstellung von der Apotheose des Kaisers wird es auch gewesen sein, die dazu führte, daß die Leichenprozessionen der Imperatoren so auffallend den Charakter von Triumphzügen annahmen. *Abb. 231* *Abb. 230, 232*

Abb. 234, 235 Rekonstruktion der Front des 509 v. Chr. eingeweihten Tempels des Iuppiter Optimus Maximus auf dem Capitol von Rom. Der Giebel wird von einer Quadriga des Gottes aus bemalter Terracotta als Mittelakroterion gekrönt, einer etruskischen Arbeit aus Veii. Die anderen Dekorationselemente, geflügelte Pferde als Akroteria an den Ecken, die Friese mit Darstellungen von Wagenrennen (vgl. Abb. 92) und Wagenprozessionen (vgl. Abb. 93) sind an dieser Stelle zwar hypothetisch, doch sind sie für spätarchaische Bauten in Rom und Veii belegt und fügen sich in ihren Proportionen genau in die bekannten Dimensionen des Tempels wie auch in seine von Iuppiterquadriga, *pompa triumphalis* und *pompa circensis* vorgegebene Ikonographie. „Da das Pferd den zoomorphischen Teil der Tempeldekoration zu beherrrschen scheint. . ., besteht kein Anlaß, etwas anderes als dieses noble Tier hier einzusetzen. . .“ (Einar Gjerstad, Early Rome, IV.2, 396). Zeichnung von Gudrun Pfrogner nach Blomé/Gjerstad.

ɔ. 236

Abb. 237

Abb. 238

ɔ. 239

Abb. 240

nen der vier Jahreszeiten auf. Trotz der Weihinschriften an Iuppiter Optimus Maximus und der Vergesellschaftung mit den geläufigen römischen Gottheiten dürfte es sich bei dem Gigantenreiter um einen ursprünglich nichtrömischen Himmels- und Gewittergott handeln, der in der *interpretatio Romana* mit Iuppiter gleichgesetzt wurde. Das bisweilen als Attribut gegebene Rad könnte an den keltischen Gewitter- und Kriegsgott Taranis denken lassen. Auch Parallelen zur germanischen Irminsul wurden gezogen, wohl zu Unrecht, da die Monumente fast ausschließlich in keltisch-römischen Gebieten entstanden sind. Der Umstand, daß der Gigantenreiter im Gegensatz zu klassischen Iuppiterdarstellungen häufig wie ein römischer Offizier gerüstet ist, hat ferner zu der Interpretation geführt, die Statue des den Giganten niederschmetternden Reiters symbolisiere einfach den Sieg des Kaisers über die Barbaren. Mitgeschwungen hat dieser Aspekt ganz gewiß, doch dürfte am nichtrömischen Ursprung des Gottes kaum zu zweifeln sein.

*Abb. 240*

## Iuno

Auch Iuno, die Gemahlin des Iuppiter, wurde gelegentlich im Wagen dargestellt. Besonders merkwürdig sind die zahlreichen republikanischen Münzbilder, die die Iuno Sospita von Lanuvium in der Biga zeigen. Sie schwingt eine Lanze und führt einen Schild von altertümlicher Form, wie ihn die Salier bei ihren Kriegstänzen trugen.

Abb. 241 Iuno Sospita in ihrer Biga. Sie trägt ein Ziegenfell mit Hörnern, vom Kopf über den Rücken herabhängend, und schwingt 8 förmigen Schild und Lanze. Rückseite eines Denars des Iulius Caesar, 44 v. Chr. Zeichnung Gudrun Pfrogner.

◁ Abb. 236 Iuppiter überreitet einen Giganten. Bekrönung einer Iuppitergigantensäule aus *Vienna* (Vienne en-Val), 1. Jahrhundert n. Chr. Der Gott trägt einen gallo-römischen Kettenpanzer mit breiter Schulteraufdoppelung. Auch das Pferd ist wie ein Kavalleriepferd mit *phalerae* und Hörnchensattel ausgestattet. Die schräge Position der vorderen Hörnchen ist deutlich sichtbar. Vienne-en-Val, Museum.

Abb. 237 Iuppitergigantensäule aus Walheim, Württemberg, spätes 2. Jahrhundert n. Chr. Abformung im Archäologischen Park von Aalen. Die Reitergruppe ist nach einem in Pforzheim gefundenen Exemplar ergänzt. (Originale Stuttgart, Württembergisches Landesmuseum.)

Abb. 239 Iuppiter überreitet einen Giganten. Bekrönung einer Iuppitergigantensäule aus Wiesbaden-Schierstein, 221 n. Chr. Der Gott trägt Offizierspanzer und -mantel. Wiesbaden, Museum.

Abb. 238 Iuppiter überrollt mit einer Biga einen Giganten. Bekrönung einer Gigantensäule aus Weißenhof-Löchgau bei Ludwigsburg, Württemberg, um 200 n. Chr. Die eisernen Klammern am Kummet sind deutlich zu erkennen (vgl. Abb. 75, 77). Stuttgart Württembergisches Landesmuseum. (Abguß im Archäologischen Park Aalen.)

Abb. 240 Iuppiter von einer Gigantensäule aus Obernburg, Bayern, um 200 n. Chr. Er ist mit dem Rad, dem Emblem des keltischen Himmels- und Donnergottes Taranis, versehen. Obernburg, Römerhaus.

.bb. 242 Iuppiter überreitet einen Giganten. Bekrönung einer Iuppitergigantensäule aus *Nida* (Frankfurt am Main-Heddernheim), ühes 2. Jahrhundert n. Chr. Iuppiter ist im Muskelpanzer und *paludamentum* eines römischen Offiziers dargestellt. In der erhobenen echten hielt er ein metallenes Blitzbündel. Frankfurt am Main, Museum für Vor- und Frühgeschichte.

## Sol und Luna

In noch höherem Maße als Iuppiter wurde Sol, der Sonnengott, mit der schimmelgezogenen Quadriga identifiziert. Auf dieser zog er von Osten nach Westen seine Bahn über das Firmament. Mit dem Sonnenwagen fuhren auch die Vergöttlichten in den Himmel auf. *Abb. 243, 244, 245, 257* *Abb. 231–232*

Die Wagenrennen galten als ein Symbol der die Erde umkreisenden Fahrt des Sonnengottes. Der Obelisk auf der *spina* war ihm geweiht, über der Schiedsrichterloge befand sich sein Heiligtum. *S. 114*

Oft gemeinsam mit Sol wurde die Mondgöttin Luna verehrt. Das Tempelchen im Circus Maximus war auch ihr geweiht. Luna, die in historischer Zeit gern mit der Wald-, Jagd- und Frauengöttin Diana gleichgesetzt wurde, zog in der Biga ihre Himmelsbahn. Dementsprechend waren die *bigae* ihr heilig, wie es die *quadrigae* dem Sol waren. *Abb. 243, 246* *Abb. 162*

## Victoria

Die der griechischen Nike verwandte, diese aber an Bedeutung allmählich weit übertreffende Siegesgöttin Victoria gehörte zu den vergöttlichten Abstraktionen, deren Kult im Laufe des 4. und 3. Jahrhunderts v. Chr. eingeführt wurde. Marius, Sulla, Caesar und Augustus schenkten ihr besondere Beachtung, bis sie während der Kaiserzeit als *Victoria Augusti*, als Verkörperung des siegreichen Imperiums, zur Symbolfigur des Reiches schlechthin und zu einer der wichtigsten Gottheiten im römischen Staats- und Militärkult wurde. Sulla, Caesar und Augustus führten ihr zu Ehren abgehaltene Spiele mit Wagenrennen ein. Ihre Statue pflegte die Prozession der Götterbilder bei der *pompa*, dem feierlichen Umzug zu Beginn der Spiele, anzuführen. *Abb. 99, 110, 147, 187, 198, 199, 225, 226, 229, 230, 233, 247, 248, 264* *Abb. 99, S. 102*

In mittel- und spätrepublikanischer Zeit war die geflügelte Victoria die beliebteste der im Wagen dargestellten Gottheiten, die die Rückseiten der *quadrigati* und *bigati* genannten Silbermünzen zierten. Die älteren, im 3. Jahrhundert v. Chr. aufgekommenen *quadrigati* zeigten Victoria gewöhnlich als Lenkerin der Quadriga, in der der blitzeschleudernde Iuppiter steht. Auf den späteren *quadrigati* und *bigati* fährt Victoria allein in ihrem Wagen, bei dem es sich sowohl um einen Vier- wie um einen Zweispänner handeln kann. *Abb. 233* *Abb. 247*

In der Repräsentationskunst des Kaiserreiches steht Victoria häufig im Wagen des triumphierenden Imperators und hält ihm den Siegeskranz über den Kopf. *Abb. 225, 226, 229*

◁ Abb. 243 Sol in der Quadriga und Luna in der Biga. Reliefs auf den zur Befestigung eines Dolches bestimmten Knöpfen an den silbernen Beschlägen eines *cingulum*, eines Militärgürtels. Herculaneum, 1. Jahrhundert n. Chr. Neapel, Museo Nazionale.

Abb. 244 Sol in einer Quadriga. Feuervergoldeter Silberbeschlag aus Butzbach (Hessen), 2. Jahrhundert n. Chr. Darmstadt, Hessisches Landesmuseum.

Abb. 245 Luna, die Mondsichel auf dem Haupt, in der Biga. Rückseite eines Denars („*Bigatus*"), Anfang 2. Jahrhundert v. Chr. London, British Museum.

Abb. 246 Sol inmitten von Rennwägen. Glasschale aus der Gegend von Köln, 1. Hälfte 4. Jahrhundert n. Chr. Der Büste des Sonnengottes ist eine Peitsche als Attribut des himmlischen Wagenlenkers beigegeben. Um dieses zentrale Medaillon kreisen vier Quadrigen, die zweifellos die Jahreszeiten symbolisieren sollen, dazwischen die beiden *metae*, der Obelisk und die sieben Eier zum Zählen der Runden. Die Schale ist ein eindrucksvolles Zeugnis für die Gleichsetzung von Circus und Kosmos. Köln, Römisch-Germanisches Museum.

## Consus und Neptun

Über das Wesen des Consus wußte man, wie über das anderer früher römischer Gottheiten, in klassischer Zeit nur mehr sehr verschwommen Bescheid. Mit Sicherheit war er ein ländlicher Gott. Er hatte an den *metae primae* des Circus Maximus ein unterirdisches Heiligtum. Da man auch im Circus des Maxentius ein solches gefunden hat, darf man davon ausgehen, daß dies in allen Circusanlagen der Fall war. Am 21. August und 15. Dezember fanden zu seinen Ehren im Circus Maximus die *Consualia* statt, die von Pferde- und Maultierrennen begleitet waren. Der 21. August war ein Erntedankfest, am 15. Dezember feierte man ursprünglich wohl, weil die Herbstsaat beendet war. Die *Consualia* galten als Ehrentage der Pferde und Maultiere, denen *Abb. 96* man Ruhe gewährte und Blumenkränze aufsetzte.

Der Umstand, daß an den *Consualia* Pferderennen stattfanden, führte vermutlich dazu, daß Consus mit Neptun gleichgesetzt wurde. Neptun, eine altitalische Gewässergottheit, war seinerseits mit dem griechischen Meeresgott Poseidon vermengt worden. Poseidon galt den Griechen als Schöpfer des Urpferdes Skyphios. Die mythischen Pferde Areion und Pegasus sind von ihm gezeugt worden. Ποσειδῶν ἵππιος, der Schöpfer und Schutzherr der Pferde, wurde bei den Römern zu *Neptunus equester.*

*Abb. 81, 249* Die Quadriga, in der Neptun häufig abgebildet ist, wird von Hippokampen gezogen, Pferdemischwesen mit Fischschwänzen.

## Fortuna

Eine besondere Spielart der Glücksgöttin Fortuna war die *Fortuna equestris*, die Beschützerin des Ritterstandes und der Kavallerie. Nach einem Sieg über die Keltiberer im Jahre 180 v.Chr. wurde ihr auf dem Marsfeld ein Tempel errichtet. Ein weiteres Heiligtum der *Fortuna equestris* befand sich in *Antium* (Anzio).

## Mars

Mars stellte die Verquickung einer altrömischen Bauerngottheit mit einem griechischen Gott, dem Kriegsgott Ares, dar. Das macht es schwierig, bei einigen aus der Frühzeit der Stadt rührenden Riten zu entscheiden, ob sie mehr ländlichen oder mehr militärischen Ursprungs waren. In historisch greifbarer Zeit überwog jedenfalls der kriegerische Charakter, und wahrscheinlich ist das von Anfang an so gewesen.

Die Festtage des Mars fielen in das Frühjahr und in den Herbst, also an den Beginn und das Ende der Feldzugssaison. Rasch hintereinander, am 27. Februar und 14. März, wurden auf dem Marsfeld die *Equirria* abgehalten, Pferderennen, die wohl ursprünglich zu einer Heerschau der Reiterei gehörten. Die eigenartige Zeremonie des *Equus October* am 15. Oktober hing wahrscheinlich mit dem vier Tage später erfolgenden *Armilustrium* zusammen, einem Reinigungsritual für das aus dem Krieg heimgekehrte Heer. Am Ende eines auf dem Marsfeld mit *bigae* gefahrenen Wagenrennens wurde das rechte Pferd des siegreichen Gespanns von einem Priester, wahrscheinlich dem *flamen Martialis*, dem Marspriester, am Altar des Gottes durch einen Speerwurf getötet. Dieses war das einzige Pferdeopfer, das die Römer kannten. Rennen und Opfer waren mit einem Wettkampf der Bewohner der Viertel Sacra Via und Subura verbunden. Gewannen die ersteren, wurde der abgetrennte Kopf des geopferten Tieres an der Regia angenagelt, im anderen Falle an der *turris Mamilia*. Den Schweif brachte man in die Regia und ließ das Blut auf die heilige Herdstätte tropfen. In der populären Vorstellung wurde

b. 247 Victoria in der Quadriga. Die Siegesgöttin hält Palm-eig und Kranz in den Händen. Rückseite eines *serratus* des etors Q. Antonius Balbus, Ende 2. Jahrhundert v. Chr. Maid, Medagliere Nazionale di Brera presso le Civiche Raccolte mismatiche.

Abb. 248 Victoria in einer Biga. Rückseite einer Medaille des Kaisers Hadrian, um 120 n. Chr. Paris, Bibliothèque Nationale, Cabinet des Médailles.

b. 249 Neptun fährt, von vier Hippokampen gezogen und von Seewesen begleitet, über das Meer. Mosaik in den Neptunsthermen n Ostia, um 139 n. Chr.

in dem Pferdeopfer eine auf die troianischen Ursprünge der Römer zurückgehende Rache am verhängnisvollen Troianischen Pferd erblickt.

*Abb. 252*
*Abb. 250, 251*

Auch Mars wurde gelegentlich in der Quadriga abgebildet, eine Reihe von republikanischen Münzen des 3. Jahrhunderts v. Chr. zeigen auf der Vorderseite sein behelmtes Haupt, auf der Rückseite einen Pferdekopf.

## Die Dioskuren

*S. 26–28*
*Abb. 5, 7, 10, 12, 13, 14, 15 18, 59, 253–256, 258, 259, 263–266*

Auf die Bedeutung der göttlichen Zwillinge Castor und Pollux als Schutzgötter der Ritterschaft und der Reiterei, auf ihr Eingreifen in die Schlacht am See Regillus und den Bau ihres gewaltigen Tempels auf dem Forum Romanum wurde schon im Anfangskapitel eingegangen. Der Kult der Dioskuren stammte aus Sparta und wurde von den Römern schon früh aus dem griechischen Raum übernommen. Das belegt ein aus dem 6. Jahrhundert v. Chr. stammendes Bronzetäfelchen aus Lavinium mit einer frühlateinischen Weihinschrift für *Castorei Podlouqueique qurois*. Der Ausdruck *quroi* kommt direkt vom griechischen κούροι. Die Schreibweise *Podlouques* für den griechischen Namen Πολυδεύκης ist besonders interessant, weil sie eine Übergangsform zum späteren lateinischen Pollux darstellt. Der Umstand, daß der 484 v. Chr. geweihte Dioskurentempel auf dem Forum das einzige Heiligtum war, das in so früher Zeit für nicht der altrömischen Religion entstammende Gottheiten erbaut wurde, zeigt, daß Castor und Pollux bereits zu diesem Zeitpunkt als heimische Götter empfunden wurden. Man setzte sie mit den älteren *Di Penates*, den Schutzgeistern des Staates, gleich.

*Abb. 256*

Die Dioskuren waren Söhne des Iuppiter und der Leda und Brüder der Helena. Da der Göttervater sie in Schwanengestalt gezeugt hatte, waren sie in Eiern zur Welt gekommen. Eier blieben daher Symbole für die Reiterzwillinge; die Eier, mit denen man die Runden in der Circusarena zählte, erinnerten an ihren Kult. Überhaupt standen die Wagenrennen, wie alle mit Pferden zusammenhängenden Aktivitäten, unter dem besonderen Schutz der Dioskuren.

*Abb. 234, 263, 264*

Die Zwillinge waren nicht nur die Patrone des Adels, der Reiterei und der Wagenlenker, sie wurden auch allgemein gerne als Nothelfer angerufen, wobei sich die Frauen an Castor wandten, die Männer an Pollux. Dementsprechend waren die Beteuerungsformeln *mecastor* und *edepol* Frauen bzw. Männern vorbehalten. Als St.-Elms-Feuer und wegweisende Sterne waren sie besonders den Seeleuten hilfreich, da ihnen Neptun Gewalt über die Stürme verliehen hatte. Das, zusammen mit der Tatsache, daß Iuppiter sie als Sternbilder in den Himmel versetzt hatte,

*Abb. 254*

erklärt es, daß zu ihren Häuptern häufig Sterne abgebildet wurden.

*Abb. 264*

Großer Beliebtheit erfreuten sich die Dioskuren auch bei den Soldaten, namentlich der Kavallerie. Sie gehören gemeinsam mit Iuppiter, Mars, Minerva, Hercules und Victoria zu den im militärischen Zusammenhang am häufigsten dargestellten Gottheiten.

Tusculum war neben Rom ein altes Zentrum des Dioskurenkults. In Ostia fanden am 27. Januar die *Ludi Castores* statt.

## Pegasus

*Abb. 267*

Das Flügelpferd Pegasus übernahmen die Römer gleichfalls von den Griechen. Im frühen 3. Jahrhundert v. Chr. schmückte sein Bild zusammen mit dem Iuppiteradler viele der damals als Geld ausgegebenen Bronzebarren. Der Pegasus blieb ein beliebtes Motiv der bildenden Kunst und besonders der militärischen Ikonographie, einen eigentlichen Kult gab es jedoch nicht.

Vater des Pegasus war Neptun, der Schöpfer aller Pferde. Als Perseus der Medusa den Kopf abschlug, entsprang ihrem Blut der geflügelte, unsterbliche Hengst. Ein anderer Sohn des

ɔb. 257 Sol in seiner Quadriga. Mosaik aus der *villa rustica* von Münster-Sarmsheim in Nordrhein-Westfalen, um 260 n. Chr. Der ·nnengott braust in einer eigenartigen Mischung aus Frontal- und Unteransicht durch das Bild. Die Deichsel wird von einem ·wenkopf geschmückt. Der Zodiakus, der Kreis der Tierkreiszeichen, umgibt das Bild und symbolisiert das Sonnenjahr. Bonn, ·einisches Landesmuseum.

Abb. 258 Die Dioskuren als Rc
sebändiger. Die in den Consta
tinsthermen gefundenen Skulpt
ren ließ Papst Sixtus V. auf d
Quirinal (von da an häuf
„Monte Cavallo“ genannt) bri
gen. Pius VI. fügte 1786 ein
beim Augustusmausoleum gefu
denen Obelisken hinzu. D
lange Zeit für Arbeiten der gr
chischen Klassik gehaltenen u
sogar inschriftlich dem Phidi
und dem Praxiteles zugeschri
benen Plastiken dürften der Mi
des 2. Jahrhunderts n. Chr. zuz
weisen sein.

ɔb. 261 Bellerophon zähmt Pegasus mit Hilfe der Athena. Der Held legt dem Flügelpferd das von der Göttin erhaltene Zaumzeug ı. Fresko nach Motiven eines hellenistischen Vorbildes. Aus Pompeii, Mitte 1. Jahrhundert n. Chr. Neapel, Museo Nazionale.

ɔb. 259, 260 Rekonstruktionen von römischen Kavalleriehelmen des mittleren 1. Jahrhunderts n. Chr. vom Typ Koblenz-Bubenheim. ıf der einem in Brough, England, gefundenen Original nachgeformten Wangenklappe des linken Helms ist einer der Dioskuren ɔgebildet, das Vorbild der anderen Wangenklappe stammt aus Spanien (vgl. Abb. 271) und zeigt Pegasus und Iuppiteradler. ekonstruktionen von Michael Simkins.

Abb. 262 Das mit Rosen geschmückte Bild der Göttin Epona im Stall. Abguß eines Reliefs aus Frankfurt am Main–Heddernheir (Original Wiesbaden, Museum).

›. 263 Einer der Dioskuren auf einem *clipeus* (Hopliten-ld). Fragment vom Sockel des Denkmals, das König Bocchus Mauretanien dem Sulla 91 v. Chr. auf dem Capitol errichten . Die Wahl der Schutzpatrone des altrömischen Reiteradels als ldemblem ist für den konservativen, die Interessen der Se-partei verfechtenden Sulla charakteristisch. Rom, Musei Capi-ni, Palazzo dei Conservatori.

›. 264 Wangenklappe eines Kavalleriehelmes mit der gravierten Darstellung eines der Dioskuren. Aus dem Castell th Shields am Hadrianswall, um 200 n. Chr. Newcastle upon e, Museum of Antiquities.

. 265 Spitze einer Kultstandarte des Iuppiter Dolichenus mit bildung der Dioskuren. Die Standarte wird von einem irchen der Victoria gekrönt. Im oberen Feld der Iuppiteradler, n Sol und Luna, Iuppiter Dolichenus und Iuno Dolichena und ießlich Castor und Pollux. Iuppiter Dolichenus, der als anzerter Feldherr mit Blitzbündel und Doppelaxt auf einem r stehend abgebildet wurde, war ein in der *interpretatio Ro-na* mit dem *Iuppiter Optimus Maximus* gleichgesetzter syri-er Baal. Die Dioskuren wurden oft mit ihm vergesellschaftet. Mauer an der Url in Niederösterreich, um 200 n. Chr. Mauer der Url, Museum.

Abb. 266 Schrein (*aedicula*) mit Darstellung der Dioskuren. Das aus der 2. Hälfte des 2. Jahrhunderts n. Chr. stammende Miniaturtempelchen wurde in Mainz-Kastel gefunden (Landesmuseum Mainz).

bb. 267 Pegasus, Rückseite eines Bronzebarrens (*aes signatum*), Anfang 3. Jahrhundert v. Chr. London, British Museum.

bb. 268 Pegasus und Capricorn. Steintafel der *Legio II Augusta* bei Benwell am Hadrianswall. In der Mitte ist ein *vexillum* abgebildet, aneben die beiden Embleme der Legion, der Capricorn des Augustus und der Pegasus des Vespasian. 2. Jahrhundert n. Chr. London, ritish Museum

Neptun, der Held Bellerophon, zähmte Pegasus mit Hilfe eines goldenen Halfters, das Athene ihm gegeben hatte. Dieser Göttin, die die Menschen das Pferdezähmen und den Gebrauch des Wagens gelehrt hatte, diente das Flügelpferd häufig als Emblem. Auf Pegasus reitend, tötete Bellerophon die Chimäre, ein Lykien heimsuchendes Ungeheuer, und besiegte dann die Amazonen und die Solymer. Stheneboia, die ihn mit ihrer Haßliebe verfolgte, lud er zu einem Ritt auf Pegasus ein und stieß sie ins Meer. Er forderte schließlich die Götter heraus, indem er mit Pegasus in den Himmel fliegen wollte. Iuppiter schickte eine Fliege, die das Pferd stach, das daraufhin Bellerophon abwarf, der durch den Sturz gelähmt wurde. Pegasus aber flog weiter zu den Göttern und wohnte von da an im Hause Iuppiters, dem er als Überbringer der Donnerkeile diente.

*Abb. 258, 269*

*Abb. 270*

Der auf Pegasus reitende und die Chimäre mit einem Lanzenstoß tötende Bellerophon entspricht ikonographisch ganz dem Motiv des Löwenjägers und Reitersiegers und wurde von den Römern auch mit dem gleichen Symbolgehalt in der Funeral- und Repräsentationskunst eingesetzt. In spätrömisch-christlicherZeit lag es nahe, die Chimäre als eine Verkörperung der von Christus oder seinem irdischen Stellvertreter, dem Kaiser, bezwungenen Kräfte des Bösen und der Finsternis zu charakterisieren. Das Motiv fand schließlich in Ostrom und, von dort ausgehend, im ganzen Abendland seine feste Ausformung in der Gestalt des berittenen Kriegerheiligen und Drachentöters Georg.

Auch mit Gewässern wurde der Sohn des Neptun gerne in Verbindung gebracht. Seinem Hufschlag entsprangen mehrere Quellen, unter anderen die Hippokrene (Pferdequell) auf dem Musenberg Helikon. Das hat in hellenistischer Zeit dazu geführt, daß Pegasus zum Symbol der künstlerischen Inspiration, zum Musen- und Dichterpferd wurde. Damit kam das Flügelpferd auch ins Gefolge Apolls.

*Abb. 273*

Pegasus war nicht das einzige geflügelte Roß der griechisch-römischen Mythologie. Die Pferde, die den Wagen des Sonnengottes zogen, wurden oftmals auch mit Flügeln dargestellt, Apollo fuhr gleichfalls auf einem mit geflügelten Pferden bespannten Wagen.

## Der Thrakische Reiterheros

In Thrakien war der Kult eines berittenen Jägergottes beheimatet, der in der römischen Kaiserzeit seinen Höhepunkt erlebte. Allein in Bulgarien wurden von Kazarow etwa 1 100 Reliefs dieser Gottheit erfaßt, seitdem ist noch eine ganze Anzahl dazugekommen. Thrakien war das Kernland, von dem der Kult weit ins Balkan- und Schwarzmeergebiet und bis nach Kleinasien ausstrahlte. Mit den zahlreichen thrakischen Angehörigen der Gardereiterei gelangte der *Eques Thracius* auch nach Rom.

◁ Abb. 271 Wangenklappe eines Kavalleriehelmes mit Pegasus und Adler. Aus Zamora, Spanien, 1. Jahrhundert n. Chr. (vgl. Abb. 260)

Abb. 272 Tönerne Öllampe mit Pegasusdarstellung. Aus *Sorviodurum* (Straubing in Bayern), 1. Jahrhundert n. Chr. München, Prähistorische Staatssammlung.

Abb. 273 Bronzephalera mit plastischer Pegasusdarstellung von einem Pferdegeschirr. Bonn, 1. Jahrhundert n. Chr. Bonn, Rheinisches Landesmuseum.

Abb. 274 Pegasus wird von den Musen auf dem Berg Helikon gefüttert und gewaschen. Fragment eines Terracotta-Tabletts aus Ägypten, 5. Jahrhundert n. Chr. Kairo, Ägyptisches Museum.

Wir kennen den authentischen Namen dieses Gottes nicht. Auf griechischen Inschriften nennt man ihn Ἥρως oder Ἥρων, auf lateinischen Heros, Heron, Deus sanctus, Dominus, bisweilen wird er mit dem römischen Wald- und Tiergott Silvanus gleichgesetzt. Der Reiterheros ist stets zu Pferde, meist mit Chiton und Chlamys bekleidet, dargestellt. Formal steht er ganz in der Tradition des reitenden griechischen Heroen, den wir von klassischer Zeit an auf zahlreichen Weihe- und Grabreliefs finden. Es ist überhaupt schwer zu unterscheiden, was am Kult des Reiterheros thrakischen Ursprungs war und was durch die *interpretatio Graeca* dazugekommen ist. Auf den meisten Darstellungen schwingt der Heros den Wurfspeer, nicht
*Abb. 275* selten hält er in der linken Hand den Schild. Häufig hält er aber statt des Speers ein erbeutetes Rehkalb in der Rechten. Er kann von einem Hund begleitet werden, der einen Hirsch verfolgt oder mit einem Wildschwein, Löwen oder Bären kämpft. Manchmal steht ein Begleiter zu Fuß hinter dem Heroen oder dieser begegnet verschleierten Frauen. Auf vielen Reliefs reitet er auf
*Abb. 276* einen Altar und einen Baum zu, um den sich eine Schlange windet. Am Boden liegt bisweilen ein Gefäß, aus dem Wasser rinnt, wohl ein Hinweis darauf, daß der Heros auch mit Quellen in Verbindung gebracht wurde.

Synkretistische Vorstellungen haben in den Kult des Reiterheros ganz offensichtlich vielfach Eingang gefunden. Auf manchen Darstellungen trägt er Attribute des Apollo, des Silvanus, des Mars, des Aesculap, des Dionysus, des Pluto, des Mercur, des Sabazios, des Mithras und selbst des Iuppiter. Man hat in dieser rätselhaften Gottheit deshalb manchmal einen mit monotheistischen Zügen versehenen Übergott erkennen wollen. Vergesellschaftung mit anderen Göttern kommt gleichfalls vor, namentlich mit Dionysus, Cybele, Mars, Minerva, Aesculap, den Dioskuren und Epona.

Die Darstellungen des Reiterheros setzen in hellenistischer Zeit ein und verschwinden im Laufe des 4. Jahrhunderts n. Chr. Der Höhepunkt des Kults lag im 2. und 3. Jahrhundert n. Chr. Den Weihinschriften nach wurde der Heros keineswegs nur von Thrakern, sondern auch von Griechen und Römern verehrt, wenngleich ausschließlich in Gebieten, die mit dem thrakischen Volkstum in Berührung standen.

## Epona

*Abb. 66, 82, 262, 276, 277, 278, 279, 280, 281*

Neben den Dioskuren war Epona die ausgesprochenste Pferde- und Reitergottheit der Römer. Ihr Kult wie auch ihr Name waren keltischen Ursprungs. Ursprünglich dürfte es sich um eine stutengestaltige Göttin gehandelt haben, die dann unter römisch-hellenistischem Einfluß zu einer bald matronenhaft würdevoll, bald mädchenhaft zierlich dargestellten Frau wurde. Kerngebiet der Eponaverehrung war Ostgallien, man findet aber in der Kaiserzeit zahlreiche Zeugnisse ihres Kultes in allen Nordwestprovinzen des Reiches und auch im Mittelmeerraum, in Spanien, Italien, Griechenland, dem Schwarzmeergebiet und in Nordafrika.

Epona ist, abgesehen von den Amazonen, das einzige weibliche Wesen, das die Römer regelmäßig zu Pferde abgebildet haben. Sie fährt nie im Wagen, sondern sitzt entweder seitlich, wie auf einem Damensattel, oder im Herrensitz auf ihrem Reittier. Manchmal begleitet sie ein Fohlen oder ein Hund. Wenn die Göttin nicht reitet, pflegt sie zwischen zwei Pferden thronend oder stehend dargestellt zu werden. Im Arm oder auf dem Schoß hält sie einen Früchtekorb, auch Füllhorn oder Opferschale kommen vor.

Epona war für alle Reit- und Zugtiere zuständig, soweit sie Equiden waren, also auch für Maultiere und Esel. Reisende und Händler errichteten ihr besonders häufig Votivsteine. Wagenlenker und Kavalleristen vertrauten gleichfalls auf ihren Beistand. Wie verbreitet der Kult der Epona war, geht auch aus den Angriffen christlicher Schriftsteller hervor. So schreibt im 2. Jahr-

ḃ. bb. 275 Der Thrakische Reiterheros
ız ehrt von der Jagd zurück. Er hält in der
nd‹and ein Reh oder ein Hirschkalb, in das
itésch ein Löwe verbissen hat, dem der
und des Jägers gegenübersteht. Dem
eros folgt ein Begleiter, der den Pferde-
hweif hält. Der Heros reitet auf zwei ver-
hleierte Frauen, wohl Adorantinnen, zu.
n unteren Feld Kampf zwischen Stier,
är und Löwe. Der von einem gewissen
ιάρκος Λούκιος gesetzte Stein ist dem
αλτοβυσηνός geweiht. Bukarest, Museum.

ɔb. 276 Der Thrakische Reiterheros und
pona. Im oberen Feld reitet der speer-
b. hwingende Heros auf einen Altar und
n, nen von einer Schlange umwundenen
ch ıum zu. Im unteren Feld steht Epona
ır wischen zwei kleinen Pferden. Gefunden
siaı Castell *Augustae* (Hărletz in Bulgarien),
da Jahrhundert n. Chr. Bukarest, Museum.

ANHANG

# *Zur Körpergröße römischer Pferde*

Ergänzend zu den im Kapitel „Die römischen Pferde" gemachten Angaben soll im folgenden eine Zusammenstellung von Pferdegrößen geboten werden, die aufgrund von gefundenen Skeletten oder Skeletteilen mit einiger Annäherung errechnet werden konnten. Die Widerristhöhe bedeutet stets das Stockmaß.

## Vorrömische Pferde

In Ägypten blieben drei weitgehend vollständige Skelette aus dem 2. Jahrtausend v. Chr. erhalten. Ein in Buhen ausgegrabenes Tier nicht sicher bestimmbaren Geschlechts, das aus dem 17. Jahrhundert v. Chr. stammt, mißt nach Clutton-Brock 150 cm, der Körperbau war araberähnlich schlank. Ähnliches gilt für ein Skelett aus Theben (15. Jahrhundert), das Boessneck auf 143 cm berechnet. Ein in Soleb gefundenes Pferd aus etwa der gleichen Zeit gehörte nach Ducos zu einem etwas gedrungener gebauten Hengst von 136 cm Widerristhöhe.

In zwei hethitischen Gräbern in Osmankayasi (Anatolien) aus der Mitte des 2. Jahrtausends fanden sich zwei Hengste von 142 und 143 cm Widerristhöhe, sowie Reste von anderen Tieren, die zwischen 130 und 140 cm maßen. Der Körperbau ähnelte dem der schlanken ägyptischen Tiere. (Herre/Röhrs, Boessneck)

In skythischen Gräbern kamen Hunderte von Pferdeskeletten zutage, doch erfolgten die meisten Ausgrabungen zu einer Zeit, als man auf die Auswertung dieses Materials noch keinen Wert legte. Sie scheinen Größen zwischen 125 und 142 cm gehabt zu haben, was sich mit den in den Kurganen von Pazyryk gefundenen vollständig erhaltenen Pferden der Altaiskythen (5.–4. Jahrhundert v. Chr.) decken würde, die zwischen 125 und 144 cm, in einigen Fällen aber 150 cm und mehr hatten. (Rudenko, Vitt) Gleichfalls skythischen Ursprungs waren die Pferde in den bei Szentes Vekerzug (Ungarn) gefundenen Gräbern (5. Jahrhundert v. Chr.). Es waren grobe Tiere von 122–134 cm. (Bökönyi)

Die 10 Pferde aus getischen Gräbern des 4. und 3. Jahrhunderts v. Chr. aus Zimnicea (Rumänien) hatten 130–146 cm Widerristhöhe bei einem Mittelwert von 136 cm. (Haimovici) Die Geten saßen zwischen den Thrakern und Skythen.

Auf Salamis (Zypern) wurden in mehreren Gräbern des 7. Jahrhunderts v. Chr. Pferde samt ihren Wägen gefunden. Ducos errechnete bei 8 von ihnen Größen zwischen 121 und 154 cm (Mittelwert 138 cm).

Ein hellenistisches Kuppelgrab bei Pylos auf der Peloponnes enthielt zahlreiche Knochen von Tieren mit Widerristhöhen von 137–155 cm mit einem Mittelwert bei 147 cm. (Nobis)

In der Heuneburg in Württemberg, deren Fundgut von der Hallstatt- bis in die frühe La-Tène-Zeit reicht, konnten Pferde zwischen 123 und 143 cm mit einem Mittelwert von 130 cm festgestellt werden. (Graf) Die Pferde von La Tène (Schweiz) waren im Schnitt 126 cm groß und von zierlichem Körperbau. Das weitaus umfangreichste Material aus der La-Tène-Zeit bietet Manching in Oberbayern, wo Tausende von Knochen gefunden wurden, die zu wenigstens 77 Individuen gehört haben. Das Größenspektrum der Mehrzahl der Pferde reicht von 110 bis 137 cm mit einem Mittelwert von 124 cm. Daneben gab es aber noch eine kleine Gruppe von größenmäßig deutlich abgesetzten Tieren mit Widerristhöhen bis zu 150 cm und leicht darüber, die man für Importe aus Süd- oder Osteuropa hält. (Liepe, Frank, Bökönyi, Boessneck)

Auch in Britannien wurden keltische Pferde gefunden. Die Pferde von Glastonbury hatten Widerristhöhen von 110–123 cm mit einem Schnitt von nur 115 cm (Luff). Größer waren die Pferde von Barley mit 126–148 cm bei einem Mittelwert von 138 cm. (Luff)

In dem etruskischen Wagengrab von Populonia (5. Jahrhundert v. Chr.) wurden zwei elegant gebaute Pferde von 132 cm und 133 cm Stockmaß gefunden. (Azzaroli) Wesentlich plumper war ein venetisches Pferd aus einem Grab in Padua. Es maß 138 cm. Die ausnehmend großen Pferde aus dem keltischen, vielleicht auch venetischen Grab von Canal Bianco (3. Jahrhundert v. Chr.) hatten zwischen 150 und 155 cm.

## Römische Pferde

Römerzeitliche Pferde sind in Italien bisher in nur sehr geringer Zahl aufgetaucht oder zumindest ausgewertet worden. Drei Pferde, deren Reste in der Villa des Tiberius bei Sperlonga im südlichen Latium gefunden wurden, hatten 130–135, 140–145 und 145–150 cm Widerristhöhe. (Azzaroli)

Ein vorwiegend vom 3. bis zum 5. Jahrhundert n. Chr. benutzter Schindanger in Marseille enthielt Knochen von wenigstens 18 Pferden, die 116–143 cm mit einem Mittelwert bei 131 cm maßen. (Jourdan) Ein wesentlich größerer Schindanger in Paris, Rue Henri-Barbusse, wies Knochen von mindestens 43 Pferden auf. Die erwachsenen hatten Widerristhöhen von 135–162 cm (Poulain-Josien)

Die wenigen Knochen, die aus den Funden von Schutthügeln des Legionslagers Vindonissa (Windisch, Schweiz) aus dem 1. Jahrhundert n. Chr. ausgewertet werden konnten, ließen auf Tiere von 140–142 cm Größe schließen. (Ammann) Ein unter den Fundamenten des römischen Theaters von Lenzburg (Schweiz) vergrabenes Pferd der frühen Kaiserzeit war etwa 140 cm groß. (E. Schmid)

In einem Brunnenschacht in Kaiseraugst, Aargau (Schweiz), gefundene Pferdeskelette gehörten zu 1 Stute, 2 Wallachen und 3 Hengsten oder Wallachen, die zwischen 6 und 17 Jahre alt waren. Sie maßen zwischen 142 und 150 cm, Mittelwert 146 cm. Insgesamt war der Anteil der Pferdeüberreste an den in Augst und Kaiseraugst ausgegrabenen 8,5 Tonnen römischer Tierknochen sehr gering, er nahm jedoch vom 1. zum 4. Jahrhundert n. Chr. stetig zu. Zum Teil ließen sich Spuren von Schlachtung beobachten. Die Größen schwankten zwischen 129 und 151 cm, der Schnitt lag bei 141 cm. (Jörg Schibler, Elisabeth Schmid, Markert-Eisener)

Auf dem Magdalensberg bei Klagenfurt fanden sich Pferdeknochen, die zum kleineren Teil noch aus spätkeltischer Zeit, zum größeren aus dem 1. Jahrhundert n. Chr. stammten. Die Mindestindividuenzahl betrug nach Ehret und Hornberger 12, von denen zwei nur das Fohlenalter erreichten. Die Widerristhöhen der erwachsenen Tiere schwankten zwischen 125 und annähernd 150 cm mit einem Mittel bei 138 cm. Die Pferdereste in Lauriacum bei Linz ließen nach Rudolf Müller auf Widerristhöhen von 135–150 cm schließen.

In Tác (Gorsium) in Ungarn wurde eine große Masse von Pferdeknochen ausgegraben, die zu über 60 Individuen gehört haben müssen. Bökönyi ermittelte Widerristhöhen zwischen 124,7 und 161,3 cm, der Mittelwert lag bei etwa 138 cm. Der Körperbau war schlank bis mittelschlank.

Im Castell Eining in Niederbayern, das vom späten 1. bis zum 5. Jahrhundert n. Chr. belegt war, wurden von Erdmute Lipper Knochen von 128,7–155,2 cm festgestellt, Mittelwert 143,2. Einige der Knochen stammen wahrscheinlich jedoch nicht von Pferden, sondern von Maultieren. Die Autorin vermutet wohl mit Recht, daß auch an anderen Fundplätzen sich Pferde- und Maultierknochen gemischt haben, ohne daß das immer erkannt worden ist. Maultiere werden nicht selten größer als die Stuten, von denen sie abstammen.

Boessneck analysierte in *Cambodunum* (Kempten) Knochen von zwei Pferden mit 140 cm Widerristhöhe, einem mit 150 cm und einem mit mindestens 155 cm. Der gleiche Autor stellte auf dem Lorenzberg bei Epfach im Allgäu bei der Mehrzahl der Pferde Höhen von 130–145 cm fest, einige waren nur um 125 cm groß, andere dagegen 150–155 cm.

Die Pferde im spätrömischen Castell *Vemania* in der Nähe von Isny im Allgäu maßen, den von mindestens 7 Individuen stammenden Knochen nach zu schließen, um 140 cm. (Piehler)

Die Knochenfunde im Castell Künzing in Niederbayern, die dem späten 1. bis mittleren 3. Jahrhundert n. Chr. angehören, ergaben nach Swegat Größen zwischen 128 und 149 cm, Mittel um 138 cm.

Bei den Grabungen in den spätrömischen Schichten von Günzburg an der Donau ließ sich eine „große Stute" nachweisen (Streitferdt). Derselbe Autor ermittelte unter den in Pocking südlich von Passau gefundenen Knochen (Zivilsiedlung des 1. bis 3. Jahrhunderts n. Chr.) die Überreste eines „mittelgroßen Hengstes", in Marzoll bei Bad Reichenhall (*villa rustica* des 1. bis 3. Jahrhunderts) die von zwei Pferden mit 132 cm Widerristhöhe.

Die 5 Pferde, von denen Überreste in Wehringen bei Schwabmünchen südlich von Augsburg gefunden wurden (*villa rustica* des 2. Jahrhunderts n. Chr.), waren nach von Houwald 130–145 cm groß und wiesen mittelschlanken Wuchs auf. In einer Zivilsiedlung in Pfaffenhofen am Inn stellten von Houwald und Streitferdt Knochen von wenigstens 14 Pferden vorwiegend des 2. Jahrhunderts n. Chr. fest, deren Widerristhöhen zwischen 133 und 152 cm mit einem Mittel bei 142 cm schwankten. Die Tiere waren mittelschlank bis schlank.

Ausgrabungen in der Zivilsiedlung Hüfingen bei Donaueschingen förderten die Knochen von über 20 Pferden zutage, deren Widerristhöhen nach Sauer-Neubert bei 130–150 cm mit einem Mittel von gut 140 cm lagen. Die Tiere waren mittelschlank. In Breisach fand man zwei Pferde von 139,4 und 145,5 cm Widerristhöhe. (Schmidt-Pauly)

Im Lagerdorf des Castells Rainau-Buch in Württemberg (2./3. Jahrhundert n. Chr.) stieß man auf die Überreste von mindestens 17 Pferden. Bei zwei von den sieben männlichen Individuen dürfte es sich nach Gulde um Wallache gehandelt haben. Die Widerristhöhen schwanken zwischen 129 und 151 cm mit einem Mittelwert von 140,8 cm. Der Körperbau der meisten Tiere war „mittelderb". Im Reiterlager Aalen (2./3. Jahrhundert) fand sich das vollständige Skelett eines 145 cm großen mittelschlanken Hengstes.

In den 2,5 Tonnen vorwiegend aus dem 1. und frühen 2. Jahrhundert stammender Tierknochen der römischen Castelle und der Zivilstadt *Arae Flaviae* bei Rottweil am Neckar hat Mostefa Kokabi die Reste von mindestens 8 Pferden ausgemacht. Zwei davon gehörten gewiß Hengsten, der Rest war nicht einzuordnen. Die Widerristhöhen schwankten zwischen 137 und knapp über 150 cm mit einem Mittelwert bei 144 cm. Die Tiere waren mittelschlank bis kräftig.

Hilzheimer ermittelte im Castell Cannstatt bei Stuttgart 4 Individuen, deren größtes 144 cm hoch gestanden sei. Auf der Saalburg im Taunus stellte der gleiche Autor Widerristhöhen von 136–140 cm fest.

Im Lagerdorf Butzbach in der Wetterau (2./3. Jahrhundert n. Chr.) fanden sich nach Habermehl die Reste von 5 Pferden mit Widerristhöhen von 130,6–161,5 cm, der Mittelwert lag bei 149,8 cm. Die Länge einer *tibia* ließ sogar auf 167,8 cm für ein Tier schließen, doch dürfte das nach Bökönyi zu hoch gegriffen sein.

Im Castell *Asciburgium* bei Asberg am Rhein hat Requate vier Skelette aus dem 1. Jahrhundert n. Chr. ausgewertet. Er kommt auf Widerristhöhen von 140–150 cm und spricht von einem kleinen vollblutähnlichen Typ, der einer deutlich anderen Rasse angehört habe als die Germanenponies.

Aus dem 1. bis 3. Jahrhundert n. Chr. stammende Knochen aus Mainz gehörten nach Hemmer und Jaeger zu Pferden von 130 bis 145 cm Höhe. Die Einkreuzung spanischer Pferde, die diese beiden Forscher aufgrund des Vorkommens „rammsnasiger" Individuen vermuten, wird von Nobis bezweifelt.

In einer römerzeitlichen Siedlung in Bonn wurden von Wendt kleinere Pferde um die 125 cm und größere von 136–140 cm gefunden.

Die 31 Pferde von Krefeld-Gellep, die im Text ausführlich besprochen worden sind, hatten Widerristhöhen von 117 bis 154 cm. Die meisten waren von mittelschlankem Wuchs (Nobis). In Froitzheim und Dormagen stellte Mennerich schwer gebaute Pferde von 131–144,9 cm Stockmaß fest. Außer dem von Mennerich untersuchten Material fand Kokabi in Dormagen noch Reste eines „älteren, großen und kräftigen", wahrscheinlich männlichen Tieres, das eine Widerristhöhe von 145 cm gehabt haben dürfte. Die Knochen aus *Colonia Ulpia Traiana* bei Xanten gehörten nach Waldmann zu Pferden von 127–155 cm Höhe mit einem Mittel etwas über 140 cm. Bei zwei weiteren Pferden, die dort gefunden wurden, handelte es sich nach Markert/Eisener um Hengste oder Wallache, einen 8jährigen mit 146 cm Stockmaß und einen 19jährigen mit 129 cm.

Im Castell Valkenburg Z. H. in Holland, das von der Mitte des 1. bis zur Mitte des 3. Jahrhunderts n. Chr. belegt war, wurden Überreste von wenigstens 12 Pferden mit Widerristhöhen zwischen 130 und 152 – vielleicht auch 159 – cm gefunden, mit einem Mittelwert um 140,5 cm (Clason). Der Vergleich von Pferden, die man auf Militärgelände und auf zivilen Fundstellen antraf, soll in Holland recht verschiedene Größen zeigen. Die Tiere von Valkenburg und Kesteren, beides militärische Anlagen, waren mit im Schnitt 140,5 bzw. 142,3 cm deutlich größer als die auf dem Areal eines gleichzeitigen landwirtschaftlichen Anwesens bei Rijswijk gefundenen, die zwischen 123,6 und 144,6 cm hatten bei einem Mittel von 131,5 cm.

Ewarts klassische, aber veraltete Untersuchung der in Newstead (Schottland) ausgegrabenen Skelette ist von R. M. Luff noch einmal überprüft worden, soweit das Material noch vorhanden war. Die Pferde lagen demnach zwischen 134 und 150 cm. Ewart hatte Tiere zwischen 122 und 153 cm festgestellt.

In Cranborne Chase in England fand Pitt-Rivers Ende des letzten Jahrhunderts Pferde mit durchschnittlichen Widerristhöhen von knapp 120 cm (in Totherley) und 132 cm (in Woodyates).

In Frocester in England ermittelte Luff an 7 Individuen aus dem 1. bis 4. Jahrhundert Größen von 124–159 cm bei einem Mittel von 137 cm. Auffallend war dabei, daß die beiden größten Tiere aus dem 1. Jahrhundert stammten. In Chelmsford (selbe Zeitspanne) wiesen 9 Pferde Widerristhöhen zwischen 124 und 146 cm auf, Mittelwert 136 cm. (Luff)

Übereinstimmend wird festgestellt, daß die größte Kategorie der Römerpferde, Tiere von 150 cm und darüber, in der Völkerwanderungszeit verschwindet und erst im hohen Mittelalter wieder auftaucht. Die Durchschnittsgröße lag jedoch nur wenig unter der der Römerzeit. Ein repräsentatives Bild vom Pferd des 5. bis 10. Jahrhunderts vermittelt die Analyse von 157 Skeletten, die in germanischen Gräbern auf dem Gebiet der einstigen DDR gefunden wurden. (H.H. Müller) Die Tiere maßen zwischen 128 und 150 cm, im 5./6. Jahrhundert lag der Mittelwert bei 135,5 cm, im 7./8. bei 138 cm und im 9./10. bei 138,6 cm. Es kamen sowohl schlank- wie breitwüchsige Pferde vor, der Anteil der letzteren war jedoch höher als bei den Tieren der Römer.

| | | |
|---|---|---|
| | 82 | Errichtung eines Reiterdenkmals für Sulla. |
| | 81 | Erstmalige Abhaltung der *Ludi Victoriae (Sullanae).* |
| 58–51 | | Eroberung Galliens durch Caesar. |
| | 52 | Belagerung von Alesia, Kapitulation des Vercingetorix. |
| 53 | | Schlacht bei Carrhae. Schwere Niederlage der Römer unter Crassus gegen die Parther. |
| 50–45 | | Bürgerkrieg zwischen Caesar und der Senatspartei. |
| | 49 | Caesar schlägt die Pompeianer in Spanien (Ilerdafeldzug). |
| | 48 | Entscheidender Sieg Caesars über Pompeius bei Pharsalus. |
| | 46 | Caesar schlägt die Pompeianer bei Thapsus in Nordafrika. |
| | 45 | Caesar schlägt die Pompeianer bei Munda in Spanien. |
| 46 | | Erstmalige Abhaltung der *Ludi Victoriae Caesaris.* |
| 45 | | Caesar Dictator auf Lebenszeit. |
| 45 | | *Lex Iulia municipalis* Caesars (Regelung des römischen Straßenverkehrs, Fahrverbote in der Innenstadt). |
| 44 | | Ermordung Caesars. |
| 44–42 | | Bürgerkrieg Octavians und Antonius' gegen die Caesarmörder. |
| | 42 | In den Schlachten von Philippi werden die Republikaner unter Brutus und Cassius von Antonius und Octavian entscheidend geschlagen. |
| 40–36 | | Seekrieg Octavians gegen Sextus Pompeius. |
| 38–34 | | Wenig erfolgreiche Feldzüge des Antonius gegen die Parther. |
| 33–30 | | Bürgerkrieg zwischen Octavian und Antonius. |
| | 31 | Seeschlacht bei Actium, Octavian und sein Feldherr Agrippa siegen entscheidend über Antonius und Cleopatra. |
| 31 | | Wiederaufbau des Circus Maximus durch Octavian und Agrippa. |
| 28 | | Octavian wird mit dem Namen Augustus geehrt und erhält auf Dauer das proconsularische Imperium in denjenigen Provinzen, in welchen die Masse des Heeres steht; Beginn des Principats. |
| **27 v. Chr. – 476 n. Chr.** | | **Römisch–Weströmisches Kaiserreich** |
| **27 v. Chr. – 14 n. Chr.** | | **Augustus (Iulisch-claudisches Haus 27 v. Chr. – 68 n. Chr.)** |
| 20 v. Chr. | | Tiberius sichert den römischen Einfluß in Armenien und erreicht die Rückgabe erbeuteter Feldzeichen von den Parthern. |
| 15 v. Chr. | | Alpenfeldzug des Drusus und Tiberius. Unterwerfung der Raeter und Vindelicer im Zentralalpen- und nördlichen Voralpengebiet. |
| 12–11 v. Chr. | | Tiberius unterwirft Illyrien bis zur Donau. |
| 12–9 v. Chr. | | Erfolgreiche Feldzüge des Drusus gegen die Germanen in Nordwest- und Mitteldeutschland. |

| | | |
|---|---|---|
| 11 v. Chr. | | Erstmalige Abhaltung der *Ludi Augustales*. |
| 6–9 n. Chr. | | Pannonischer Krieg. Tiberius wirft nach schweren Kämpfen den Aufstand nieder. |
| 9 | | Vernichtung der Armee des Varus durch die Cherusker unter Arminius im Teutoburger Wald. |
| 10–12 | | Erfolgreiche Feldzüge des Tiberius gegen die Germanen. |
| 13–16 | | Überwiegend erfolgreiche Feldzüge des Germanicus gegen die Germanen. |
| **14–37** | | **Tiberius** |
| **37–41** | | **Caligula** |
| **41–54** | | **Claudius** |
| 43–50 | | Eroberung des südlichen Teils von Britannien. |
| **54–68** | | **Nero** |
| 56–63 | | Feldzüge Corbulos gegen die Parther. Sie enden nach wechselvollem Verlauf mit einem mäßigen Erfolg der Römer. |
| 61 | | Aufstand der Britannier unter Königin Boudicca wird nach anfänglichen Schlappen niedergeschlagen. |
| 66–73 | | 1. Jüdischer Krieg. Vespasian und sein Sohn Titus brechen nach langwierigen Kämpfen den jüdischen Widerstand. |
| | 69–70 | Belagerung und Zerstörung von Jerusalem. |
| 68/69 | | Nach dem Sturz Neros Vierkaiserjahr (Galba, Otho, Vitellius, Vespasian). Bürgerkrieg zwischen den um die Kaiserwürde kämpfenden Armeekommandeuren. Entscheidender Sieg der Vespasianer in der 2. Schlacht von Bedriacum (bei Cremona). |
| 69–71 | | Aufstand der Bataver unter Civilis am Niederrhein, der mit Meutereien in der Armee einhergeht, wird von Cerialis niedergeschlagen. Reorganisation der Rheinarmee. |
| **69–79** | | **Vespasian (Flavisches Haus 69–96)** |
| 77–84 | | Feldzüge Agricolas im nördlichen Britannien. |
| | 84 | Sieg Agricolas über die Caledonier in der Schlacht am *Mons Graupius*. |
| **79–81** | | **Titus** |
| 79 | | Vesuvausbruch, Untergang von Pompeii und Herculaneum. |

| | |
|---|---|
| **81–96** | **Domitian** |
| 83–84 | Domitian besiegt die Chatten, besetzt das Decumatenland in Südwestdeutschland und beginnt mit der Anlage des Limes. |
| 85–92 | Kriege im östlichen Donauraum gegen Daker, Markomannen, Quaden und Sarmaten. Nach mehreren Niederlagen enden die Kämpfe mit der Konsolidierung der römischen Position. |
| 88–89 | Revolte der obergermanischen Legionen unter Saturninus wird niedergeschlagen. |
| **96–98** | **Nerva (Adoptivkaiser und Antonine 96–192)** |
| **98–117** | **Traian** |
| 101–107 | Dakische Kriege. Die Daker unter Decebalus werden von Traian entscheidend geschlagen und ihr Gebiet, etwa das heutige Rumänien, dem Reich einverleibt. |
| 103 | Traian baut den Circus Maximus aus. |
| 113–117 | Partherkrieg. Traian schlägt die Parther und erobert Armenien und Mesopotamien. Größte Ausdehnung des Römischen Reiches. |
| **117–138** | **Hadrian** |
| 132–135 | 2. Jüdischer Krieg. Er endet mit der Zerstreuung des jüdischen Volkes. |
| **138–161** | **Antoninus Pius** |
| **161–180** | **Marcus Aurelius** |
| 162–165 | Erfolgreicher Partherkrieg des Lucius Verus. |
| 166–179 | Markomannenkriege. Nachdem sie die Donaugrenze überrannt und tiefe Einbrüche in das von einer verheerenden Pest heimgesuchte Reich erzielt haben, werden die Markomannen und ihre Verbündeten von Marcus in großen Gegenoffensiven zurückgeschlagen. |
| **180–192** | **Commodus** |
| 193 | Bürgerkrieg. Septimius Severus setzt sich gegen mehrere Konkurrenten durch. |
| **193–211** | **Septimius Severus (Severisches Haus 193–235)** |
| 195–202 | Erfolgreicher Partherkrieg. |
| 208–211 | Feldzüge in Nordbritannien. |

| | |
|---|---|
| **211–217** | **Caracalla** |
| 212 | Constitutio Antoniniana. Erteilung des Bürgerrechts an alle freien Bewohner des Reiches. |
| **222–235** | **Severus Alexander** |
| 226 | Ardaschir begründet in Persien die Sassanidenherrschaft. |
| 230–233 | Unentschiedener Krieg zwischen Ardaschir und Severus Alexander. |
| 233 | Die Alamannen durchbrechen den Limes. |
| **235–284** | **Soldatenkaiser**<br>18 Kaiser, ohne Gegenkaiser mitzuzählen, in 39 Jahren. |
| 243 | Furius Timesitheus, der Feldherr Gordians III., schlägt die Perser unter Schapur I. (Sapor) bei Resaena. |
| 251 | Niederlage und Tod des Decius gegen die Goten bei Abrittus (oder *Forum Terebronii*). |
| **253–268** | **Gallienus** |
| 260 | Die Alamannen überrennen den Limes. Das Gebiet jenseits von Rhein, Iller und Donau wird aufgegeben. |
| 260 | Galliens Vater Valerian wird von den Persern unter Schapur bei Edessa geschlagen und samt seiner Armee gefangengenommen. |
| 268 | Revolte des Aureolus in Mailand. |
| 268 | Claudius II. Gothicus besiegt die Alamannen und Goten. |
| **270–275** | **Aurelian** |
| 271 | Aurelian, zunächst bei Placentia geschlagen, besiegt die Juthungen und Alanen bei Fanum und Pavia. |
| 271 | Der Bau der Aurelianischen Mauer wird begonnen. Rom wird erstmals seit republikanischer Zeit befestigt. |
| 271–272 | Krieg gegen Zenobia von Palmyra. |
| 272 | Entscheidender Sieg Aurelians bei Emesa. |
| **276–282** | **Probus**<br>Erfolgreiche Sicherung der Rhein- und Donaugrenzen. |
| **284–305** | **Diocletian**<br>Völlige Reorganisation des römischen Staates. Beginn der Dominat genannten absolutistischen Regierungsform. Aufteilung des Reiches unter zwei Haupt- und zwei Nebenkaiser unter Wahrung der Reichseinheit (Tetrarchie). |
| 296 | Niederlage des Galerius gegen die Perser unter Narses bei Callinicum. |

| | |
|---|---|
| 297 | Entscheidender Sieg des Galerius über Narses. |
| **305–311** | **Galerius** |
| **306–337** | **Constantin der Große** |
| 312 | Constantin schlägt seinen Rivalen Maxentius bei Turin und an der Milvischen Brücke. |
| 313 | Im Edikt von Mailand wird das Christentum als gleichberechtigte Religion anerkannt. |
| 324 | Constantin schlägt seinen östlichen Mitkaiser Licinius bei Adrianopel und Chrysopolis und übernimmt die Alleinherrschaft. |
| 326 | Gründung von Constantinopel, der späteren Hauptstadt des Oströmischen Reiches. |
| **337–361** | **Constantius II** |
| 337–350 | Unentschiedener Krieg zwischen Constantius und Schapur II. von Persien. |
| 351 | Constantius schlägt den Usurpator Magnentius bei Mursa. |
| 355 | Die Franken überrennen die Rheingrenze. |
| **(355) 361–363** | **Iulian (Apostata)** |
| 357 | Iulian schlägt die Alamannen bei *Argentorate*. |
| 363 | Ergebnisloser Sieg über Schapur II. von Persien bei Ktesiphon. |
| 378 | Im Westen besiegt Gratian die Alamannen. Im Osten erleidet Valens eine vernichtende Niederlage gegen die Goten bei Adrianopel. |
| **379–395** | **Theodosius I (Osten)** |
| 394 | Sieg über den Usurpator Eugenius und dessen Feldherrn Arbogast bei Aquileia, kurze Wiederherstellung der Reichseinheit. |
| 395 | Endgültige Aufteilung in Weströmisches und Oströmisches Reich. |
| Um 400 | Ende der militärischen Besetzung des nördlichen Voralpengebiets durch die Römer. |
| 402 und 403 | Siege des weströmischen Feldherrn Stilicho über die Westgoten unter Alarich bei Pollentia und Verona. |
| 407 | Die römischen Truppen beginnen Britannien zu räumen. |
| 410 | Alarich erobert Rom. |
| 451 | Der weströmische Feldherr Aëtius schlägt die Hunnen Attilas auf den Catalaunischen Feldern (Châlons). |

| | |
|---|---|
| 476 | Absetzung des letzten weströmischen Kaisers Romulus Augustulus durch Odoaker. |
| **527–565** | **Iustinian**<br>Letzter, zunächst weitgehend erfolgreicher Versuch Ostroms, die an germanische Herrscher verlorenen Westgebiete des Reiches zurückzuerobern. |
| 532 | Sogenannter Nika-Aufstand. Die von den Circusparteien getragenen Unruhen in Constantinopel werden von Iustinian blutig niedergeworfen. |
| 549 | Letztes Wagenrennen im Circus Maximus unter dem Ostgotenkönig Totila. |

# Nachwort zur 4. Auflage 2008

Seit die drei Bände „Die Reiter Roms" in den Jahren 1990–1992 erstmals erschienen sind, hat das bis dahin eher vernachlässigte Pferdewesen der Römer große Aufmerksamkeit in der Forschung gefunden. Zu allen hier untersuchten Aspekten liegen zahlreiche neue Publikationen vor, die in den erheblich erweiterten Literaturverzeichnissen berücksichtigt worden sind. Im folgenden möchte ich kurz auf einige der wichtigsten Linien und Ergebnisse eingehen, soweit sie die in diesem Band behandelten Bereiche berühren.

Mit dem Thema in seiner Gesamtheit befaßte sich Ann Hyland in ihrem Buch *„Equus"*, das 1990, wenige Monate nach dem Erscheinen des 1. Bandes des vorliegenden Werkes, in England herauskam (HYLAND 1990). Hyland ist eine erfahrene Western- und Distanzreiterin. Dementsprechend spielt auch bei ihr der praktische Ansatz eine große Rolle, wobei sie von Peter Connolly mit Rekonstruktionen unterstützt wurde. Auf systematische Versuche in voller Ausrüstung hat sie freilich verzichtet. Zu Fragen der Pferdehaltung, des Reitzubehörs und seiner Anwendung hat sie erwartungsgemäß viele interessante Beobachtungen beizusteuern, wenn sie auch manchmal in modernen Verfahrensweisen befangen bleibt, etwa in ihrer Ablehnung der auf den Denkmälern dargestellten Fußhaltung mit locker nach unten weisender Fußspitze (Abb. 7). Andere wichtige Aspekte werden äußerst summarisch abgehandelt oder völlig unbeachtet gelassen (siehe meine Rezension in den Bonner Jahrbüchern, JUNKELMANN 1992).

Die Auswertung neuerer Funde von Knochen römischer Equiden weist in die gleiche Richtung, die im Text und im Anhang ausgeführt wurde. Im Gräberfeld „im Sager" bei Kaiseraugst wurde ein bestatteter Hengst von 147 cm Widerristhöhe ausgegraben (KAUFMANN 1994, 374 f.). Das Grab gehört ins späte 1. Jahrhundert n. Chr. Man hat das in Beziehung gesetzt zu den Abmessungen einer in Augst gefundenen lebensgroßen Reiterstatue (siehe unten), die eine Pferdehöhe von 150 cm aufweist (JANIETZ SCHWARZ/ROUILLER 1996, 41). Sabine Deschler-Erb teilt den Fund eines wenigstens 150,8 cm großen vierjährigen Hengstes aus einem Brunnen im *vicus* von Groß-Gerau mit (DESCHLER-ERB Sabine 1999, 65 und 68). Deschler-Erb gibt bei der Auswertung einschlägiger Fundstatistiken zu bedenken, daß bisher in den meisten Fällen nicht untersucht wurde, ob es sich um die Überreste von Pferden, Eseln oder Maultieren handelt. Man sollte daher besser von Equiden sprechen und insbesondere keine Rassezuweisungen versuchen. In einer Kadaverstätte in Solothurn wurden überwiegend Maultierknochen identifiziert. Da die Stätte zu einer Pferde- und Maultierwechselstation gehört zu haben scheint, ist das nicht erstaunlich, denn zum Kutschenziehen wurden ja hauptsächlich Maultiere verwendet (ebda., 66 f.). Esel konnten nördlich der Alpen bisher nur sehr selten nachgewiesen werden, weshalb davon auszugehen sei, daß die meisten, wenn nicht alle Maultiere aus dem Mittelmeerraum importiert wurden (ebda.; UERPMANN 1994). Maultiere konnten auch in Dangstetten und Kalkriese festgestellt werden (UERPMANN 1994), ferner im Kavalleriecastell von Carnuntum, wo ihre Überreste mit Knochen anderer Tiere zusammen in einem Spitzgraben entsorgt worden waren (KUNST 1997). Auffallend ist in Carnuntum der Unterschied zur Vergrabung vollständiger Pferdeskelette, in der Günther K. Kunst zwar keine eigentliche Bestattung, aber doch ein respektvolleres Verfahren gegenüber der Beseitigung der Trag- und Zugtiere sieht (ebda., 188–192). Die Carnuntiner Pferde waren alle männlich, das Alter schwankte zwischen 5 und 11 Jahren. Zwei der vollständigen erwachsenen Pferde liegen mit einer Widerristhöhe von ca. 143 cm im Durchschnitt, eines war mit ca. 158 cm außergewöhnlich groß (ebda., 192–203). Im Castell von Ladenburg am Neckar (1./2. Jahrhundert n. Chr.) wurden zwei Hengste ausgegraben, von denen einer 144 cm, der andere 150 cm maß (TEICHERT 1994, 361).

Die Frage, inwieweit das Fleisch von Equiden in der Römerzeit dem menschlichen Verzehr diente, ist nach wie vor umstritten. Entsprechende Schnittspuren lassen sich gelegentlich feststellen, doch weisen die Indizien weiterhin daraufhin, daß sich der Verzehr – Notsituationen ausgenommen – auf wenig romanisierte einheimische Bevölkerungselemente beschränkt hat (DESCHLER-ERB Sabine 1994, 69). Die handwerkliche Nutzung von Pferdeknochen war dagegen relativ häufiger als die von Rinderknochen (ebda., 68).

Anne Kolb hat dem „Transport und Nachrichtentransfer" eine ausführliche Monographie gewidmet (KOLB 2000). Sie betont, daß der von Augustus begründete *cursus publicus* keine Post und kein Nachrichtendienst im modernen Sinne gewesen ist. Er war ein staatlich organisiertes Transportsystem, der eine Infrastruktur von Fahrzeugen, Reit-, Trag- und Zugtieren sowie von Wechselstationen und Unterkünften bot, doch die Transporte und Kurierdienste mußten die Nutzer selbst übernehmen. Die Gespanne bestanden vorwiegend aus Maultieren, bei Schwertransporten aus Ochsen. Pferde wurden hauptsächlich als Reit- und Zugtiere für Eilkuriere benutzt, bei denen es sich häufig um Soldaten handelte. Die strikten Begrenzungen der Lasten, die mitgeführt werden durften, sollte die Tiere schonen und hohe Geschwindigkeiten ermöglichen. Sie lassen keine Rückschlüsse auf die in der Privatwirtschaft üblichen Lasten zu, die oft bedeutend höher waren. Die Boten gehörten den verschiedenen Bereichen der Verwaltung und des Heeres an. Je nach Dringlichkeit wurden Nachrichten im Überlandverkehr zu Fuß, im Wagen oder zu Pferd übermittelt, wobei nur in besonders eiligen Fällen ein mehrfacher Wechsel der Zug- oder Reittiere gestattet war. Auf S. 310–324 teilt Kolb zahlreiche Angaben zu den erzielten Durchschnitts- und Höchstgeschwindigkeiten mit. Fußgänger legten in der Regel 30–40 km am Tag zurück, es sind aber Spitzenleistungen bis zu 85 km überliefert. Wagenfahrten waren nicht viel schneller, wenn die Zugtiere nicht gewechselt wurden. War dies jedoch der Fall, dann steigerte sich das Tempo sehr erheblich. 80–100 km waren dann normal, doch kommen auch Fahrten mit 150, 180, ja 235 km pro Tag vor. Die höchsten Geschwindigkeiten erzielten Reiter auf Wechselpferden mit Extremwerten von fast 300 km am Tag.

Zahlreiche ältere und neuere Aufsätze aus den Federn von Mary Aiken Littauer und Joost H. Crouwel, zwei der besten Kenner des frühen Fahr- und Reitwesens, liegen nun als Sammelband vor (LITTAUER/CROUWEL 2002a). Die über 270 in Gräbern Nord- und Mittelitaliens gefundenen Streit- und Repräsentationswagen des 8. bis 5. Jahrhunderts v. Chr. (die Hälfte davon in Etrurien), haben eine gültige Gesamtdarstellung gefunden in dem prächtigen Katalog der in Viterbo gezeigten Ausstellung „*Carri di guerra e principi Etruschi*" (EMILIOZZI [Hg.] 1997). Zu den Zugtierschirrungen siehe auch den Anhang II in Band 3 des vorliegenden Werkes (S. 221–225). Zur Rekonstruktion von Rennwägen den Anhang I ebda., 217–220).

Viele wichtige Publikationen wurden dem Circus und dem Rennsport gewidmet. Hier sei vor allem hingewiesen auf die großen Sammelbände von Christian Landes zum Thema Circus im allgemeinen (LANDES [Hg.] 1990), Trinidad Nogales Basarrate und Franzisco Javier Álvarez Martinez zum Circus im römischen Spanien (NOGALES BASARRATE/ÁLVAREZ MARTINEZ [Hg.] 2001) und Giovanni Ioppolo und Giuseppina Pisani Sartorio zum Circus des Maxentius an der Via Appia (IOPPOLO/PISANI SARTORIO [Hg.] 1999). Der Circus des Maxentius darf jetzt als die besterforschte derartige Anlage gelten. Hinzu kommen der Katalog der in Hamburg, Speyer und London gezeigten Ausstellung „Gladiatoren und Caesaren" (KÖHNE/EWIGLEBEN [Hg.] 2000, darin zu den Circusrennen JUNKELMANN 2000a), die betreffenden Kapitel in Jean-Paul Thuilliers Buch über den römischen Sport (THUILLIER 1996) und in Frank Bernsteins gründlicher Darstellung der *ludi publici* (BERNSTEIN 1998), sowie der fundierte Überblick von Fik Meijer (MEIJER 2004).

Den schon öfter behandelten reichen Bestand überlieferter Namen von Rennpferden hat für den Westteil des Reiches Marta Darder Lissón wohl abschließend besprochen (DARDER LISSÓN 1996). Gegenüber den Vierbeinern waren die menschlichen Stars der Circusarena geradezu vernachlässigt worden. Diese Lücke hat nun Gerhard Horsmann in überzeugender Weise geschlossen (HORSMANN 1998; siehe dazu auch die ausführliche, im Lob geradezu hymnische Besprechung von DECKER 2001). Der Verfasser bietet erstmals eine so gut wie vollständige Prosographie aller namentlich bekannten Rennfahrer. Die große Masse der Informationen entstammt der Epigraphik. Insgesamt konnten 229 Fahrer mit Sicherheit identifiziert werden, von denen alle bis auf einen kaiserzeitlich sind, wobei die Spätantike mit 103 Individuen am stärksten vertreten ist. Zwei Drittel der Männer waren in Rom tätig, an zweiter Stelle kommen die nordafrikanischen Städte. Der Status der Fahrer (freigeboren, freigelassen, Sklave) konnte in der Mehrzahl der Fälle nicht sicher festgestellt werden, doch scheint es sich überwiegend um Sklaven und Freigelassene gehandelt zu haben. Die meisten Fahrer traten stets in ein und demselben Circus auf. Die Zugehörigkeit zu einer der *factiones* ließ sich nur in 40 % der Fälle erkennen, wobei die Grünen in Führung lagen, gefolgt von den Blauen, den Roten und den Weißen. Ein, womöglich mehrfacher, Wechsel von einer Partei zur anderen, der für die Stars des Metiers gut bezeugt ist, scheint bei der Masse der Fahrer nur selten vorgekommen zu sein. Die von Jean-Paul Thuillier festgestellte Hierarchie von erfahrenen und weniger erfahrenen Wagenlenkern hat sich bestätigt (THUILLIER 1987a). Der französische Forscher hatte bemerkt, daß die heute allgemein verwendete übergeordnete Bezeichnung *auriga* zwar die Fahrer insgesamt meinen konnte, daß sie aber vornehmlich für die weniger qualifizierten Männer verwendet wurde, denen man nur Zweispänner anvertraute (*bigarii*). Dagegen hat die häufig gebrauchte Bezeichnung *agitator* einen elitären Beigeschmack und wurde ausschließlich von Fahrern geführt, die Fahrzeuge mit mehr als zwei Zugtieren zu lenken vermochten, vornehmlich also *quadrigarii*.

Ausführlich befasst sich Horsmann mit dem rechtlichen und sozialen Status der Fahrer. Da die meisten von ihnen servilen Ursprungs waren und da sie gegen Entlöhnung sich öffentlich zur Schau stellten, unterlagen sie der Infamie. Es ergibt sich hier, wie bei den Gladiatoren, Schauspielern und Athleten, eine ambivalente Situation. Die Männer befanden sich in einem rechtlich benachteiligten, grundsätzlich verächtlichen Stand, doch wurden sie – zumindest die Stars – hoch bezahlt und geehrt und waren Lieblinge der Massen und selbst der Kaiser. Manche von ihnen leisteten sich monumentale Grabbauten in prominenter Lage, die selbst die von hohen politischen Würdenträgern in den Schatten stellten. Ich denke, daß die vielbeschworene Infamie der Wagenlenker zumindest bei den erfolgreicheren von ihnen eher theoretischer Natur war und nicht überbewertet werden sollte, wie ich das für die Gladiatoren dargelegt habe (JUNKELMANN 2007, 182–186).

Zu Recht warnt Horsmann davor, die für einige Stars überlieferten astronomischen Gagen zu verallgemeinern (HORSMANN 1998, 147–166). Wir wissen nicht, wie hoch die Abzüge durch die privatwirtschaftlich orientierten Rennclubs waren, die ja auch aus den Prämien Gewinn ziehen wollten. Die in die Tausende gehenden Einsätze der Spitzenfahrer gingen auf Kosten der Durchschnitts*aurigae*, die dementsprechend seltener an den Start gehen konnten, wodurch das große Geld auf einen ziemlich kleinen Kreis von Stars begrenzt blieb.

Schwer zu beurteilen ist die Häufigkeit böser, vor allem tödlicher Unfälle. Tausende von überlebten Auftritten sprechen dagegen, daß die Frequenz fataler *naufragia* so mörderisch gewesen ist, wie das die Ben Hur-Verfilmungen suggerieren. Merkwürdigerweise hat Horsmann in einem speziell dieser Problematik gewidmeten Aufsatz den Filmen hier ein hohes Maß an

Authentizität zugebilligt und die Brutalität sogar für untertrieben erklärt (HORSMANN 2002, vgl. dazu meine ausführliche Diskussion in JUNKELMANN 2004, 267–269). Die von Horsmann als Indiz angeführte leichte Bauweise der Wagen beweist aber m. E., daß es um Geschwindigkeit ging und nicht um eine Art von brutalem *Auto Scooting*, die Schutzkleidung zeugt von der Absicht, Verletzungen zu verhindern und nicht vom Gegenteil. Daß Unfälle besonders häufig dargestellt und beschrieben werden, trifft auch auf die moderne Sportberichterstattung zu und kann nicht als statistischer Nachweis gelten. Die mangelhaft belegte niedrige Lebenserwartung der Fahrer sagt nichts über die Tödlichkeit der einzelnen Rennen aus, da viele Fahrer hunderte, ja tausende Male an den Start gingen. So etwas wäre auch für den tüchtigsten Wagenlenker undenkbar gewesen, wären die Rennen auch nur annähernd so gefährlich gewesen, wie Hollywood und Horsmann uns vormachen wollen.

Ein dringendes Desiderat wäre die systematische praktische Erprobung des römischen Rennwagens. Das Problem besteht nicht nur darin, solche Fahrzeuge funktionsfähig zu rekonstruieren, sondern mehr noch in der Notwendigkeit, eine Fahrstrecke anzulegen, die einer römischen Circusarena entspricht, und sie über längere Zeit in einem befahrbaren Zustand zu erhalten. In dem bei Ellingen in Mittelfranken geplanten „Limespark" soll ein Circus entstehen und unter weitgehend authentischen Bedingungen regelmäßig befahren werden. Dies könnte die Gelegenheit zu sehr aufschlußreichen Experimenten schaffen.

Zum Themenbereich Jagd hat C. M. C. Green einen Aufsatz beigesteuert, in der er der Frage nachgeht, ob die verbreitete Ansicht, die Römer hätten zur Jagd ursprünglich ein abschätziges, allenfalls funktionales Verhältnis gehabt und seien erst unter griechischem Einfluß zu einer höheren Einstufung gelangt, den Tatsachen entspricht (GREEN 1996). Eine systematische Analyse der archäologischen, künstlerischen und schriftlichen Quellen zeigt nach Green jedoch, daß die Jagd schon von der Frühzeit an eine beliebte Beschäftigung der Römer und insbesondere der Oberschicht gewesen ist. Ich möchte hinzufügen, daß sie das hohe Prestige einer exklusiv adeligen Tätigkeit, wie sie es in Mittelalter und Neuzeit gewinnen sollte, nicht entwickeln konnte, weil das Jagdrecht im Prinzip uneingeschränkt allen Bevölkerungsschichten zustand. Aus ökonomischen Gründen blieben die höheren Formen der Jagd, insbesondere der Jagd zu Pferde, natürlich trotzdem auf die gesellschaftliche Elite beschränkt.

Dem römischen Reiterdenkmal hat Johannes Bergemann eine große Monographie gewidmet (BERGEMANN 1990). Er erfaßt katalogmäßig 78 derartige Monumente, die sich im Original erhalten haben, drei davon vollständig, 20 in größeren Fragmenten, der Rest in kleinen Bruchstücken. Weitere 129 Standbilder sind epigraphisch gesichert, vor allem durch Inschriften von der Basis. Die relativ meisten Statuen entstanden in der späten Republik und in der frühen Kaiserzeit. Beliebtester Aufstellungsort waren die Foren, wobei sich durch den architektonischen Kontext eine gewisse hierarchische Staffelung der solchermaßen Gelehrten ergab. Die Errichtung eines Denkmals auf öffentlichem Platz war grundsätzlich an die Genehmigung durch die städtischen Gremien gebunden. Dagegen blieb es der privaten Initiative überlassen, Statuen an nichtöffentlichen Plätzen, etwa in Heiligtümern, aufzustellen. Die Ehrung durch Reiterstandbilder stand der ganzen Oberschicht offen und war nicht an einen bestimmten Status gebunden, Freigelassenen und daher auch den Augustales scheint sie jedoch verwehrt gewesen zu sein. Bergemann unterscheidet „militärische" Reiterstatuen, die den Würdenträger in Panzer und *paludamentum* oder in Tunica und *paludamentum* zeigen, von „zivilen", bei denen die Toga getragen wird. Auch wenn die Dargestellten, wie häufig, dem Ritterstand angehörten, ließen sie sich doch nicht in der *trabea* abbilden, sondern in der *toga praetexta* und den senatorischen Stiefeln, prestigeträchtige Standesabzeichen, welche die munizipalen Amtsträger schon längst usurpiert hatten, so daß sich in den Attributen eine Nivellierung der Eliten beobachten läßt. Die zivilen Denkmäler zeigen das Pferd stets im Schritt, bei den militärischen kommt daneben weiterhin die dramatische Levade vor. Bergemann schreibt der militärischen Variante das höhere Prestige dazu.

Die häufig zu beobachtende Geste mit erhobener rechter Hand („*adlocutio*") hat schon verschiedene Deutungen erfahren. Es war wohl tatsächlich eine Bewegung mit vielschichtiger Botschaft. Vor allem signalisiert sie nach Bergemann, daß der Dargestellte persönlich eingreift und damit seine Autorität bekundet.

Die These von Sandro Stucchi, die Bronzedenkmäler von Cartoceto stellten Mitglieder des iulisch-claudischen Kaiserhauses dar, die ich in meinem Text übernommen habe, verwirft Bergemann (vgl. Abb. 183. 184). Aus stilistischen Gründen datiert er die Plastiken in die Zeit um 30 v. Chr. Dargestellt seien Mitglieder einer prominenten senatorischen oder munizipalen Familie.

Giuliana Calconi hat in ihrer Dissertation versucht, die berühmte Gruppe von Reiterstatuen zu rekonstruieren, die Lysippos von den am Granikos gefallenen Gefährten Alexanders des Großen geschaffen hat und die Caecilius Metellus Macedonicus 146 v. Chr. nach Rom brachte (CALCANI 1989). Sie bietet eine reiche Materialsammlung zu hellenistischen Reiterdenkmälern und deren antiquarischem Umfeld. Brunilde Ridgway steht der Rekonstruktion der Gruppe sehr skeptisch gegenüber und vertritt zudem die Ansicht, man habe dem Ensemble in der jüngeren Forschung größere Bedeutung beigemessen als es im Altertum besessen habe (RIDGWAY 1991).

Die von Eva Touloupa erarbeiteten Rekonstruktionsvorschläge für die in der Ägäis gefundene Reiterstatue des Augustus (TOULOUPA 1986, vgl. Abb 210) ist inzwischen von Bettina Janietz dahingehend korrigiert worden, daß der Reiter nicht auf einem schreitenden, sondern auf einem levadierendem Pferd gesessen haben muß (JANIETZ 2000). Dies ergab sich aus der Analyse eines Gegenstücks, dessen Fragemente in *Augusta Raurica* (Augst, Schweiz) entdeckt worden sind. Die Bruchstücke gehörten zu einem „Schrottfund" aus Insula 28 mit fast 1500 Einzelteilen, die von verschiedenen Statuen stammten, die auf dem Forum gestanden haben dürften, bis sie durch ein Erdbeben im 3. Jahrhundert n. Chr. so schwer beschädigt wurden, daß man auf ihre Wiederrichtung verzichtete. Außer dem wohl ins mittlere 1. Jahrhundert n. Chr. zu datierenden überlebensgroßen Standbild des Augustus auf levadierendem Pferd wurden noch Reste einer zweiten Reiterstatue gefunden, die den Mann ins Lebensgröße auf einem schreitenden Pferd zeigten. Der Dargestellte konnte nicht ermittelt werden, wahrscheinlich handelte es sich um einen städtischen Magistrat. Die mühseligen Restaurierungs- und Rekonstruktionsarbeiten vermittelten vielfache materialanalytische und herstellungstechnische Erkenntnisse, die in zwei Bänden dokumentiert wurden (JANIETZ SCHWARZ/ROUILLER 1996 und JANIETZ 2000).

Die in Misenum gefundene Statue des später in Nerva umgewandelten Domitian im Panzer auf levadierendem Pferd (vgl. Abb. 211–213) wurde mittlerweile gründlich restauriert und hat im Museo Archeologico dei Campi Flegrei in Baia effektvoll Aufstellung gefunden. Dazu liegt eine ausführliche Publikation vor (POZZI [Hg.] 1987).

Das größte Aufsehen erregte natürlich die Entfernung der Statue des Marcus Aurelius vom Capitolsplatz im Jahre 1981, ihre schwierige Restaurierung und Überführung in einen Raum im Erdgeschoß des Museumspalastes 1981–1990 und die Plazierung einer genauen Abformung an der ursprünglichen Stelle am 21. April 1997, dem 2750. Gründungstag der Stadt. Dies hat Anlaß zu zahlreichen Veröffentlichungen gegeben, die sich mit der Statue in archäologischer, historischer und kunsthistorischer Hinsicht wie auch mit den technischen Aspekten befassen, darunter zwei prächtige Sammelbände (MELLUCCO VACCARO/MURA SOMMELLA [Hg.] 1989 und ALLIANZ AG [Hg.] 1999).

Die Arbeit von Cesare Saletti über den 1796 zerstörten Regisole von Pavia hat ergeben, daß die Statue gleichfalls Marcus Aurelius auf schreitendem Pferd gezeigt hat, daß sie ursprünglich in Rom gestanden war, von Theoderich dem Großen nach Ravenna gebracht worden und im 9. oder 10. Jahrhundert schließlich nach Pavia gelangt ist (SALETTI 1997).

Dirk Erkelenz beschäftigt sich in einem Aufsatz mit einer wenig beachteten Denkmälergattung, nämlich den Ehrenstatuen, die einen Angehörigen der höheren Stände im Wagen – Biga, Quadriga, Seiuga – zeigen (ERKELENZ 2003). Die Vernachlässigung rührt wohl daher, daß sich außer Basen und Inschriften fast keine Überreste erhalten haben. Tatsächlich scheinen derartige Monumente im Westteil des Reiches recht häufig gewesen zu sein. Ohne die Exemplare zu berücksichtigen, die Kaiser und Mitglieder des kaiserlichen Hauses gezeigt haben, kann Erkelenz 27 Beispiele nachweisen, davon 16 allein in den afrikanischen Provinzen. In der Regel sind sie Provinzstatthaltern errichtet worden.

Große Aufmerksamkeit findet nach wie vor das Thema Triumphzug. In der Dissertation von Ida Östenberg werden die einzelnen Elemente der *pompa triumphalis* systematisch dargestellt und interpretiert (ÖSTENBERG 2003). Tanja Itgenshorst betont, daß die verschiedenen Beschreibungen von Triumphzügen, die auf uns gekommen sind, meist lange zurückliegende Ereignisse thematisieren und sich in Einzelheiten vielfach widersprechen (ITGENSHORST 2005). Die üblichen Darstellungen in der neueren Literatur beruhten also auf einer harmonisierenden Synthese recht heterogener Quellen. In ähnlicher Weise zieht Mary Beard den von der Wissenschaft erarbeiteten Ablauf in fast allen Punkten in Zweifel (BEARD 2007). Manches dürfte gewiß weniger gesichert sein als es erscheint, und gewiß waren die Triumphzüge über die Jahrhunderte hinweg weniger schablonisiert und größerer Gestaltungsfreiheit unterworfen als man es gerne hätte. Angesichts des ausgeprägten Traditionalismus der Römer sollte man aber, denke ich, diesen ikonoklastischen Ansatz nicht übertreiben. Wenn Beard bei einem Spaziergang auf der *Sacra Via* im Anstieg auf das Capitol Zweifel kommen, ob der Triumphwagen eine solche Steigung überhaupt schaffen konnte (ebda., 331 f.), dann ist das effekthascherische Pseudosachkritik als Selbstzweck.

Um schließlich auf „Das Pferd und die Götter" zu kommen, so wurde den Dioskuren ein großer Sammelband gewidmet, in dem mythologische und ideologische Aspekte ebenso behandelt werden wie kunsthistorische (NISTA 1994). Wichtig auch in Hinsicht auf die Entwicklung des Ritteradels ist das erneut bestätigte hohe Alter des Castor- und Pollux-Kults in Latium. Stefan Geppert hält in seiner Dissertation zwar die auf die Schlacht am See Regillus zurückgehende Traditionsbildung für einen von den Griechen übernommenen Topos und läßt die *transvectio equitum* erst im Jahre 304 v. Chr. beginnen, als sie von Q. Fabius Maximus Rullianus eingeführt wurde, und er sieht auch keine ursprüngliche Verbindung zum Kult der Iuturna (die im *lacus Iuturnae* gefundenen archaisierenden Statuen gehören erst ins späte 2. Jahrhundert v. Chr.), doch an der frühen Einführung des Dioskurenkults und ihrer Funktion als Schutzgötter der Adelsreiterei läßt er keinen Zweifel (GEPPERT 1996). Dafür spreche schon die Lage des großen Dioskurentempels innerhalb des *pomerium*. Der Autor bietet im Hauptteil einen ausführlichen Katalog aller bekannten bildlichen Darstellungen der Dioskuren aus der römischen Kaiserzeit.

Die Pferdegöttin Epona wurde für den südwestdeutschen Raum von Gabi Fellendorf-Börner behandelt (FELLENDORF-BÖRNER 1985), für das Reich insgesamt von Marion Euskirchen (EUSKIRCHEN 1993). Der lange bestrittene keltische Ursprung der Göttin darf mittlerweile als allgemein akzeptiert gelten. Im Gegensatz zu anderen Gottheiten, die aus dem keltischen Kulturbereich übernommen wurden – etwa der Iuppiter Gigas – unterlag Epona mit ihrem Namen und ihrer Funktion keiner *interpretatio Romana*, weil es einfach keine Entsprechung in der griechisch-römischen Mythologie gab. Singulär ist auch, daß sich ihr Kult weit außerhalb ihres Ursprungsgebiets über den ganzen Westen des Reiches verbreitete und auch in Rom selbst große Akzeptanz fand. Ausgelöst wurde diese Expansion vor allem durch berittene Militäreinheiten und die gleichfalls auf Reit-, Last- und Zugtiere angewiesenen Händler und Meldereiter. Schriftlich ist der Eponakult ab dem 1. Jahrhundert n. Chr. zu belegen, die bildlichen Darstellungen gehören meist dem 2. und 3. Jahrhundert an.

Zu Pegasus ist der prächtige Katalog der Hamburger Ausstellung erschienen, der sich allerdings ganz überwiegend mit der nachantiken künstlerischen Rezeption des Flügelpferdes befaßt (BRINK/HORNBOSTEL [Hg.] 1993).

Schloß Ratzenhofen, im Mai 2008

# Quellenverzeichnis


Ammianus Marcellinus, *Res Gestae,* Lateinisch-Deutsch, hrsg. und übersetzt von Wolfgang Seyfarth, 4 Bde., Berlin 1968–1971.

Apuleius von Adaura (Apuleius), *Der goldene Esel. Metamorphosen (Methamorphoseon libri),* Lateinisch-Deutsch, hrsg. und übersetzt von Eduard Brandt, München[2] 1963.

Gaius Iulius Caesar (Caesar, Bürgerkrieg), *De bello civili,* Lateinisch-Deutsch, hrsg. und übersetzt von Georg Dorminger, München[4] 1976.

Flavius Magnus Aurelius Cassiodorus (Cassiodor), *Variarum libri XII,* hrsg. von Åke J. Fridh, Turnholt 1973.

*Codex Theodosianus,* hrsg. von P. Krueger, 2 Bde., Berlin 1923–1926.

Lucius Iunius Moderatus Columella (Columella), *De re rustica libri duodecim.* Zwölf Bücher über die Landwirtschaft, Lateinisch-Deutsch, hrsg. und übersetzt von Will Richter, 3 Bde., München 1981–1983.

*Corpus Inscriptionum Latinarum,* 16 Bde., Berlin[3], 1957 ff.

Dionysios von Halikarnassos, Ῥωμαικὴ Ἀρχαιολογία *(Römische Altertümer),* benützte Ausgabe „The Roman Antiquities", Griechisch-Englisch, hrsg. von Earnest Cary, 7 Bde., London 1937–1950.

Marcus Cornelius Fronto (Fronto), *Epistulae,* hrsg. von M. P. J. van den Hout, Leiden 1954.

Claudius Hermerus (Hermerus), *Claudii Hermeri Mulomedicina Chironis,* hrsg. von Eugenius Oder, Leipzig 1901.

Herodianus Historicus (Herodian), *Historiae de imperio post Marcum,* Griechisch-Englisch, hrsg. und übersetzt von C. R. Whittaker, 2 Bde., London 1969, 1970.

*Scriptores Historiae Augustae (Historia Augusta),* Lateinisch-Englisch, hrsg. und übersetzt von David Magie, 3 Bde., London 1961–1967.

Isidorus Hispalensis (Isidor von Sevilla), *Isidori Hispalensis episcopi etymologiarum sive originum libri XX,* hrsg. von W. Lindsay, 2 Bde., Oxford 1911.

Decimus Iunius Iuvenalis (Iuvenal), *Satirae. Satires.* Lateinisch-Französisch, hrsg. und übersetzt von Pierre de Labriolle, Paris 1983.

Titus Livius (Livius), *Ab urbe condita,* Lateinisch-Deutsch, hrsg. und übersetzt von Marion Giebel, 2 Bde., Stuttgart 1981 und 1987.

Carus Titus Lucretius (Lucretius), *De rerum natura. Welt aus Atomen,* Lateinisch-Deutsch, übersetzt von Karl Büchner, Zürich 1956.

Marcus Valerius Martialis (Martial), *Epigrammata libri duodecim,* hrsg. von W. Heraeus und Jakob Barovskij, Leipzig 1976.

Maurikios (Mauricius), *Das Strategikon des Maurikios,* Griechisch-Deutsch, hrsg. von George T. Dennis, übersetzt von Ernst Gamillscheg, Corpus fontium historiae byzantinae 17, Wien 1981.

Publius Ovidius Naso (Ovid), *Amores. Liebesgedichte,* Lateinisch-Deutsch, hrsg. und übersetzt von Walter Marg, München[5] 1984.

Publius Ovidius Naso (Ovid), *Ars amatoria libri tres. Liebeskunst,* Lateinisch-Deutsch, hrsg. und übersetzt von Franz Burger, München[12] 1976.

Publius Ovidius Naso (Ovid), *Fastorum libri. Die Fasten,* Lateinisch-Deutsch, hrsg. und übersetzt von Franz Bömer, 2 Bde., 1957, 1958.

Publius Ovidius Naso (Ovid), *Metamorphoses. Metamorphosen,* Lateinisch-Deutsch, hrsg. und übersetzt von Hermann Breitenbach, Zürich 1958.

Publius Ovidius Naso (Ovid), *Tristia. Epistulae ex Ponto,* Lateinisch-Deutsch, hrsg. und übersetzt von Wilhelm Willige, 1963.

Gaius Plinius Caecilius Secundus (Plinius der Jüngere), *Epistularum libri decem. Briefe,* Lateinisch-Deutsch, hrsg. und übersetzt von Helmut Kasten, München und Zürich 1984.

Gaius Plinius Secundus maior (Plinius der Ältere), *Naturalis historiae libri XXXVII (Naturgeschichte),* Lateinisch-Deutsch, hrsg. und übersetzt von Roderich König und Gerhard Winkler, München 1973 ff.

Plutarchos von Chaironeia (Plutarch), *Vitae Parallelae,* Griechisch-Französisch, 15 Bde., Paris 1957–1979.

Gaius Sollius Sidonius Apollinaris (Sidonius Apollinaris), *Poems and Letters,* Lateinisch-Englisch, hrsg. und übersetzt von William Blair Anderson, 2 Bde., London 1936, 1965.

Gaius Tranquillus Suetonius (Sueton), *De vita duodecim Caesarum,* Lateinisch-Englisch, London 1920.

Quintus Aurelius Symmachus (Symmachus), *Relationes. Prefect and Emperor,* Lateinisch-Englisch, hrsg. und übersetzt von Reginald Haynes Barrow, Oxford 1973.

Quintus Septimius Tertullianus (Tertullian), *De spectaculis,* Lateinisch-Deutsch, hrsg. und übersetzt von Carl Becker, München[3] 1984.

Marcus Terentius Varro (Varro), *Rerum rusticarum libri tres. On Farming,* Lateinisch-Englisch, hrsg. und übersetzt von Lloyd Storr-Best, London 1912.

Publius (oder Flavius) Vegetius Renatus (Vegetius), *Digestorum artis mulomedicinae libri,* hrsg. von Ernst Lommatzsch, Leipzig 1903.
Publius Vergilius Maro, *Aeneis,* lateinischer und deutscher Text, hrsg. und übersetzt von Johannes Götte, München 1979 (1955).

Publius Vergilius Maro, *Georgica,* lateinischer und deutscher Text, hrsg. und übersetzt von Manfred Erren, Heidelberg 1985.

Xenophon, *Cynegeticus. L'art de la chasse,* Griechisch-Französisch, hrsg. und übersetzt von Edouard Delebecque, Paris 1970.

Xenophon, Περὶ ἱππικῆς. *De re equestri (Reitkunst),* Griechisch-Deutsch, hrsg. und übersetzt von Klaus Widdra, Berlin 1965.

# Literaturverzeichnis

Folgende Abkürzungen werden benutzt:

| | |
|---|---|
| ANRW | AUFSTIEG UND NIEDERGANG DER RÖMISCHEN WELT, hg. von TEMPORINI Hildegard; Berlin, New York |
| BAR, Int. Ser. | BRITISH ARCHAEOLOGICAL REPORTS, International Series |
| BJ | BONNER JAHRBÜCHER |
| DAGR | DICTIONNAIRE DES ANTIQUITÉS GRECQUES ET ROMAINES (DAREMBERG-SAGLIO) |
| JGPV | JAHRESBERICHT DER GESELLSCHAFT PRO VINDONISSA |
| JRA | JOURNAL OF ROMAN ARCHAEOLOGY |
| JRGZM | JAHRBUCH DES RÖMISCH-GERMANISCHEN ZENTRALMUSEUMS MAINZ |
| JRMES | JOURNAL OF ROMAN MILITARY EQUIPMENT STUDIES |
| JRS | THE JOURNAL OF ROMAN STUDIES |
| MEFR | MÉLANGES DE L'ÉCOLE FRANÇAISE DE ROME, Antiquité |
| RE | REALENCYCLOPÄDIE DER CLASSISCHEN ALTERTUMSWISSENSCHAFT (PAULY-WISSOWA) |
| SBJ | SAALBURG-JAHRBUCH |


ACCARDO Giorgio 1999, *Von der Restaurierung zur Kopie*, in: ALLIANZ AG (Hg.) 1999, 140–175.

ADAMS Colin, LAURENCE Ray (Hg.) 2001, *Travel and Geography in the Roman Empire*, London.

ALLIANZ AG (Hg.) 1999, *Der Reiter auf dem Kapitol*, München.

ALTHEIM Franz 1930, *Griechische Götter im alten Rom*, Gießen.

ALTHEIM Franz 1953, *Römische Geschichte*, Bd. II, Frankfurt am Main.

AMIOTTI Gabriella 2001, *Nome e origine del trionfo romano*, in: SORDI Marta (Hg.) 2001, *Il pensiero sulla guerra nel mondo antico*, Mailand, 101–108.

AMMANN Heinrich 1971, *Osteologische und osteometrische Untersuchungen an Tierknochen der römischen Militärbasis Vindonissa*, Diss. Zürich.

AMY R., DUVAL P.-M., FORMIGÉ J., HATT J.-J., PIGANIOL A., PICARD Chr. 1962, *L'arc d'Orange*, 2 Bde. (= GALLIA, 15. Supplement).

ANDERSON Alastair Scott 1984, *Roman Military Tombstones*, Aylesbury.

ANDERSON J. K. 1985, *Hunting in the Ancient World*, Berkeley.

ANDREAE Bernard 1956, *Motivgeschichtliche Untersuchungen zu den römischen Schlachtsarkophagen*, Berlin.

ANDREAE Bernard 1973, *Römische Kunst*, Freiburg, Basel, Wien.

ANDREAE Bernard 1977, *Das Alexandermosaik aus Pompeji*, Recklinghausen.

ANDREAE Bernard 1980, *Die römischen Jagdsarkophage. Die Sarkophage mit Darstellungen aus dem Menschenleben*, Berlin.

ANDREAE Bernard 1985, *Die Symbolik der Löwenjagd*, Opladen.

ANDREUSSI Maddalena 1999, *Pomerium*, in: STEINBY (Hg.) 1993–1999, Bd. 4, 96–105.

ANTIKENMUSEUM BERLIN 1988, *Kaiser Augustus und die verlorene Republik*, Ausstellungskatalog, Mainz.

AUHAND Henry 1963, *Die weißen Pferde der Camargue*, Rüschlikon-Zürich.

AULIARD Claudine 2001, *Victoires et triomphes à Rome. Droit et réalités sous la République*, Paris.

AYMARD Jaques 1951, *Essai sur les chasses romaines des origines à la fin du siècle des Antonins*, Paris.

AZZAROLI Augusto 1975, *Il cavallo nella storia antica*, Mailand.

AZZAROLI Augusto 1979, *Su alcuni resti di cavalli protostorici dell'Italia centrale*, in: STUDI ETRUSCHI 47 (Serie III) (1979), 231–236.

AZZAROLI Augusto 1980, *Venetic Horses from Iron Age Burials at Padova*, RIVISTA DI SCIENZE PREISTORICHE 35, 281–308.

AZZAROLI Augusto 1981, *An Early History of Horsemanship*, London.

BACHRACH Bernhard S. 1985, *Animals and Warfare in Early Medieval Europe*, in: SETTIMANE DI STUDIO DEL CENTRO ITALIANO DI STUDI SULL'ALTO MEDIOEVO 31 (1985), 707–764.

BALLE Gereon 1999, *Die Villa rustica von Bietigheim „Weilerlen" – ein Gestüt für Militärpferde*, in: KEMKES/SCHEUERBRANDT (Hg.) 1999, 81–83.

BALSDON J. P. V. D. 1969, *Life and Leisure in Ancient Rome*, New York.

BARCLAY Herold B. 1980, *The Role of the Horse in Man's Culture*, London, New York.

BARINI Concetta 1952, *Triumphalia*, Turin.

BAUCHHENSS Gerhard 1976, *Iuppitergigantensäulen*, (= SCHRIFTEN DES LIMESMUSEUMS AALEN 14), Stuttgart.

BAUCHHENSS Gerhard, NOELKE Peter 1981, *Die Iupitersäulen in den germanischen Provinzen* (= BJ, Beihefte 41).

BAUMEISTER Ralf 2005, *Vom Beutetier zum Gefährten. Die Archäologie des Pferdes*, Bad Buchau.

BAUMSTARK Reinhold 1999, *Das Nachleben der Reiterstatue. Vom Caballus Constantini zum exemplum virtutis*, in: ALLIANZ AG (Hg.) 1999, 78–115.

BAYERISCHES LANDESAMT FÜR DENKMALPFLEGE (Hg.) 1985, *Die Römer in Schwaben*, Katalog der Ausstellung in Augsburg 1985 = ARBEITSHEFT 27, München.

BEARD Mary 2007, *The Roman Triumph*, Cambridge MA.

BECATTI Giovanni 1957, *Colonna di Marco Aurelio*, Mailand.

BELTING-IHM Christa 1961, *Ein römischer Circus-Sarkophag*, in: JRGZM 8 (1961), 195–208.

BENDER Helmut 1975, *Römische Straßen und Straßenstationen*, (= SCHRIFTEN DES LIMESMUSEUMS AALEN 13), Stuttgart.

BENDER Helmut 1978, *Römischer Reiseverkehr. Cursus publicus und Privatreisen*, (= SCHRIFTEN DES LIMESMUSEUMS AALEN 20), Stuttgart.

*Altertum und Mittelalter, vornehmlich zur römischen Kavallerie, Teil 1*, in: PLEKOS 8 (2006), 85–142.

JUNKELMANN Marcus 2008b, *Parade und Triumphzug im Monumentalfilm*, in: OSTERKAMP (Hg.) 2008, *Wissensästhetik. Wissen über die Antike in ästhetischer Vermittlung* (TRANSFORMATIONEN DER ANTIKE), im Druck.

KÄHLER H. 1955, *Der Fries vom Reiterdenkmal des Aemilius Paullus in Delphi*, Berlin.

KAMINSKI Marie, DUNCAN Patrick 1981, *Hemotypes and Genetic Structure of Camargue Horses*, in: BIOCHEMICAL SYSTEMATICS AND ECOLOGY 9.

KANDLER Manfred (Hg.) 1997, *Das Auxiliarkastell Carnuntum 2, Forschungen seit 1989*, (= ÖSTERREICHISCHES ARCHÄOLOGISCHES INSTITUT, Sonderschriften 29, 30).

KARAGEORGHIS Vassos 1967, 1973, *Excavations in the Necropolis of Salamis*, Bd. 1, und Bd. 3, Nicosia.

KAROW Cornelia 1999, *Die Schriftlichen Quellen von M. T. Varro und L. J. M. Columella zur Pferdezucht und –haltung*, in: KEMKES/SCHEUERBRANDT (Hg.) 1999, 72–80.

KAUFMANN Bruno 1994, *Tierknochenfunde aus römischen und frühmittelalterlichen Pferdegräbern der Nordwestschweiz und ihre Deutung*, in: KOKABI/WAHL (Hg.) 1994, 374–376.

von KAYSER Bruno 1894, *Jagd und Jagdrecht in Rom*, Diss. Göttingen.

KAZAROW Gawril I. 1938, *Die Denkmäler des thrakischen Reitergottes in Bulgarien*, 2 Bde., Budapest.

KELLER C. 1923, *La faune de La Tène*, in: VONGA P., „La Tène. Monographie de la station", Leipzig (1923).

KELLER Otto 1909–1920, *Die Antike Tierwelt*, 3 Bde. und Register, Leipzig (Photomechanischer Nachdruck 1963).

KEMKES Martin, SCHEUERBRANDT (Hg.) 1999, *Fragen zur römischen Reiterei. Kolloquium zur Ausstellung „Reiter wie Statuen aus Erz. Die Reiterei am Limes zwischen Patrouille und Parade" im Limesmuseum Aalen 1998*, Stuttgart.

KIERDORF Wilhelm 1986, *„Funus" und „consecratio". Zu Terminologie und Ablauf der römischen Kaiserapotheose*, in: CHIRON 16 (1986).

KIMPEL Harald, WERCKMEISTER (Hg.) 2001, *Triumphzüge. Paraden durch Raum und Zeit*, Marburg.

KING Anthony 1978, *A Comparative Survey of Bone Assemblages from Roman Sites in Britain*, in: BULLETIN OF THE INSTITUTE OF ARCHAEOLOGY 15.

KISS A. 1984, *Archäologische Angaben zur Geschichte der Sättel des Frühmittelalters*, in: ALBA REGIA 21 (1984), 189–207.

KLEINER Fred S. 1985, *The Arch of Nero in Rome. A Study in the Roman Honorary Arch before and under Nero*, Rom.

KLUMBACH Hans 1952, *Pferde mit Brandmarken*, Festschrift des Römisch-Germanischen Zentralmuseums in Mainz, Bd. II, 1–12.

KOEPPEL Gerhard 1969, *Profectio und Adventus*, in: BJ 169 (1969).

KOEPPEL Gerhard M. 1982, *Official State Reliefs of the City of Rome*, in: ANRW II. 12. 1, Berlin, New York.

KOEPPEL Gerhard M. 1983–1986, *Die historischen Reliefs der römischen Kaiserzeit*, Teil I–IV, in: BJ (1983–1986), 183–186.

KOEPPEL Gerhard M. 1983–1989, *Die historischen Reliefs der römischen Kaiserzeit*, Teil I–VI, in: BJ (1983–1989), 183–189.

KOEPPEL Gerhard M. 1989, *Die historischen Reliefs der römischen Kaiserzeit VI*, in: BJ 189 (1989).

KÖRBER-GROHNE Udelgard 1979, *Nutzpflanzen und Umwelt im römischen Germanien*, (= SCHRIFTEN DES LIMESMUSEUMS AALEN 21), Stuttgart.

KÖRBER-GROHNE Udelgard 1987, *Nutzpflanzen in Deutschland. Kulturgeschichte und Biologie*, Stuttgart.

KÖRBER-GROHNE Udelgard, KOKABI Mostefa, PIENING Ulrike, PLANCK Dieter 1983, *Flora und Faune im Ostkastell von Welzheim*, Stuttgart.

KOKABI Mostefa 1982, *Arae Flaviae II, Viehhaltung und Jagd im römischen Rottweil*, Stuttgart.

KOKABI Mostefa 1982, *Ein Pferdeskelett aus dem römischen Reiterlager Dormagen*, in: BJ 182 (1982), 389–391.

KOKABI Mostefa 1983, *Die Tierknochenfunde aus dem Ostkastell von Welzheim*, in: KÖRBER-GROHNE u. a. 1983, Stuttgart, 89–94.

KOKABI Mostefa, WAHL Joachim (Hg.) 1994, *Beiträge zur Archäologie und Prähistorischen Anthropologie* (= FORSCHUNGEN UND BERICHTE ZUR VOR- UND FRÜHGESCHICHTE IN BADEN-WÜRTTEMBERG 53) 1994, Stuttgart.

KOLLING Alfons 1973, *Römische Kastrierzangen*, in: ARCHÄOLOGISCHES KORRESPONDENZBLATT 3 (1973).

KONDOLEON Christine 1999, *Timing Spectacles: Roman Domestic Art and Performance*, in: BERGMANN/KONDOLEON (Hg.) 1999, 321–341.

KRANDŽALOV D. 1971, *L'iconographie des reliefs du cavalier thrace et de relief du cavalier sur le rocher de Madara en Bulgarie du nord-est*, in: LATOMUS 30.

KRIER Jean 2003, *Ein neuer Reliefblock aus Bartringen und die Grabmonumente mit Reiterkampfdarstellungen an Mosel und Rhein*, in: NOELKE Peter (Hg.) 2003, *Romanisation und Resistenz*, Mainz, 255–263.

KUNST Günther K. 1997, *Equidenskelette aus dem Vorland des Auxiliarkastelles Carnuntum*, in: KANDLER (Hg.) 1997, 183–218.

KÜNZL Ernst 1988, *Der römische Triumph. Siegesfeiern im antiken Rom*, München.

LAFAYE Geoges 1892b, *Equitium*, in: DAGR 2/1 (1892), 791–794.

LAFAYE Georges 1892a, Equile, in: DAGR 2, 1 (1892), 743–745.

LAFAYE Georges 1909a, *Inventaire des mosaïques de la Gaule et de l'Afrique* I. 1, *Narbonnaise et Aquitaine*, Paris.

LAHUSEN Götz 1983, *Untersuchungen zur Ehrenstatue in Rom. Literarische und epigraphische Zeugnisse*, Rom.

LALLE Anita 1999, *La decorazione archittetonica dei* carceres, in: IOPPOLO/PISANI SARTORIO (Hg.) 1987, 257–268.

LAMB H. H. 1977, *Climate. Present, Past and Future*, 2 Bde., London.

LANDELS John Gray 1978, *Engineering in the Ancient World*, London (deutsche Übersetzung *Die Technik in der antiken Welt*, München 1989).

LANDES Christian (Hg.) 1990, *Le cirque et les courses de chars Rome-Bycance*, Katalog der Ausstellung in Lattes.

LA ROCCA Eugenio 1994, *„Memorie di Castores": Principi come Dioscuri*, in: NISTA (Hg.) 1994, 73–90.

LAUBSCHER Hans Peter 1975, *Der Reliefschmuck des Galeriusbogens in Thessaloniki*, Berlin.

LAVAGNE Henri 1990, *Courses de chars représentées sur les mosaïques*, in: LANDES (Hg.) 1990, 109–112.

LAWRENCE M. 1965, *The circus Relief at Foligno*, in: Atti del secondo convegno di studi umbri 1964, Perugia (1964), 119–135.

LEANDER TOUATI Anne-Marie 1987, *The Great Trajanic Frieze. The Study of a Monument and of the Mechanisms of Message Transmission in Roman Art* (= ACTA INSTITUTI ROMANI REGNI SUECIAE 4°, XLV), Stockholm.

LEHMANN-HARTLEBEN Karl 1923/24, *Bellerophon und der Reiterheilige*, in: MITTEILUNGEN DES DEUTSCHEN ARCHÄOLOGISCHEN INSTITUTS, Römische Abteilung 38/39 (1923/24), 264 ff.

LEIGH Matthew 1997, *Lucan. Spectacle and Engagement*, Oxford.

LEIGHTON Albert C. 1972, *Transport and Communications in Early Medieval Europe*, Newton Abbot.

LESSING Oscar 1891, *Die Gestalt der Dioskuren und ihre Attribute*, 1891.

LIEPE Hans-Ulrich 1958, *Die Pferde des Latène-Oppidums Manching*, Diss. München.

LIM Richard 1999, *In the „Temple of Laughter": Visual and Literary Representations of Spectators at Roman Games*, in: BERGMANN/KONDOLEON (Hg.) 1999, 343–365.

LIPPER Erdmute 1986, *Die Tierknochenfunde aus dem römischen Kastell Abusina – Eining, Stadt Neustadt a. d. Donau, Ldkr. Kelheim* (= BERICHT DER BAYERISCHEN BODENDENKMALPFLEGE 22/23), 1981/82, 81–160.

LITTAUER Mary Aiken 1968, *The Function of the Yoke Saddle in Ancient Harnessing*, in: ANTIQUITY 42 (1968), 27–31.

LITTAUER Mary Aiken , CROUWEL Joos H. 2002a, *Selected Writings on Chariots and Other Vehicles, Riding and Harness*, hg. von RAULING Peter (= CULTURE AND HISTORY OF THE ANCIENT NEAR EAST 6), Leiden u. a.

LITTAUER Mary Aiken 2002b, *The Military Use of the Chariot in the Aegean in the Late Bronze Age*, in: Dies. /CROUWEL 2002a, 75–105 (1972).

LITTAUER Mary Aiken und CROUWEL Joost H. 1979, *Wheeled Vehicles and Ridden Animals in the Ancient Near East*, Leiden, Köln.

LITTAUER Mary Aiken, CROUWEL Joost H. 1985, *Chariots and Related Equipment from the Tomb of Tut'Ankhamūn* (= TUT'ANKHAMŪN'S TOMB SERIES 8), Oxford.

LITTAUER Mary Aiken, CROUWEL Joost H. 1997, *Artefatti nell' Oriente Mediterraneo: Vicino Oriente, Egitto e Cipro*, in: EMILIOZZI (Hg.) 1997, 5–10.

LUFF Rosemary-Margaret 1982, *A Zooarchaeological Study of the Roman North-western Provinces* = BAR, Int. Ser. 137.

LUSCHI Lucia 1999, *Gli scavi di Antonio Nibly e la decorazione dell' Euripus*, in: IOPPOLO/PISANI SARTORIO (Hg.) 1987, 197–224.

McDERMOT B. C. 1954, *Roman Emperors in the Sasanian Reliefs*, in: JRS 44 (1954).

MAGNER René, THEVENOT Émile 1953, *Epona. Déesse Gauloise des chevaux, protectrice des cavaliers*, Bordeaux.

MALLY Edda 1974, *Bellerophon. Kompositorische und farbliche Untersuchungen am römischen Mosaik Bellerophon aus Parndorf (3. Jh. n. Chr.)*, Wien.

MALTEN Ludolf 1914, *Das Pferd im Totenglauben*, JAHRBUCH DES KAISERLICHEN DEUTSCHEN ARCHÄOLOGISCHEN INSTITUTS, Römische Abteilung 29.

MALTEN Ludolf 1923/24, *Leichenspiel und Totenkult*, in: MITTEILUNGEN DES DEUTSCHEN ARCHÄOLOGISCHEN INSTITUTS Römische Abteilung 38/39 (1923/24), 300–340.

MANCIOLI Danila 1987, *Giochi e spettacoli* = VITA E COSTUMI DEI ROMANI ANTICHI 4, Rom.

MANDORI Alberto 1982, *Anfiteatri, circhi e stadi di Roma*, Rom.

MANNSPERGER Dietrich 1982, *Annos undeviginti natus. Das Münzsymbol für Octavians Eintritt in die Politik*, in: von FREYTAG GEN. LÖRRINGHOFF Bettina (Hg.), „Praestant Interna", Festschrift für Ulrich Hausmann, Tübingen.

MAREK Josef 1898, *Das helvetisch-gallische Pferd und seine Beziehungen zu den prähistorischen und zu den recenten Pferden*, in: ABHANDLUNGEN DER SCHWEIZERISCHEN PALÄONTOLOGISCHEN GESELLSCHAFT 25 (1898).

MARIËN Marc E. 1979, *Römisches Grab mit Wagenteilen und Pferdegeschirr von Long Pont, Gem. Thorembais-Saint-Trond (Prov. Brabant, Belgien)*, in: ARCHÄOLOGISCHES KORRESPONDENZBLATT 9 (1979), 91–95.

MARKERT Dieter 1986, *Xanten, Colonia Ulpia Traiana, Grabungsbereich 82/4. Die Tierknochen aus Fundkomplex nr. 26 111*, maschinenschriftliches Gutachten.

MARKERT Dieter, EISENER Wolfram 1986, *Die Tierknochenfunde aus dem Bereich des Forums der Colonia Ulpia Traiana*, maschinenschriftliches Gutachten, München.

MARKMAN Sidney David 1969, *The Horse in Greek Art*, New York.

MARTIN Albert 1892, *Equus*, in: DAGR 2, 1 (1892), 794–804.

MARTIN Hans Günther 1987, *Römische Tempelkultbilder*, Rom.

MARTIN Michael 1986, *Les monuments équestres de Louis XIV. Une grande entreprise de propagande monarchique*, Paris.

MARTON A. 1960, *Filming the chariot-race for „Ben Hur"*, in: AMERICAN CINEMATOGRAPHER 41/2.

MASQUELIER Nicole 1966, *Pénates et Dioscures*, in: LATOMUS 25, 88–98.

MATTINGLY Harold 1953, *Some New Studies of the Roman Republican Coinage: Divine Charioteers on Reverse Types of Coins of the Roman Republic*, in: PROCEEDINGS OF THE BRITISH ACADEMY 39.

MEADOW Richard H., UEPERMANN Hans-Peter (Hg.) 1986, *Equids in the Ancient World*, Wiesbaden.

MEIJER Fik 2004, *Wagenrennen. Spektakelshows in Rome en Constantinopel*, Amsterdam.

MELUCCO VACCARO Alessandra, MURA SOMMELLA Anna (Hg.) 1989, *Marco Aurelio. Storia di un monumento e del suo restauro*, Mailand.

MENNERICH Gerhard 1968, *Römerzeitliche Tierknochen aus drei Fundorten des Niederrheingebiets*, Diss. München.

von MERCKLIN Eugen 1909, *Der Rennwagen in Griechenland*, Teil I, Diss. Leipzig (Teil II nie erschienen).

von MERHART Gero 1969, *Hallstatt und Italien. Gesammelte Aufsätze zur frühen Eisenzeit in Italien und Mitteleuropa*, Mainz.

MERLIN Alfred 1915, *Inventaire des mosaïques de la Gaule et de l'Afrique* II, *Afrique Proconsulaire (Tunisie), supplement*, Paris.

MEYER Eduard 1909, *Theopompas Hellenika*, Halle/Saale.

MEYER Heinz 1982, *Geschichte der Reiterkrieger*, Stuttgart.

MICEK Lida und Tomáš 1985, *Die zügellose Freiheit. Das Verhalten wilder Camarguepferde*, München.

MÖSENEDER Karl 1985, *Der römische Circus als Bild der Welt und des Lebens*, in: BUNGERT Hans (Hg.), *Das antike Rom in Europa*, Regensburg, 207–266.

MOLIN Michel 1984, *Quelques considérations sur le chariot des vendanges de Langres, (Haute Marne)*, in: GALLIA 42 (1984), 97–114.

MOLIN Michel 1990, *Les chars de course romains*, in: LANDES (Hg.) 1990, 149–153.

MORETTI Jean-Charles 1990, *Les courses de chars dans l'Orient grec*, in: LANDES (Hg.) 1990, 21–32.

MÜLLER Hanns-Hermann 1985, *Frühgeschichtliche Pferdeskelettfunde im Gebiet der Deutschen Demokratischen Republik* = WEIMARER BEITRÄGE ZUR UR- UND FRÜHGESCHICHTE 15, Weimar.

MÜLLER Rudolf 1967, *Die Tierknochenfunde aus den spätrömischen Siedlungsschichten von Lauriacum, II. Wild- und Haustierknochen ohne die Rinder*, Diss. München.

MÜLLER Urs A. 1990, *Das Pferd in der griechisch-keltischen Frühgeschichte*, in: HELVETIA ARCHAEOLOGICA 84, 153–166.

MÜLLER-LHOTSKA Urs Alfred 1984, *Das Pferd in der Schweiz. Von der Prähistorie bis zum ausgehenden Mittelalter*, Diss. Zürich.

MURA SOMMELLA Anna 1990, *Il Marco Aurelio in Campidoglio*, Rom.

NACHOD Hans 1909, *Der Rennwagen bei den Italikern und ihren Nachbarn*, Diss. Leipzig.

NAGEL Rebecca 1999, *Polyeices the Charioteer: Statius*, Thebais 6. 296-549, in: CLASSICAL VIEWS 42, N. S. 18 (1999), 381–396.

NEPPI MODONA Aldo 1960, *Ricerche su alcuni termini relativi ai ludi circensi*, in: COLLECTION LATOMUS 44 (1960), 562–570.

NEPPI MODONA Aldo 1961, *Gli Edifici teatrali Greci e Romani*, Florenz.

NIELSEN Inge 1993, *Castor, Aedes, Templum*, in: STEINBY (Hg.) 1993–1999, Bd. 1, 242–245.

NIELSEN Inge 1994, *Il tempio del Foro Romano: L'età republicana*, in: NISTA (Hg.) 1994, 107–112.

NISTA Leila 1994, *L'iconografia dei dioscuri del Quirinale ed il restauro di Sisto V*, in: Dies. (Hg.) 1994, 193–208.

NISTA Leila (Hg.) 1994, *Castores. L'immagine dei Dioscuri a Roma*, Rom.

NOBIS Günter 1961/62, *Zur Frühgeschichte der Pferdezucht. Die Pferde der Wikingerzeit in Deutschland, Norwegen und Island*, in: ZEITSCHRIFT FÜR TIERZÜCHTUNG UND ZÜCHTUNGSBIOLOGIE 76.

NOBIS Günter 1971, *Vom Wildpferd zum Hauspferd. Studien zur Phylogenie pleistozäner Equiden Eurasiens und das Domestikationsproblem unserer Hauspferde*, in: FUNDAMENT 6, Köln, Wien.

NOBIS Günter 1973, *Zur Frage römerzeitlicher Hauspferde in Zentraleuropa*, in: ZEITSCHRIFT FÜR SÄUGETIERKUNDE 38 (zu den Funden von Krefeld-Gellep).

NOBIS Günter 1984, *Die Geschichte des Pferdes – seine Evolution und Domestikation*, in: THEIN Peter (Hg.), „Handbuch Pferd", München, Wien, Zürich.

NOELKE Peter 1977, *Grabsteine aus dem römischen Neuss*, in: NEUSSER JAHRBUCH (1977), 5ff.

des NOËTTES R. Lefebvre 1931, *L'Attelage, le Cheval de Selle à travers les âges. Contribution à l'histoire de l'Esclavage*, Paris.

NOGALES BASARRATE Trinidad (Hg.) 2002, *Ludi Romani. Espectáculos en Hispania Romana*, Mérida.

NOGALES BASARRATE Trinidad / ÁLVAREZ MARTINEZ J. M. 2001, *Espectáculos circenses en* Augusta Emerita. *Documentos para su estudio*, in: NOGALES BASARRATE, SÁNCHEZ-PALÉNZIA (Hg.) 2001, 217–232.

NOGALES BASARRATE Trinidad, SÁNCHEZ-PALÉNZIA Franzisco Javier (Hg.) 2001, *El Circo en Hispania Romana*, Merida.

NUOFFER Oskar 1904, *Der Rennwagen im Altertum*, Teil I, Diss., Leipzig (Teil II nie erschienen).

OLIVETTI (Hg.) 1982, *Die Pferde von San Marco*, Ausstellungskatalog, Berlin.

OPPERMANN Manfred 1985, *Römische Kaiserreliefs*, Leipzig.

ÖSTENBERG Ida 2003, *Staging the World. Rome and the Other in the Triumphal Procession*, Lund.

OTTO Walter 1907, *Equi circenses*, in: RE 6, 1.

OVERBECK J. 1927, *Antike Jagd*, TUSCULUM SCHRIFTEN 12.

de PACHTÈRE F. G. 1911, *Inventaire des mosaïques de la Gaule et de l'Afrique* III, *Afrique Proconsulaire, Numidie, Maruétanie (Algérie)*, Paris.

PARISI PRESICCE 1994, *I Dioscuri Capitolini e l'iconografia dei gemelli divini in età romana*, in: NISTA (Hg.) 1994, 153–191.

PASCAL C. Bennett 1981, *October Horse*, in: HARVARD STUDIES IN CLASSICAL PHILOLOGY 85.

PATRICH Joseph 2001, *The* carceres *of the Herodian hippodrome/ stadium at Caesarea Maritima and Connections with the Circus Maximus*, in: JRA 14 (2001), 269–283.

PATRICH Joseph 2002, *Herod's Hippodrome / Stadium at Caesarea and the Games Conducted there*, in: RUTGERS L. V. (Hg.) 2002, *What has Athens to Do with Jerusalem? Essays in Honour of Gideon Foerster*, Loewen, 29–68.

PATRICH Joseph 2003, *More on the Hippodrome-Stadium of Caesarea Maritima: A Response to the Comments of Y. Porath*, in: JRA 16 (2003), 456–459.

PETERSEN E. 1900, *Die Dioskuren auf Monte Cavallo und Juturna*, in: MITTEILUNGEN DES DEUTSCHEN ARCHÄOLOGISCHEN INSTITUTS, Römische Abteilung 15 (1900), 3ff. 309ff.

PICCOTTINI Gernot 1990, *Ein Renngespann auf einem römischen Fingerring aus Völkermarkt, Kärnten*, in: NIKEPHOROS 3 (1990), 205–208.

PIEHLER Winfried 1976, *Die Tierknochenfunde aus dem spätrömischen Kastell Vimania*, Diss. München.

PIERNAVIEJA Pablo 1977, *Corpus de inscripciones deportivas de la España romana*, Madrid.

PIGANIOL André 1923, *Recherches sur les jeux romains. Notes d'archéologie et d'histoire religieuse*, Straßburg, Paris.

PIRLING Renate 1971, *Ein Bestattungsplatz gefallener Römer in Krefeld-Gellep*, in: ARCHÄOLOGISCHES KORRESPONDENZBLATT 1.

PIRLING Renate 1986, *Römer und Franken am Niederrhein. Katalog-Handbuch des Landschaftsmuseums Burg Linn in Krefeld*, Mainz.

PISANI SARTORIO Giuseppina 1987, *Sport e spettacolo in Roma antica*, in: COMUNE DI ROMA 1987, 11–15.

PISANI SARTORIO Giuseppina 1988, *Mezzi di trasporto e traffico* = VITA E COSTUMI DEI ROMANI ANTICHI 6, Rom.

PISANI SARTORIO Giuseppina 2001, *Il Circo di Massenzio: Funzionalità pubblica e privata di una struttura circense nel IV secolo*, in: NOGALES BASARRATE, SÁNCHEZ-PALÉNZIA (Hg.) 2001, 27–39.

PITT-RIVERS Augustus Henry Lane-Fox 1887–1892, *Excavations in Cranborne Chase, near Rushmore on the Border of Dorset and Wiltshire*, 3 Bde., London.

POLGE Henri 1967, *L'amélioration de l'attelage a-t-elle reéllement fait reculer le servage?*, JOURNAL DES SAVANTS.

POLLACK Erwin 1907, *Equi circenses*, in: RE 11 (6/1), 267–271.

POLZER J. 1963, *Circus Pavements*, Diss. New York.

PORATH Y. 1995, „*Herod's Amphitheatre" at Caesarea: A Multipurpose Entertainment Building*, in: HUMPHREY John H. (Hg.) 1995, *The Roman and Byzantine Near East* (= JRA Suppl. 14), 15–27.

PORATH Y. 2003, *Herod's Circus at Caesarea: A Response to J. Patrich (JRA 14, 269–83)*, in: JRA 16 (2003), 451–455.

POTRATZ H. A. 1938, *Das Pferd in der Frühzeit*, Rostock.

POTRATZ Johannes A. H. 1966, *Die Pferdetrensen des Alten Orients* = ANALECTA ORIENTALIA 41, Rom.

POULAIN-JOSIEN Thérèse 1961/62, *Les Chevaux gallo-romains découverts à Paris, rue Henri-Barbusse (II^e–IV^e siècles)*, in: ZEITSCHRIFT FÜR TIERZÜCHTUNG UND ZÜCHTUNGSBIOLOGIE 76.

POULSEN Birte 1994, *Ideologia, mito e culto dei Castori a Roma: Dall' età repubblicana al tardo-antichità*, in: NISTA (Hg.) 1994, 92–100.

POWELL T. G. E. 1971, *The Introduction of Horseriding to Temperate Europe: A Contributory Note*, in: PROCEEDINGS OF THE PRAEHISTORIC SOCIETY 37, II.

POZZI Enrica (Hg.) 1987, *La statua equestre da Miseno. Una proposta di ricompisizione*, Ausstellungskatalog Neapel, Museo Archeologico Nazionale.

QUILICI Lorenzo 1997, *Le strade carraie nell' Italia arcaica*, in: EMILIOZZI (Hg.) 1997, 73–82.

QUINN-SCHOFIELD W. K. 1966a, *Alba linea in the Circus Maximus*, in: LATOMUS 25 (1966).

QUINN-SCHOFIELD W. K. 1966b, *Ova et delphini of the Roman Circus*, in: LATOMUS 25.

QUINN-SCHOFIELD W. K. 1967, *Castor and Pollux in the Roman Circus*, in: LATOMUS 26.

QUINN-SCHOFIELD W. K. 1969, *Sol in the Circus Maximus*, in: BIBAUW Jacqueline (Hg.), „Hommages à Marcel Renard", Bd. II, Brüssel.

RADKE G. 1981, *Viae publicae* Romanae, Bologna.

RADNÓTI Aladár 1961, *Ein Jochbeschlag der römischen Kaiserzeit*, in: SBJ 19 (1961), 18–36.

RAEPSAET Georges 1979, *La faiblesse de l'attelage antique: La fin d'un mythe?*, in: L'ANTIQUITE CLASSIQUE 48, 171–176.

RAEPSAET Georges 1982, *Attelages antiques dans le nord de la Gaule – les systèmes de traction par équides*, in: TRIERER ZEITSCHRIFT 45 (1982), 215–273.

RAEPSAET Goerges 1987, *Archéologie et iconographie des attelages dans le monde gréco-romain: la problématique economique*, in: HACKENS T., MARCHETTI P. (Hg.) 1987, *Histoire économique de l'antiquité*, Louvain-la-Neuve, 29–48.

RAHNER Hugo 1945, *Griechische Mythen in christlicher Deutung*, Zürich.

RAULWING Peter 2000, *Horses, Chariots and Indo-Europeans. Foundations and Methods of Chariotry Research from the Viewpoint of Comparative Indo-European Linguistics*, Budapest.

RAWSON Elizabeth 1991, *Chariot-Racing in the Roman Republic*, in: Dies. *Collected Papers*, Oxford, 389–407.

REICHMANN C. 1985, *Neue Grabungen im Kastell Gelduba (Krefeld-Gellep)*, Ausgrabungen im Rheinland 1983/84, FÜHRER DES RHEINISCHEN LANDESMUSEUMS BONN 122.

REICHSTEIN H. 2003, *Pferd*, in: REALLEXIKON DER GERMANISCHEN ALTERTUMSKUNDE 23, 24–35.

REINACH Salomon 1895, *Epona*, in: REVUE ARCHÉOLOGIQUE 26, 163–195; 309–335.

REINACH Salomon 1922, *Répertoire des peintures grecques et romaines*, Paris.

REQUATE Horst 1962, *Tierreste aus dem römischen Kastell Asciburgium*, in: ZEITSCHRIFT FÜR TIERZÜCHTUNG UND ZÜCHTUNGSBIOLOGIE 77 (1962), 62–73.

RIDGEWAY William 1905, *The Origin and Influence of the Thoroughbred Horse*, Cambridge.

RIDGWAY Brunilde S. 1991, *The Bronze Granikos Group of Alexander and the Companions at the Porticus Octaviae*, in: JRA 4 (1991), 206–209.

RIEPL Wolfgang 1913, *Das Nachrichtenwesen des Altertums mit besonderer Rücksicht auf die Römer*, Diss. Erlangen 1911, Leipzig, Berlin.

RITTWEGER Karl 1890, *De equi vocabulo et cognomine*, Diss. Halle.

RODENWALDT G. 1940, *Römische Reliefs. Vorstufen zur Spätantike*, in: JAHRBUCH DES KAISERLICHEN DEUTSCHEN ARCHÄOLOGISCHEN INSTITUTS 55.

RODENWALDT G. 1944, *Zum Jagdsarkophag in Reims*, in: MITTEILUNGEN DES DEUTSCHEN ARCHÄOLOGISCHEN INSTITUTS, Römische Abteilung 59 (1944), 191ff.

RÖRING Christoph Wilhelm 1978, *Bemerkungen zum römischen Wagen aus Fenz, Kreis Düren*, in: ARCHÄOLOGISCHES KORRESPONDENZBLATT 8 (1978), 319 f.

RÖRING Christoph Wilhelm 1983, *Untersuchungen zu römischen Reisewagen*, Diss. Bonn 1981, Koblenz.

ROLLAND Henri 1969, *Le Mausolée dee Glanum*, in: GALLIA, 21. Supplement, Paris.

ROMMELAERE Catherine 1991, *Les chevaux du Nouvel Empire égyptien. Origines, races, harnachements* (= CONNAISSANCE DE L'ÉGYPTE ANCIENNE 3), Brüssel.

von ROQUES DE MAUMONT Harald 1958, *Antike Reiter-Standbilder*, Berlin.

ROSSITER J. J. 1990, *Stabula equorum: Evidence for Race-Horse Stables in Roman Africa*, in: „Africa du Nord antique et médiévale. Spectacles, vie portuaire, religions", Paris 1990, 41–88.

RÜPKE Jörg 1990, Domi militiae. *Die religiose Konstruktion des Krieges in Rom*, Stuttgart.

RYBERG Ignez Scott 1967, *Panel Reliefs of Marcus Aurelius* = MONOGRAPHS IN ARCHAEOLOGY AND FINE ARTS 14.

SAGLIO Edmund 1892, *Desultor*, in: DAGR 2, 1 (1892), 111–143.

SALETTI Cesare 1997, *Il regisole di Pavia* (= BIBLIOTHECA DI ATHENAEUM 35), Como.

SALLER Richard P., SHAW Brenz D. 1984, *Tombstones and Roman Family Relations in the Principate: Civilians, Soldiers and Slaves*, in: JRS 74 (1984).

SALOMONSON Jan Willem 1965, *La mosaïque aux chevaux de l'antiquarium de Carthage*, Den Haag.

SANDE Siri 1994, *Il tempio del Foro Romano: L'età Augustea*, in: NISTA (Hg.) 1994, 113–118.

SAUER-NEUBERT Angelika 1968, *Tierknochenfunde aus der römischen Zivilsiedlung in Hüfingen*, Diss. München.

SCHÄFER Michael 1980, *Andalusische Pferde. Die Pferde Spaniens und Portugals*, München.

SCHEID John, HUET Valérie 2000, *La Colonne Aurélienne. Autour de la Colonne Aruélienne. Geste et image sur la Colonne de Marc Aurèle à Rome* (= BIBLIOTHEQUE DE L'ÉCOLE DES HAUTES ETUDES, Section des Sciences réligieuses 108), Brepols.

SCHIBLER Jörg, FURGER Alex R. 1988, *Die Tierknochenfunde aus Augusta Raurica (Grabungen 1955–1974)*, FORSCHUNGEN IN AUGST 9.

SCHIBLER Jörg, SCHMID Elisabeth 1989, *Tierknochenfunde als Schlüssel zur Geschichte der Wirtschaft, der Ernährung, des Handwerks und des sozialen Lebens in Augusta Raurica* = AUGSTER MUSEUMSHEFTE 12.

SCHILLING Robert 1960, *Les Castores romains à lumière des traditions indo-européennes*, in: „Hommages à Georges Dumézil", Bd. 2 = LATOMUS 45, Brüssel, 177ff.

SCHLEIERMACHER Mathilde 1981, *Zur Ikonographie und Herleitung des Reitermotives auf römischen Grabsteinen*, in: BOREAS 4.

SCHLEIERMACHER Mathilde 1984, *Römische Reitergrabsteine. Die kaiserzeitlichen Reliefs des triumphierenden Reiters*, Diss. München 1977, Bonn.

SCHLIEBEN Adolph 1867, *Die Pferde des Altertums*, Leipzig.

SCHMID Elisabeth 1967, *Eine Pferdebestattung unter dem römischen Theater von Lenzburg*, in: JGPV 1966, 45–47.

SCHMIDT-PAULY Irene 1980, *Römerzeitliche und mittelalterliche Tierknochenfunde aus Breisach im Breisgau*, Diss. München.

SCHNEIDER Wolfgang Christian 1985, *Animal laborans. Das Arbeitstier und sein Einsatz in Transport und Verkehr der Spätantike und des frühen Mittelalters*, in: SETTIMANE DI STUDIO DEL CENTRO ITALIANO DI STUDI SULL'ALTO MEDIOEVO 31 (1985), 457–578.

SCHWAB H. 1973, *Le Rondet – eine römische Brücke im großen Moos*, in: ARCHÄOLOGISCHES KORRESPONDENZBLATT 3 (1973), 335–343.

SCULLARD Howard Hayes 1981, *Festivals and Ceremonies of the Roman Republic*, London (deutsche Übersetzung, *Römische Feste. Kalender und Kult*, Mainz 1985).

SELZER Wolfgang 1988, *Römische Steindenkmäler. Mainz in römischer Zeit*, Katalog zur Sammlung in der Steinhalle des Landesmuseums Mainz, Mainz.

SETTIS Salvatore, LA REGINA Adriano, AGOSTI Giovanni, FARINELLA Vincenzo, MONTI Eugenio 1988, *La Colonna Traiana*, Turin.

SIEDENTOPF Heinrich B. 1968, *Das hellenistische Reiterdenkmal*, Waldsassen.

SINTÉS Claude 1990, *La piste du cirque d'Arles*, in: NIKEPHOROS 3 (1990), 189–194.

SOLOMON John 1978, *The Ancient World in the Cinema*, South Brunswick.

SOPRINTENDENZA ARCHEOLOGICA PER IL LAZIO (Hg.) 1981, Università degli Studi di Roma, *Enea nel Lazio, Archeologia e mito*, Ausstellungskatalog, Rom.

SOPRINTENDENZA ARCHEOLOGICA PER LE PROVINCE DI NAPOLI E CASERTA (Hg.) 1987, *Domiziano/Nerva. La statua equestre da Miseno. Una proposta ricompisitione*, Neapel.

SPEIDEL Michael P. 1970, *The Captor of Decebalus. A New Inscription from Philippi*, in: JRS 60 (1970), 142–153.

SPEIDEL Michael P. 1978, *The Religion of Iuppiter Dolichenus in the Roman Army*, Leiden.

SPEIDEL Michael P. 1980, *Jupiter Dolichenus. Der Himmelsgott auf dem Stier* (= SCHRIFTEN DES LIMESMUSEUMS AALEN 24), Stuttgart.

SPEIDEL Michael P. 1984a, *Roman Army Studies*, Bd. 1, Amsterdam.

SPEIDEL Michael P. 1992a, *Roman Army Studies II* (= MAVOR ROMAN ARMY RESEARCHES 8), Stuttgart.

SPEIDEL Michael P. 1992b, *Germani Corporis Custodes*, in: Ders. 1992, 105–119.

SPEIDEL Michael P. 1992f, *The Shrine of the* Dii Campestres *at Gemellae*, in: Ders. 1992a, 290–297.

SPRUYTTE J. 1977, *Etudes expérimentales sur l'attelage. Contribution à l'histoire du cheval*, Paris.

SPRUYTTE J. 1983, *Early Harness Systems: Experimental Studies: Contribution to the History of the Horse*, London.

SPRUYTTE Jean 1978, *L'attelage sportif. Le quadrige de course*, in: PLAISIRS ÉQUESTRES 102 (1978), 418–424.

SPRUYTTE Jean 1997, *L'aggionamento degli equini nel mondo antico. Aspetti tecnici generali*, in: EMILIOZZI (Hg.) 1997, 69–72.

SQUARCIAPINO M. Floriani 1954, *Forme Ostiensi*, in: ARCHEOLOGIA CLASSICA (1954).

SQUARCIAPINO M. Floriani 1979, *Circhi e spettacoli circensi nelle province romane d'Africa*, in: RENDICONTI DELLA ACCADEMIA NAZIONALE DEI LINCEI 34, 275–290.

STARKE Frank 1995, *Ausbildung und Training von Streitwagenpferden. Eine hippologisch orientierte Interpretation des Kikkuli-Textes* (= STUDIEN ZU DEN BOGAZKÖY-TEXTEN 41), Wiesbaden.

STARY Peter F. 1980, *Die Bedeutung und Funktion zweirädriger Wagen während der Eisenzeit in Mittelitalien*, in: HAMBURGER BEITRÄGE ZUR ARCHÄOLOGIE 7 (1980), 7–21.

STEINBY Eva Margareta (Hg.) 1993–1999, *Lexicon Topographicum Urbis Romae*, 5 Bde., Rom.

STOLL Oliver 2001a, *Römisches Heer und Gesellschaft. Gesammelte Beiträge 1991–1999* (= MAVOR ROMAN ARMY RESEARCHES 13), Stuttgart.

STOLL Oliver 2001b, Terra pecorum fecunda, sed plerumque improcera *oder: Warum die Germanen nicht an der Blüte der Tierzucht der Römer teilhatten*, in: Ders. 2001a, 421–451.

STORCH DE GRACIA Y ASENSIO José Jacobo 2001, *Aportaciones a la iconografía de los ludi circenses en Hispania*, in: NOGALES BASARRATE, SÁNCHEZ-PALÉNZIA (Hg.) 2001, 233–257.

STREITFERDT Uwe Kurt 1972, *Osteoarchäologische Untersuchungen an Tierknochenfunden aus vier römischen Stationen im süddeutschen Raum*, Diss. München.

STUCCHI Sandro 1960, *Gruppo bronzeo di Cartoceto. Gli elementi al Museo di Ancona*, in: BOLLETTINO D'ARTE 45, 7ff.

SWEGAT Walter 1976, *Die Knochenfunde aus dem römischen Kastell Künzing – Quintana*, Diss. München.

SYME Ronald 1977, *Scorpus the Charioteer*, in: AMERICAN JOURNAL OF ANCIENT HISTORY 2.

TAVARD Christian-Henry 1975, *L'habit du Cheval. Selle et bride*, Fribourg (deutsche Übersetzung *Sattel und Zaumzeug. Das Pferdegeschirr in Vergangenheit und Gegenwart*, Fribourg, Köln 1975).

TEICHERT Manfred 1994, *Bisherige Ergebnisse der Tierknochenuntersuchungen aus der römischen Stadt Lopodunum in Ladenburg am Neckar*, in: KOKABI/WAHL (Hg.) 1994, 359–367.

THEIN Peter (Hg.) 1984, *Handbuch Pferd*, München, Wien, Zürich.

THIRGOOD J. V. 1981, *Man and the Mediterranean Forest*, London.

THUILLIER Jean-Paul 1987a, *Le programme hippique des jeux*

*romains: une curieuse absence*, in: REVUE DES ÉTUDES LATINES 65 (1987), 53–73.

THUILLIER Jean-Paul 1987b, *„Auriga/agitator": De simples synonymes?*, in: REVUE DE PHILOLOGIE 61/2 (1987), 233–237.

THUILLIER Jean-Paul 1987c, *Les desultores de l'Italie antique*, in: COMPTES RENDUS DE L'ACADÉMIE DES INSCRIPTIONS ET BELLES LETTRES 1989, 33–53.

THUILLIER Jean-Paul1990a, *L'organisation et le financement des ludi circenses au début de la République: modèle grec ou modèle étrusque?*, in: *Crises et ransformations des sociétés archaïques de l'Italie antique au V s. av. J.-C.*, MÉLANGES D'ARCHÉOLOGIE ET D'HISTOIRE DE L'ÉCOLE FRANÇAISE DE ROME 1990, Rom, 357–372.

THUILLIER Jean-Paul 1990b, *L'arigine du cirque*, in: LANDES (Hg.) 1990, 33–37.

THUILLIER Jean-Paul 1996, *Le sport dans la Rome antique*, Paris (deutsche Ausgabe: *Sport im antiken Rom*, Darmstadt).

THUILLIER Jean-Paul 1999, *Le cocher romain, son habit et son couteau*, in: NIKEPHOROS 12 (1999), 205–211.

TILL Rudolf 1939, *Britannische Streitwagen*, in: KLIO 32 (1939).

TISSOT Charles 1884, *Géographie comparée de la province romaine d'Afrique*, 2 Bde., Paris.

TORELLI Mario 1989, *Statua equestris inaurata Caesaris:* mos et ius *nella statua di Marco Aurelio*, in: MELUCCO VACCARO/MURA SOMMELLA (Hg.) 1999, 83–102.

TOULOUPA Eva 1986, *Das bronzene Reiterstandbild des Augustus aus dem Nordägäischen Meer*, in: MITTEILUNGEN DES DEUTSCHEN ARCHÄOLOGISCHEN INSTITUTS ATHEN 101 (1986), 185–205.

TOYNBEE Jocelyn Mary Catherine 1964, *Art in Britain under the Romans*, Oxford.

TOYNBEE Jocelyn Mary Catherine 1983, *Animals in Roman Life and Art*, London (deutsche Übersetzung, *Tierwelt der Antike. Bestiarium Romanum*, Mainz 1983).

TOYNBEE Jocelyn Mary Catherine, WILKINS Alan 1982, *The Vindolanda Horse*, in: BRITANNIA 13 (1982), 245–251.

TREMEL Jan 2004, *Magica agonistica. Fluchtafeln im antiken Sport* (= NIKEPHOROS Beihefte 10), 2004.

TRENCH Carles Chevenix 1970, *A History of Horsemanship*, London.

TUDOR Dimitru 1969. 1976, *Corpus monumentorum religionis equitum Danuvinorum*, 2 Bde., Leiden.

TURCAN-DELÉANI M. 1964, *Contribution à l'étude des amours dans l'art funéraire romain: les sarcophages à courses de chars*, in: MEFR 76.

UERPMANN Hans-Peter und Margarethe 1994, *Maultiere in der römischen Armee zur Zeit der Eroberungsfeldzüge in Germanien*, in: KOKABI/WAHL (Hg.) 1994, 353–357.

UERPMANN Margarethe 1973, *Pferdeskelettfunde aus dem römischen Lager Dangstetten*, in: ARCHÄOLOGISCHE NACHRICHTEN AUS BADEN 11 (1973), 12–16.

UNZ Christoph, DESCHLER-ERB Eckhard 1997, *Katalog der Militaria aus Vindonissa. Militärische Funde, Pferdegeschirr und Jochteile bis 1976* = VGPV 14, Brugg.

VANGGUARD Jens Henrik 1971, *The October Horse*, in: TEMENOS 15.

VAUX-PHALIPAU M. de 1939, *Les Chevaux merveilleux dans l'histoire, la légende, les contes populaires*, Paris.

VERMASEREN Maarten J. (Hg.) 1979, *Corpus Cultus Equitis Thracii*, Bd. I (1979), Bd. II,1 (1981), Bd. II,2 (1984) von GOVEČA Zlatozora und OPPERMANN Manfred, Bd. IV (1979) von HAMPARTUMIAN Nubar, Bd. V (1982) von CERMANOVIĆ-KUZMANOVIĆ Aleksandrina, Leiden.

VERSNEL H. S. 1970, *Triumphus. An Inquiry into the Origin, Development and Meaning of the Roman Triumph*, Leiden.

VEYNE Paul 1960, *Iconographie de la „transvectio equitum" et des Lupercales*, in: REVUE DES ETUDES ANCIENNES 62, 100–112.

VEYNE Paul 1976, *Le pain et le cirque*, Paris.

VIGNERON Paul 1968, *Le cheval dans l'antiquité Gréco-romaine (des guerres médiques aux grandes invasions). Contribution à l'hisotire des techniques*, 2 Bde., Diss. Straßburg 1967, Nancy.

VISCOGLIOSI Alessandro 1993, *Circus Flaminius*, in: STEINBY (Hg.) 1993–1999, Bd. 1, 269–272.

VITT O. 1952, *Loshadi Pazyrykskikh kurganov*, in: SOVJETSK. ARKHEOLOGIJA.

VOGEL Lise 1969, *Circus Race Scenes in the Early Roman Empire*, in: ART BULLETIN 51, 155ff.

VOGEL Lise 1973, *The Column of Antoninus Pius*, Diss. Havard 1968, Cambridge Mass.

VOGEL Martin 1973, *Onos Lyros. Der Esel mit der Leier*, ORPHEUS-SCHRIFTENREIHE 13, Düsseldorf.

WALDMANN Kurt 1966, *Die Knochenfunde aus der Colonia Ulpia Traiana, einer römischen Stadt bei Xanten am Niederrhein*, Diss. München.

WATERMAN R. 1971, *Beobachtungen an Skeletten aus Gelduba*, in: ZEITSCHRIFT FÜR ORTHOPÄDIE UND IHRE GRENZGEBIETE 109.

WEBER Carl W. 1989, *Brot und Spiele. Massenunterhaltung als Politik im alten Rom*, Herrsching (= WEEBER Karl-Wilhelm).

WEEBER Karl Wilhelm 1999, *Panem et circenses*, Mainz[2] (1994).

WEEGE F. 1909, *Oskische Grabmalerei*, in: JAHRBUCH DES KAISERLICH DEUTSCHEN ARCHÄOLOGISCHEN INSTITUTS 24, 99–162.

WEINSTOCK Stefan 1937a, *Transvectio equitum*, in: RE II/6, 2178–2187.

WEINSTOCK Stefan 1937b, *Römische Reiterparade*, in: STUDI E MATERIALI DI STORIA DELLE RELIGIONI 13 (1937), 10ff.

WEINSTOCK Stefan 1971, *Divus Julius*, Oxford.

WHITE K. D. 1975, *Farm Equipment of the Roman World*, Cambridge.

WIECZOREK Alfried, TELLENBACH Michael (Hg.) 2007, *Pferdestärken. Das Pferd bewegt die Menschheit* (= PUBLIKATIONEN DER REISS-ENGELHORN-MUSEEN 23), Mainz 2007.

WIESNER Joseph 1941, *Fahrende und reitende Götter*, in: ARCHIV FÜR RELIGIONSWISSENSCHAFT 37.

WIESNER Joseph 1968, *Fahren und Reiten* = ARCHAEOLOGIA HOMERICA I/4.

WILL Ernest 1955, *Le relief cultuel gréco-romain. Contribution à l'histoire de l'art de l'empire romain*, Paris.

WILLBURGER Nina 2007, *Die keltische Pferdegöttin Epona*, in: WIECZOREK/TELLENBACH (Hg.) 2007, 105–107.

WILLMS Christoph 1990, *Der Hausesel nördlich der Alpen*, in: SBJ 45.

WINKELMANN Fr. 1928, *Über das Hufeisen*, in: GERMANIA 12 (1928), 135–143.

WINKLER Gerhard 1975, *Bronzestandbild eines römischen Kaisers aus Ovilava (Wels)*, in: ARCHÄOLOGISCHES KORRESPONDENZBLATT 5 (1975).

WISEMAN T. P. 1974, *The Circus Flaminius*, in: PAPERS OF THE BRITISH SCHOOL AT ROME 42.

WISSOWA Georg 1912, *Religion und Kultus der Römer*, München.

WISTRAND Magnus 1992, *Entertainment and Violence in Ancient Rome. The Attitude of Roman Writers of the First Century AD*, Göteborg.

WOLF M., OPITZ D. 1935/36, *Jagd zu Pferde in der altorientalischen und klassischen Kunst*, in: ARCHIV FÜR ORIENTFORSCHUNG 10.

WOYTOWITSCH Eugen 1978, *Die Wagen der Bronze- und frühen Eisenzeit in Italien* (= PRÄHISTORISCHE BRONZEFUNDE, Abt. 17, 1), München.

WREDE Henning 1988, *Zur Trabea*, in: JAHRBUCH DES DEUTSCHEN ARCHÄOLOGISCHEN INSTITUTS 103.

WÜNSCHE Raimund 1999, *Der Kaiser zu Pferd. Zum Erscheinungsbild des Marc Aurel*, in: ALLIANZ AG (Hg.) 1999, 58–76.

YACOUB Mohamed 1983, *Etude comparative du cadre architectural dans les mosaïques de cirque de Piazza Armerina et de Gafsa*, in: CAMPANATI Raffaella Farioli (Hg.) 1980, *III Colloquio internazionale sul mosaico antico 1980*, Ravenna, 299–306.

YALOURIS Nikolas 1975, *Pegasus. The Art of the Legend*, Mobil Oil Hellas (deutsche Übersetzung, *Pegasus. Ein Mythos in der Kunst*, Mainz 1987).

YALOURIS Nikolas 1993, *Pegasus in der antiken Mythologie*, in: BRINK/HORNBOSTEL (Hg.) 1993, 27–35.

ZAHN E. 1968, *Die Igeler Säule bei Trier*, Neuss.

ZANKER Paul 1990, *Augustus und die Macht der Bilder*, München (1987).

ZWART A. J. M. 1998, *A Bridled Horse Burial from Beuningen (NL)*, in: JRMES 9 (1998), 77–84.

# *Fotonachweis*

Archäologischer Park Köngen: 277
Archäologisches Institut der Univeristät zu Köln: 113, 125, 181
Archäologisches Museum Donauwörth: 79
Archeological Museum, Kavalo: 174, 175
Archivio della Soprintendenza Archeologica di Roma: 66, 129, 263
Archivio Fotografico dei Musei Capitolini, Rom: 156, 226
R. Amy, u.a., L'Arc d'Orange, Gallia 15. Supplement: 191
Ashmolean Museum, Oxford: 60
Autor: 17, 43, 44, 45, 82, 112, 237, 238, 262
Jacques Aymard, Essai sur les chasses romaines: 157
F. Baratte, Le trésor d'orfévrerie romaine de Boscoreale, 1986: 220
Annibale Belli, Mailand: 121–124, 162, 163, 166
Bibliothèque Nationale, Paris, Service photographique: 161, 248, 279, 281, 282
Reproduced by Courtesy of the Trustees of the British Museum, London: 14, 59, 95, 138, 139, 146, 206, 207, 208, 221, 222, 232, 233, 246, 250, 251, 252, 254, 267, 268, 278
Ditta Osvald Böhm, Venedig: 217
Vincenzo Brai, Publifoto di Palermo: 164
British School at Rome: 134
Burgenländisches Landesmuseum Eisenstadt: 270.
C.A.T. Medienproduktion, L. Spiegl, J. Keh, Bamberg: Titelbild, 2, 3, 4, 5, 6, 7, 8, 9, 10, 18, 19, 30, 32, 33, 34, 35, 46, 48, 96, 116, 117, 118, 119, 120, 258, 259, 273
Charles Tissot, Géographie comparée de la province romaine d'Afrique: 39, 58, 126, 158
Colchester and Essex Museum, Colchester: 179
Comune di Foligno: 152
Deutsches Archäologisches Institut Athen: 176
Deutsches Archäologisches Institut Istanbul: 97, 132, 147
Deutsches Archäologisches Institut, Rom: 15, 16, 21, 72, 135, 151, 159, 171, 173, 186, 187, 188, 214, 223, 224, 225, 227, 231
Katherine M.D. Dunbabin, The Mosaics of Roman North Africa: 38, 114, 154, 155
Katherine M.D. Dunbabin, The Victorious Charioteer on Mosaics and Related Monuments, American Journal of Archeology: 86, 145
E.A.O. Egyptian Museum, Kairo: 274
École Française d'Archeologie Athen: 189
Edizioni Medicea, Florenz: 183, 184
G. Fittschen-Badura, Archäologisches Institut der Universität Bochum: 168
Fotografica Folia, Neapel: 185
Fotografie Bogensperger, Obernburg: 240

H.G. Frentz, Mainz: 26, 27, 28
Elmar Gehnen, Athen: 210
Mario Gerardi, Rom: 13
Familie Heberlein, Schernfeld: 260
Hessisches Landesmuseum Darmstadt: 244
Historisches Museum der Pfalz, Speyer: 216
Gawril J. Kazarow, Die Dankmäler des thrakischen Reitergottes in Bulgarien: 275, 276
Kunsthistorisches Museum Wien, Antikensammlung: 140, 265
Landesmuseum für Kärnten, Klagenfurt: 70
Landesmuseum Mainz: 177, 266
Mario Carrieri, Mailand: 245
Leonard von Matt, Buochs Schweiz: 11, 12
Metro-Goldwyn-Mayer: 49, 50, 51, 88, 90, 91
Mathias Michel, München: 36
Mønt-og Medaillesamlingen, Kopenhagen: 218, 219
Monumenti, Musei e Gallerie Pontificie, Vatikan: 86, 87, 98, 110, 133, 141, 150, 160, 167, 180
Cliché des Musées Nationaux, Paris: 65, 84, 165, 280
Musée Calvet, Avignon: 69, 256
Musée de Carthage, Carthage: 47, 55, 56, 57, 130
Musée de la Civilisation Gallo-Romaine, Lyon: 102
Musée Denon Chalon–sur–Saône: 23
Musée Granet, Palais de Malte, Aix-en-Provence: 40
Musée Historique Lorrain, Nancy: 41
Musée National des Antiquités, Algier: 178
Collection du Musée Saint-Remi de Reims: 169
Museo Civico Cristiano, Brescia: 94
Museo della Civiltà Romana, Rom: 101
Museo Guarnacci, Volterra: 228
Museo Nacional de Arte Romano, Mérida: 111, 144
Museo Provincial, Zamora: 271
Museo Nazionale, Neapel: 243
Museum Aquincum, Budapest: 229
Museum Belgrad: Abb. 83
Museum für Vor- und Frühgeschichte Frankfurt a. M.: 241
Museum of Antiquities of the University and Society of Antiquaries of Newcastle upon Tyne: 264
Museum Wiesbaden: 239
National Swedish Art Museum, Stokholm: 64
Österreichisches Archäologisches Institut Wien: 230
Parrochia, „Ss. Trinità", Osimo: 172
Giuseppina Pisani Sartorio, Mezzi di trasporto e traffico: 71, 73, 131
Pompei: 261
Prähistorische Staatssammlung München: 24, 68, 78, 80, 272
Raccolte Archeologiche e Numismatiche, Cabinetto Numismatico, Mailand: 182, 209, 247, 255
Rheinisches Landesmuseum Trier: 63, 115, 136, 153
Rheinisches Landesmuseum, Bonn: 22, 257
Römisch-Germanisches Museum, Köln: 67
Jan Willem Salomonsen, La mosaïque aux chevaux de l´antiquarium de Carthage: 52, 53, 54
Societé Archéologique de Vienne-en-Val, Photo de Guy Coste: 236

Soprintendenza Archeologica di Ostia: 81, 249
Soprintendenza Archeologica di Napoli: 211, 212, 213
Soprintendenza Archeologica per il Lazio: 253
Lothar Spree Film Productions, Frankfurt/Main: 31
M.Floriani Squarciapino, Forme Ostiensi, Archeologica Classica 1954: 137
Staatliche Gärten und Schlösser, Potsdam-Sanssouci: 170
Staatliche Münzsammlung, München: 61, 62
Staatliche Museen zu Berlin, DDR, Frühchristlich-byzantinische Sammlung: 148, 149
Stadt Augsburg, Kunstsammlungen: 215
Württembergisches Landesamt für Denkmalpflege, Stuttgart: 29

# Register

## HINWEISE ZUM REGISTER

Berücksichtigt sind Personen-, Orts-, antike Länder- und Völkernamen sowie Sachbegriffe im Text und in den Abbildungslegenden, nicht jedoch im Anhang „Zur Körpergröße römischer Pferde", im Glossar, in den Quellen-, Literatur- und Abbildungsverzeichnissen und in der Zeittafel verzeichnete und die auf Abbildungen eingetragenen.

Römische Eigennamen sind, soweit es sich um berühmte Personen handelt, unter dem geläufigsten Namensbestandteil zu finden, ansonsten unter dem *nomen gentile.*


Aalen 9, 15, 43, Abb. 29
Aalen, Stadt 12
Aberglaube 149
*abolitio memoriae* 205
Abusina siehe Eining
Actium 208, 210, Abb. 218, 219
Aderlaß 54
Adler 215, 232, Abb. 221, 222, 231, 232, 271
Adlerszepter 211, Abb. 221, 222
*adlocutio* 197, 201
Adonis 164
*adventus* 216, 217, Abb. 227
*aedes Castorum* siehe Castor-und-Pollux-Tempel
Aedilen 98, 149
P. Aelius Gutta Culpurnianus 145, Abb. 135
Aemilier 197, 200
Aemilius Paullus 185, 190, Abb. 189
Aeneas 216
*aerarium Saturni* 98
*aes signatum* 239, Abb. 267
Aesculap 94, 169, 244
Agricola 9
Agrippa 107, 114
Agrippina maior 201, Abb. 61, 62
Ägypten 128, 129, Abb. 218, 219
*ala* 28
*Ala Asturum* Abb. 23
*Ala Noricorum* Abb. 22, 177
*Ala I Thracum* Abb. 179
*Ala II Flavia miliaria pia fidelis* 9, 11, 13, 15, 43 Abb. 29
*Ala II Pannoniorum* 177, Abb. 174, 175
*ala miliaria* 46
Albanerberg siehe Mons Albus
Albanus Abb. 23
*albata decursio* Abb. 227
Alexander der Große 12, 16, 164, 180, 185, 201
Alexanderschlacht 185, Abb. 181
Alexandria 129
Amazonen 128, 243, 244
Ammianus Marcellinus 89, 92, 205
Amor Abb. 95
Amoretten siehe Eroten
Amphitheater 92, 101, 102, 103, 107, Abb. 97
Andalusier 43, 34, 36
Andreae, Bernard 164, 191
Andriskos 200
*angaria* 72
*animalia publica* 81, 84
Antilopen Abb. 158, 162
Antinoopolis 129
Antiochia 128, 129
*Antium* (Anzio) 128, 228
Antonius Pius 128, Abb. 232
Anzia 129
Apollo 95, 103, 243, 244, Abb. 138
Apotheose 219, 221, Abb. 229, 230, 231, 232
Apuleius 85, 87, 249
Apulien 33
Aquileia 128
*Aquincum* Abb. 229
Araber 34, 46, 157
Arc de Triomphe du Carrousel Abb. 217
Arcadius Abb. 97
Areion 228
Arena 107, 108, 109, 116, 127, 128, 129, 142, 154, Abb. 122
Ares 228

Arles 129
Arlon 190, Abb. 192, 193
Armenien 33
*armillae* Abb. 174, 175
*armilustrium* 228
Arvalische Brüder 128
Athen 180
Athena siehe Minerva
athletische Wettkämpfe 107
Attaliden 185, Abb. 190
Augenklappen Abb. 87
Augsburg (*Augusta Vindelicum*) 9, Abb. 215
Augst (*Augusta Raurica*) 205
Augurstab Abb. 206
*Augusta Emerita* siehe Mérida
*Augusta Raurica* siehe Augst
*Augusta Vindelicum* siehe Augsburg
*Augustalis* Abb. 99
Augustus 11, 25, 80, 85, 92, 98, 101, 103, 107, 114, 128, 134, 201, 208, 216, 219, 227, Abb. 17, 121, 123, 210, 221, 222, 268
Augustusbögen Abb. 218, 219
*auriga* 104, 114, 136, 145, 148, 149, 154, 244, Abb. 110, 113, 121, 123, 124, 129, 136, 141, 145, 146
Ausbildung 50
Auslosung 149
*auspicia* 215, 216
Auxiliartruppen 15
Aventin 16, 95, Abb. 101

Baal Abb. 265
Baatz, Dietwulf 12
Bacchus 128
Bache, Lothar 13
Bäcker, Erich jr. 12
Bad Wimpfen 9
Balbi 36
*balteus* 205
Barbarenschlachtsarkophage siehe Schlachtensarkophage
Bären 162, 244, Abb. 275, 138
Bartolozzi, Lamberto 12
Basel 205
Basilica Aemilia 30, Abb. 96, 218, 219
Bataveraufstand 42
Bauer, Friedrich 12
Bauer, Ludwig 12
Baumgartner, Claus 12
Beirut 129
Bellerophon 243, Abb. 269, 270
Ben Hur 89, 116, Abb. 49, 50, 88, 89, 90, 91
*beneficiarii* 81
Benningen 9
Benz, Max 12
Berber 46
Berlin 8
Bernini, G. Lorenzo 128
Beschälen 48
Biga, *biga* 25, 140, 142, 151, 224, 227, 228, Abb. 92, 95, 99, 113, 138, 145, 229, 243, 246, 247
*birota* 69
Bishop, M.C. 12
Böbingen 9
Bocchus Abb. 263
Boden (der Arena) 116
Bodensteiner, Werner und Elfriede 12
Boessneck, Joachim 12, 42
Bogen des Septimius Severus 30
Bogen 158
Bogenschützen 164
Borysthenes 56
Bostra 129
Bovillae 128
Boyd, Stephen Abb. 49, 50
Brand Roms 107
Brandzeichen 50
Breitfurt an der Blies Abb. 216
Bremshaken Abb. 80
Britannien 129, 180
Bronsart, Friedrich 12, 15
Bronzebarren 232, Abb. 267
Brough Abb. 259,
Brouwer, Marijke 12
Bruckner, Claudia 13
Bruckner, Gabriele 13
*Brundisium* 78
Budapest siehe *Aquincum*
Bulgarien 243
*bulla* 215
Bürgerkriege 98
Burgund 33
Bushman, Francis X. Abb. 90
Butzbach 9, Abb. 244
Byzanz 92

Q. Caecilius Metellus Pius Scipio 201
*Caelius Mons* 25, 104
Caelus Abb. 231
Caesar 39, 80, 83, 98, 103, 107, 201, 215, 227
Caesarea *Maritima* 116
Caesartempel Abb. 218, 219
Calahorra 129
*calcei patricii* 205
Caligula (Gaius) 56, 99, 116, 125, 130, 134, 154
*calo* 50, 180, Abb. 22, 177
*calx* 151
Camargue 16
Camarguepferd 9, 12, 25, 34, 43, 44, 46, 48 Abb. 30, 31, 46
Camillus 216
*Campus Flaminius* 103
*Campus Martius* 16, 128
*Camulodunum* (Colchester) Abb. 179
Canal Bianco 39
Cap Circeo Abb. 46
Cáparra 129
Capitol 25, 30, 94, 201, 207, 208, 215, 221, Abb. 234, 235, 263
Capitolsplatz 30, 205, Abb.

12, 18, 19, 209, 214
Capricorn Abb. 268
Caracalla 127, 134
*carceres* 107, 108, 109, 110, 111, 116, 127, 128, 149, 154, Abb. 102, 106–109, 110, 114, 116, 117, 152
*carpentum* 68, 78, Abb. 61, 62
*carrobalista* 72
*carruca* 69, 75, 80, Abb. 69, 80
*carruca dormitoria* 69, Abb. 67, 70
*carrus* 72, Abb. 73, 82
Cartoceto 201, Abb. 283, 284
Cassiodor 151, 154
Cassius Dio 99, 128, 131
Castor und Pollux 15, 26, 28, 94, 114, 158, 216, 232, 244, Abb. 10, 12, 13, 14, 15, 18, 59, 253, 255, 256, 258, 259, 263, 264, 265, 266
Castor-und-Pollux-Tempel 15, 26, 28, 30, 232, Abb. 6, 218, 219
Cato der Ältere 83
*cavea* 107, 127
Censoren 15
Ceres 95, Abb. 121
*Cerialia* 98
Chancengleichheit 108, 110, 149
Cherchel 129
Chieti Abb. 99
Chimäre 243, Abb. 270
Chiron 54
Chiton 244
Chlamys 244
Christen 125, Abb. 172
Christentum 89, 92, 93, 130, 244
Christus 243
Cicero 99, 197, 201
*cingulum* Abb. 243
Circus 34, 75, 80, 102–130, 232, Abb. 97, 105, 111
Circus an der Via Campana 151
Circus des Caligula und des Nero siehe Vatikanischer Circus
Circus des Maxentius 15, 46, 127, 128, 154, 228, Abb. 112, 116, 117, 118
Circus Flaminius 16, 30, 103, 131, 200
Circus Maximus 16, 25, 89, 92, 93, 94, 95, 101, 104, 107, 108, 109, 114, 116, 128, 151, 154, 208, 219, 221, 227, 228, Abb. 4, 96, 100, 101, 103, 104, 110, 121, 150, 152
Circus Varianus 127
Circusfans Abb. 132
Circusgärten 129
Circuspartei siehe *factio*
Circusspiele 80
Cirta Abb. 39
*cisiarii* 77, 78 Abb. 81
*cisium* 69, 78, Abb. 63, 65, 81
Clason, A.T. 43
Claudius 68, 80, 107, 125, Abb. 207
Claudius Gothicus 128
Tiberius Claudius Maximus 177, Abb. 174, 175
Cleander 99
*clementia* 185, Abb. 196
*clipeus* Abb. 263
Codex Theodosianus 72, 75, 81
*Cohors VII Delmatorum* Abb. 178
Colosseum 107, 108, 110, Abb. 100
Columella 32, 48, 54, 85
Commodus 134, 164, 99, Abb. 139, 161, 226
Connolly, Peter 12
Consentius 154
Constantin der Große 128, 129, 185, 205, Abb. 138, 187, 188
Constantinsbogen 25, Abb. 73, 138, 187, 188
Constantius II 111
*consualia* 93, 104, 136, 228, Abb. 96
Consul 149, 208, 219
Consus 93, 114, 128, 228
Contorniat Abb. 66
*cornicines* Abb. 187, 188
*cornu* 191
*corona etrusca* 215
*corona triumphalis* 25, Abb. 220, 221, 222
*covinnus* 69
Antal Csispes 12
Cupido 102
*currus* 142, Abb. 223, 224
*currus circensis* 68
*Currus triumphalis* 16, 68, 215, 216, Abb. 221, 222
*cursores* 81
*cursus publicus* 53, 69, 72, 78, 80, 81, 84, Abb. 85
*cursus tardus* 81
*cursus velox* 81
M. Curtius 28, Abb. 16
Cybele 244
Cyrenaica 32, 142
Cyrene 129

Daker 177, 185, Abb. 174, 175, 182
Dalmatien 33
Dämonen Abb. 128
Daphne Abb. 165
Darius 185
*decani* 114
Decebalus 177, Abb. 173, 174, 175
*decemiuga* 142, Abb. 137
*decurio* Abb. 174, 175, 177
Delphi 200, Abb. 189
Delphine 107, 114, 128, Abb. 102, 110, 150
De Meo, Tenente 13
Demosthenes 128
*desultores* 93
Dexileos 180, Abb. 176
Diadochen 80

Diana (Luna) 169, 227, Abb. 138, 162, 256
Dictator 151, 208
Diocletian 53, 128
Dionysios von Halikarnass 25, 26, 28, 107
Dionysus 244
Dioskuren siehe Castor und Pollux
Dioskurenrelief Abb. 256
Dioskurentempel siehe Castor- und Pollux-Tempel
*diplomata* 81
Diptychon Abb. 94
*dispositi* 80, 81
Distanzritt 84
Doggenart 158
Dominikus Ringeisen-Werk 12
*dominus factionis* 131, 134
Domitian 30, 111, 128, 134, 154, 205, Abb. 174, 175
Donaugebiet 180
Donner, Josef 12
Dormagen 43
Dougga 129
Drachenstandarte 193
Drack, Walter 12
van Driel-Murray, Carol 12
*dromedarii* 44
Drusus III 201
Drusus 180
*duplicarius* Abb. 174, 175, 179

Eber 162, 169, Abb. 138, 172
Echzell 9
Eckart, Karlheinz und Hilke 13
*edepol* 232
*editor spectaculorum* 130
Ei, Eier 107, 114, 128, 232, Abb. 102, 122, 123, 256
Eilkuriere 83
Eining (*Abusina*) 11, 49 Abb. 34
El Djem 110, 129
Elagabal 127, 134
Elefanten 216, Abb. 232
Ephesos Abb. 230
Epirus 3
Epona 149, 244, 249, Abb. 65, 82, 262, 236, 276, 277, 278, 279, 281, 282, 282
Eques Thracius siehe Thrakischer Reiterheros
*eques* siehe Ritter
*Equirria* 93, 103, 104, 136, 228
*Equites Singulares Augusti* 15, Abb. 187, 188
*Equus Domitiani* 30
*Equus October* 93, 104, 136
*equus publicus* 15, 28
*Equus Traiani* 205, Abb. 208
Ernährung siehe Futter
Erntedankfest 228
Eröffnungsprozession siehe *pompa circensis*
Eroten Abb. 98
Erotik 101, 102, 114, Abb. 98
Esel 72, 85, 244, 249
Esquilin Abb. 92
*essedum* 68, Abb. 64
Etrusker 89, 94, 104, 208, Abb. 143
*euripus* 107, 108, 111, 155
*evectio* 85
Ewart, J.C. 43
Exmoorpony 43
*explorator* Abb. 174, 175

*factio* 89, 102, 104, 120, 130, 140, 145, 148, Abb. 94, 113, 129, 130, 147
*factionarius* 134, Abb. 147
Fahrverbot 78
Fangnetz Abb. 158, 164
Farben siehe *factio*
*fasces* Abb. 225
*fasciae crurales* 158
*fascinum* 149, 215
Feldherr 191, 193
Feldon, Toni 12
*feminalia* 158
*ferculum* 94, Abb. 99
*feriae Latinae* 94
Filtzinger, Philipp 11
Finanzierung 85
Fischer, Thomas 12
Fjordpferd 34, 42, 43
*Flamines* 80
C. Flaminius Nepos 103
Flavier 107, 219
Flavius (Pferd) Abb. 36
Flavius Josephus 99
Flora 95
*Floralia* 98
Florus 140
Fluchtäfelchen 130, 149, Abb. 128
*Forma Urbis* 108, Abb. 103
*Fortuna equestris* 228
*Forum Boarium* 16, Abb. 3, 92
*Forum Romanum* 15, 25, 26, 219, 232, Abb. 1, 2, 5–8, 13, 17, 92, 96, 185, 218, 219, 225
Franken 42
Frankfurt am Main-Heddernheim Abb. 242, 262
Fratocchie 128
*Fratres Arvales* 151
Freigelassene 81
Froitzheim 43
*frumentarii* 81
Fuchs Abb. 154
Funk, Walter 12
Futter 50, 52, 53, 249
Fütterling, Hans-Peter 13

Gabelmann, Hanns 190
Gaius Appuleius Diocles 140
Galater 185, Abb. 190
Galen 142
Gallien 33, 128, 129, 134, 142
Gamaschen 158, Abb. 162
Garbsch, Jochen 12, 75, Abb. 68
Gardereiterei siehe *Equites Singulares Augusti*

Garten 130
Gauermann, Roland 13
Gaugamela Abb. 181
Gechter, Michael 12
Gehege Abb. 158
*Gelduba* (Krefeld-Gellep) 42, Abb. 26–28
*genius cucullatus* 169, Abb. 172
*Genius Populi Romani* Abb. 225
*Gens Iulia* 128
Hl. Georg 243
Gerasa 129
Gerlach, Gudrun 12
Germanen 39, 44, 224
Germanicus 201, 205
Gerste 52, 53, 249
Geschwindigkeit 46, 81, 83, 84
Giesler, Friedrich 12, Abb. 48
Gigantenreiter siehe *Iuppiter Gigas*
Gigantensäule siehe *Iuppiter Gigas*
Gladiatorenkämpfe 92, 99, 107, 134, Abb. 100
*Glanum* siehe Saint-Rémy-en-Provence
Godest, Jean-Pierre 12, Abb. 30
Götz, Willy 12
Gortyn 129
Granikos 16, 201
Graser-Schmidt, Gabriele 13
Grazien 94
Greipl, Egon Johannes 12
Griechen, Griechenland 48, 89, 103, 108, 110, 136, 180, 193, 197, 200, 208, 221, 228
*Grinario* siehe Köngen
Grohmann, Nikolaus 13, 190
Großes Circusrennen Abb. 121, 122, 123, 124
Großer Ludovisischer Schlachtensarkophag 191, Abb. 195
Großkönig 180, Abb. 181
Guazzoni Abb. 89, 90, 91
Gunzenhausen 9
Guttmann, Axel 9, 12
*gyrus* 50

Haaf, Peter 13
Hadrian 25, 56, 85, 164, 205, Abb. 138, 247
hadrianisch 205
Hadrianswall 9, Abb. 268
Hadrumetum 130, Abb. 38, 52, 128
Haflinger 43
Halheim 9
Halsbandschirrung 72
Hannibal 95
Hase 157, 158, Abb. 125, 126, 153, 154
Heberlein, Friedrich und Gudrun 13
Hedrich, Martin 13
Heilmann, Dagmar 12
Heilmann, Rainer 12
Heiß, Roland 12
Helena 232
Helikon 243, Abb. 274
Heliopolis 111, 125
Helm Abb. 159, 260, 264, 271
Helmbüsche 88
Hengste 42, 48, 54, 85
Herculaneum 36, 201, Abb. 243
Hercules 94, 128, 164, 219, 221, 232, Abb. 138
Herculestempel Abb. 121
Hermen 128
Herre, Wolf 12
Hersilia Abb. 231
Hesselbach 9
Heston, Charlton Abb. 50
Heu 52
Hilzheimer, Max 38
Hippodrom 103, 104, 110, 129, 134, Abb. 132, 147, 148, 149, 217
Hippokampen 228, Abb. 249
Hippokrene 243
Hippolytus 164
Hippolytussarkophag Abb. 167
Hipposandale Abb. 41
Hirsche 157, 158, 169, 216, 244, Abb. 155, 156, 158, 164, 172, 275
Höbel, Almut 13
Höbel-Gall, Marlies 13
Hochmuth, Peter 13
*honoratiores* 80
Honorius Abb. 97
Horaz 78
Hörnchensattel Abb. 177, 236
Horstmann, Peter und Frauke 9, 12
*hortator* 93, Abb. 110, 122, 145
Huber, Erwin 13
Huber, Karl 12
Hufe 52, 53
Humphrey, John H. 110, 127
Hund 87, 88, 158, 244, Abb. 126, 153, 154, 172, 275
Hunnen 33
Hüte 110

Iacopi, Irene 13
Iller-Donau-Limes 11
*imperium* 208, 215
Inchtuthil/Castra pinnata 9
Incitatus Eroticus Abb. 16, 31, 45, 46, 116
Incitatus 56
*interpretatio Romana* 224, Abb. 265
*interpretatio Graeca* 244
*introiuga* 140, 142
Iol Caesarea Abb. 178
Irminsul 224
Iseum 128
Islandponies 34, 39, 42, 43
Issos 180, Abb. 181
Italica 129

Iuliermonument siehe Saint-Rémy-en-Provence
Iulius (Pferd) 9, 16, Abb. 116
Iulius Primus, Gaius Abb. 22
*iumentarii* 77, 78
Iuno 221, 224, Abb. 99
Iuno Dolichena Abb. 265
Iuno Sospita 224, Abb. 242
Iuppiter 15, 16, 94, 95, 208, 215, 216, 219, 221, 224, 227, 232, 243, 244, 249, Abb. 59, 99, 121, 231, 233–241
Iuppiter Dolichenus Abb. 265
Iuppiter Gigas 221, 224, Abb. 236–241
Iuppiter Latiaris 94
Iuppiter Optimus Maximus siehe Iuppiter
Iuppiteradler Abb. 60, 265
Iuturna 15, Abb. 13
Iuvenal 85, 92, 136, 249

Jagd 157–173, 221, Abb. 275
Jahreszeiten Abb. 245
Jazygen Abb. 226
Joch 72, Abb. 74, 75, 142
Jonas Abb. 172
Jordan, Eduard 12
Jordanien 129
Jozzi, Giovanni 13
Juden 25, 130, Abb. 225

Kaltblüter 64, 85
Kalydonischer Eber 164
Kamel 44, 72
Kappadokien 32, 33, 48,
Karl, Werner 13
Karosserieaufhängung 75–77, Abb. 79, 80
Karthago 48, 116, 129, 130, Abb. 47, 55, 56, 57, 130
Kastration 54, 56
Kastrierzange Abb. 40
Kavallerie 15, 228, 232, 244
Kazarow, Gawril J. 243
Keh, Johannes 13
Kelten 39, 44, 68, 69, 224, 244, Abb. 240
Keltiberer 228
Kern, Ritter Georg von 12
Kern, Maria Sandor-v. 13
Kettenpanzer Abb. 236
Kleines Jadgmosaik Abb. 121, 125, 163, 164
Kleines Circusrennen Abb. 113
Klima 157
Knorr, Gertraud 12
Knorr, Heiner 12, Abb. 34
Koblenz 190, Abb. 192
Kokabi, Mostefa 12, 43
Köln Abb. 245
Köngen (*Grinario*) Abb. 36, 277
Könige 216
Konstantinopel 128, 129, 134, Abb. 37, 97, 132, 147, 148, 149, 208, 217
Korinthischer Krieg 180
Körperteile des Pferdes Abb. 20
Korsett Abb. 114, 129
Kösching 9
Kotzurek, Wolfram 13
Kraftnahrung 52
Kränze aus Olivenzweigen 28
Krefeld-Gellep siehe *Gelduba*
Kreissparkasse Aalen 12
Kreta 129, 158
Krompholz, Dieter 12
Krull, Diethelm 12
Kugelspiel Abb. 148, 149
Kultstandarte Abb. 265
Kummet 72, 75, Abb. 75, 77, 78, 238
Kunstreiter 151, Abb. 131
Künzl, Ernst 208
Kybele 95, 114, Abb. 123

*Lacus Curtius* 28, 30, Abb. 8
*Lacus Iuturnae* 28, Abb. 6, 13, 14, 15
lakonische Hunde 158
Lampadii Abb. 94
Lanuvium 201, 224
Lanze 205, Abb. 16, 208
Lasso Abb. 155
Lastwagen 72
Lateran 15, 111, 207
Latiner 26
Latinischer Bund 94
Latinus 216
Latona 128
Lavinium 232
Lebensmittelzuteilungen 92
Leda 232, Abb. 13
Lefebvre Des Noëttes, R. 75
*Legio II Augusta* Abb. 268
*Legio VII Claudia p. f.* Abb. 174, 175
Leptis Magna 110, 129, Abb. 105, 106–109, 227
*leporaria* 158
Levec, Manfred 12
*lex Iulia municipalis* 80
Libanon 129
Liber Abb. 145
Libyen 129
Licaus Abb. 178
L. Licinius Murena 201
Lictor Abb. 220, 225, 226, 228
Limes 9, 15, 48
Limesmuseum Aalen 9, 10, 11
Lion's Club 13
Lipizzaner Abb. 89, 90, 91
Livia 68, Abb. 61, 62
*loca* 110, 127
Loge 111, Abb. 121
London 129
Longinus Abb. 179
Lorch 9
Lorenzberg 42
Lorium 128
Losmaschine 149, Abb. 148, 149
Löwe 162, 164, 169, 244,

Abb. 164, 275
Löwenjagdsarkophag
Abb. 169
Lucius Verus 6, Abb. 180, 230
Lucius 134
Lucretius 142
*ludi* 25, 92, 93, 94, Abb. 94
*Ludi Apollinares* 95, 98
*Ludi Augustales* 98
*Ludi Castores* 232
*Ludi Cereri* 95
*Ludi Florales* 95
*Ludi Megalesia* 95
*Ludi Plebeii* 95, 98, 219, 221
*Ludi Romani* 94, 95, 98, 219, 221
*Ludi Saeculares* 104, 142, 154
*Ludi Taurii* 16, 93, 103,
*Ludi Victoriae* 95
*Ludi Victoriae Caesaris* 98
*Ludi Victoriae Sullanae* 98
*Lugdunum* siehe Lyon
Luna 27, Abb. 243, 246, 265
*lusus Troiae* 25
Lykien 243
Lyon (*Lugdunum*) 129, Abb. 102
Lysippos 16, 200

Maecenas 128
Mailand 128
Mainz 180, Abb. 35, 177
Mainz-Kastel Abb. 266
Maison des Chevaux (Karthago) Abb. 47, 55, 56, 57
Makedonien 16, 200, Abb. 189
Manching 38
*mannuli* 69
*mansio* 77, 81, 84, Abb. 48
*mappa* 151, Abb. 117, 118, 121, 151
Marc-Aurel-Säule 36
Marcellustheater 16, 103, Abb. 100
Marcier 197, 200
Marcus Aurelius 36, 99, 130, 140, 164, 190, 193, 201, Abb. 196, 209, 214, 226, 229, 230
Marcus Aurelius Mollicius Tatianus 140
Marcus Aurelius Polyneices 140
Marcusdom 208, Abb. 217
Marius 227
Markomannen 190, Abb. 226
Mars 93, 102, 103, 228, 232, 244, Abb. 99, 229, 250, 251, 252
Marsfeld 16, 103, 104, 131, 208, 219, 228
Marstall Abb. 131
Marstempel 28
Martial 69, 89, 136, 158
Martino, Arturo und Christel 13
Marton, Andrew Abb. 91
Maskenhelm Abb. 2
Mater Matuta Abb. 92
Maulesel 48
Maultier 32, 38, 48, 50, 64, 68, 72, 85, 104, 228, 244, Abb. 81, 85, 96
Maurer, Jürgen und Birgit 12, 16
Mauretanien 33, 142, Abb. 263
Mauricius 162
Mausoleum 127, 219
Maxentius 128, Abb. 113
Maxentiuscircus siehe Circus des Maxentius
Maximinus Thrax 83
Mayer, Horst, Familie 13
*mecastor* 232
Medusa 232
Megalesia 98
Meighörner-Schardt, Cordula 12
Meighörner-Schardt, Wolfgang 12, 15, Abb. 120
Meleager 164
Mennerich, Gerhard 43
Mennige 215
Mercur 221, 244, Abb. 92
Mérida (*Augusta Emerita*) 129, Abb. 111
Mesopotamien Abb. 174, 175
Messalina 68
Messerschmitt–Bölkow–Blohm 12
Messia 114
Meßmer, Klaus 12
*metae* 107, 108, 109, 111, 114, 148, 155, Abb. 102, 110, 117, 118, 119, 122, 123, 128, 148, 149, 151, 154, 155, 228, 245
Q. Caecilius Metellus Macedonicus 16, 200
Michelangelo Buonarotti 30, 205, 207, Abb. 12
Michieli, Monica 13
*miliarii* 140
*Miliarium Aureum* 30, Abb. 17
militärische Nutzung 46
Minerva 221, 232, 243, 244, Abb. 55, 56, 57, 226
Misenum 205, Abb. 211, 212, 213
*missus* 154
Mithras 244
Mithräums 42
Mnemosyne 94
Molosser 158
Mommsen, Theodor 93
*Mons Albus* (Albanersee) 94, 215
Monte Cavallo Abb. 258
Monteleone di Spoleto Abb. 143
Moses Abb. 172
Moskopp, Marai 12
Mühlenarbeit 85, 87, Abb. 86, 87
Müllabfuhr 80
*mulomedicus* 53
*munera* 92, Abb. 94
*municipia* 80
Münster-Sarmsheim

Abb. 257
L. Licinius Murena 201
Murrhardt 9
Musen 94, 128, 243, Abb. 274
Muskelpanzer Abb. 242
*mutationes* 77, 81, 84

Namen (von Pferden) 61, Abb. 54
Napoleon I. 83, Abb. 217
*Naufragium* 148, 152, Abb. 121 , 123, 140
Naulochos 201, Abb. 218, 219
L. Naevius Surdinus Abb. 16
Neapel 205
Neptun 102, 169, 232, 243, Abb. 226, 249
Neptunus Equester 25, 93, 114, 128, 228
Nerio Abb. 252
Nero Caesar 201, Abb. 283
Nero Claudius Drusus Abb. 207
Nero 107, 116, 125, 128, 134, 148, 151
Nerva 85, 205, Abb. 85, 211, 212, 213
Netz 158, 162, 169, Abb. 156
Newstead 43
Niblo, Fred Abb. 91
Nicomedia 129
Nike 227
Nikomedia 128, Abb. 147
Nobis, Günter 12, 42
Nordafrika 28, 29, 32 42, 48, 80, 134
Norma (*Norba*) 13, Abb. 31
Nothelfer 232
Novarro, Ramon Abb. 89, 90, 91
*Noviomagus* (Neumagen) Abb. 153
Nußbaum, Georg 12

Obelisk 111, 116, 128, 227, Abb. 102, 110, 113, 123, 146, 150, 258
Obergermanisch-Raetischer Limes 11
Obernburg 9, Abb. 240
Oberscheidental 9
Ochsen 32, 64, 68, 72, 85
Octavian Abb. 206
Octavius 216
*octoiugae* 142
Odenwaldlinie 9
Offizier 224, Abb. 169
Offizierspanzer 169
Olczak, Krzysztof 12
Öllampe Abb. 272
Olympia 103, 110, 128, 200
Olympische Götter 94
Olympische Spiele 154
Oppian 32
*oppidum* 111, Abb. 116, 121
Orange 46
Orgeln Abb. 97
*ornamenta triumphalia* 216, Abb. 221, 222
*ornatus Iovis* 215
Ostia 78, 108, 110, 232, Abb. 81, 249
*ovatio* 215
Ovid 101, 110, 142, Abb. 96
Oxyrhynchus 129

Packsattel 72
Palaestina 128, 129
Palast 127
Palatin 16, 25, 95, 111, Abb. 92, 101, 231
Palazzo Farnese Abb. 131
*paludamentum* 201, Abb. 242
Pantomimen 92, 134
Paradewagen Abb. 143
Parforcejagd 162
Paris 42, Abb. 217
*parma equestris* Abb. 16
Parndorf Abb. 270
*partecta* 110
Partei siehe *factio*
Parther Abb. 174, 175, 180, 218, 219, 221, 222, 230
Partherbogen 208
Parzen 94
Pavia 205
Paysan, Angela 9, 12
Pegasus (Sagentier) 61, 228, 232, 243, Abb. 259, 260, 267–274
Pegasus (Pferd) 16, 46, 52, Abb. 32, 45, 116, 119
Peirene Abb. 269
Peitel, Rudolf 12
Peitz-Siebner, Christa 13
Peloponnes 33
Penates 232
Pergamon 185
Perseus 232
Persien, Perser 33, 34, 80, 200
Peterskirche 116
Peterson, Dan 12, 15
*petorritum* 68
Hl. Petrus 127
Pfaud, Ludwig 12, 15
Pfeifle, Ulrich 13
Pferdefähre Abb. 53
Pferdefleisch 87
Pferdenamen siehe Namen
Pferdeopfer 228, 232
Pferdewechsel 83
Pferdewechselstation 77
Pförring 9
Pforzheim Abb. 237
Pfrogner, Gudrun 13
Pfrogner, Karl 12
Pfünz 9
*phalera* 205, Abb. 236, 273
Phallussymbol siehe *fascinum*
Pharsalus 98
Phidias Abb. 258
Philippi Abb. 174, 175
Philoxenos 180, Abb. 181
Phyromachos 185, 191
Piazza Armerina Abb. 113, 121, 122, 123, 124, 125, 162, 163, 164
Piazza del Popolo 111

Piazza Farnese 131
Piazza Navona 107, 128
Piazza Venezia 30
Picknick Abb. 163
Pietsch, Carola 12
*pilentum* 68, 78
*pilleus* Abb. 129
Pisani, Giuseppina Sartorio 13
Pitzl, Anton 12
Pius (Pferd) 9, 16, Abb. 116
Pius VI. Abb. 258
Planck, Dieter 12
Plaschke, Erich 12
*plaustrum* 72, 162
Plautus 216
*plebs* 92, 134
Plinius der Ältere 32, 87, 110, 130, 142, 148
Plinius der Jüngere 99, 100, 111, 130
Pluto 244
*podium* 108, 109, 110
Pollux (Gott) siehe Castor und Pollux
Pollux (Pferd) 9, Abb. 34, 35
Polybios 50
Polydus Abb. 136
Polyneices 140
*pomerium* 16, 78, 208, 215
*pompa circensis* 25, 94, 111, 215, 216, 227, Abb. 99, 234, 235
*pompa funebris* 219
*pompa triumphalis* siehe Triumphzug
Pompeii 69, 180, 201, Abb. 181, 185, 169
Pompeius Magnus 201
Sextus Pompeius 114
Pöpping, Bruno 12
Populonia Abb. 90
Populonius Abb. 113
Porphyrius Abb. 132, 147
*Porta Collina* 95
*porta libitinaria* 109, 154
*porta triumphalis* 16, 208, 219
*Porticus Octaviae* 16, 200
Portugal 129
Postdienst 80
Poulain-Josien 43
*Praeneste* (Palestrina) 140
*praetor urbanus* 98
Praetor 98, 100, 102, 131, 149, 208
Praetorianergarde 81
Praetorianerpraefecten 99
Praxiteles Abb. 258
*princeps* 216
*principes iuventutis* 205
*processus consularis* 219, Abb. 228
*pulvinar* 25, 94, 111, 127, Abb. 97
Punische Kriege 200
Pydna Abb. 189
Pydnastele 185

Quaden Abb. 226
Quadriga 16, 25, 94, 140, 142, 151, 154, 201, 208, 215, 219, 221, 227, 228, 232, Abb. 114, 115, 121, 134, 136, 142, 146, 147, 228, 232, 233, 234, 235 243, 244, 245, 247, 252, 257
Quadrigarennen Abb. 135
*quadrigati* 227
Quadrigatus Abb. 233
*quaestor equitum* Abb. 174, 175
Quirinal Abb. 258

Rainau 9
Ramses II 111
Ranisstorum Abb. 174, 175
Rassen 32, 34
Ratzenhofen 9, 48, Abb. 31, 31, 45
Raubkatze 162, Abb. 165
Rauch, Alfons 12
Ravenna 128, 154
Reclam-Klinkhardt, Silke 12
*reda* 69, 72, Abb. 71, 81, 83
Regia 228
Regillus, See 15, 26
Regisole 205
Reh 158, Abb. 275
Reich Abb. 283
Reise*carruca* Abb. 68
Reisetempo 78
Reisewagen 68, 69
Reiten auf Reisen 80
Reiteradel, patricischer Abb. 263
Reiterdenkmal 16, 30, 36, 180, 197–207, Abb. 11, 182–185, 200–216
Reitergrabstein 36, 177, 180, 193, Abb, 22, 23, 174–179
Reiterheros siehe Thrakischer Reiterheros
Reiterkampfreliefs, rheinländische 190, Abb. 192, 193
Reitersieger 177–197, 221
Reiterspiele 104, 107
Reiterstandbild siehe Reiterdenkmal
Reitverein Lorch 13
Remus siehe Romulus
Renaissance 205
Renn- und Springsport 34
Rennpferd 33
Rennwagen 68, Abb. 90, 245
*repagula* 111
Repräsentation 92, 98, 134, 157
Rhone 46
Rind 157
Ritter 15, 50, 131, 228, 232
Ritteradel siehe Ritter
Ritterprozessionen siehe *transvectio equitum*
Rödder, Fritz 12
Röhring, Chr. Abb. 67
Rom siehe die einzelnen Stichwörter
Roma (Göttin) Abb. 121
C. Romanius Capito Abb. 177
Romulus 1. König 89, 93, 104, 208, 216, 219, Abb. 57, 231

Romulus (Sohn des Maxentius) 127, 128
Romulusmausoleum Abb. 117, 118, 127
Rosen 249, Abb. 262
*rostra* 201, Abb. 206

S. Crocein Gerusalemme 127
S.Omobono Abb. 92
Saalburg 9, 11, 38
Sabazios 244
Sabinerinnen 104, Abb. 96
Sachse, Manfred 12
Saecular-Spiele siehe *Ludi Saeculares*
Sagunt 129
Saint-Rémy-en-Provence 46, 185, Abb. 191
Saintes 129
Salier 224
San Marco siehe Marcusdom
Santiago do Cacém 129
Sarmaten 190, 191
Sartorio, Giuseppina Pisani 13
Saturn 94
Sauerborn, Ulrich 13
Schaf 157
Schiedsrichter (*iudices*) 151
Schiedsrichterloge 111, 127
Schiele, Ignatz, Familie 12
Schiff 77, 158
Schilde 158
Schildkröte 193
Schimmel 15, 46, 216, 221, 227
Schindlbeck, Georg 12
Schirenhof 9
Schirrung 75, 142, Abb. 142
Schlachtengemälde 180, 185, Abb. 181
Schlachtensarkophage 190–193, Abb. 190, 194, 195
Schlachtordnungen 193
Schlachtung 87
Schlange Abb. 256, 276
Schlaufenschleuder 158
Schmidt, Wolfgang 2
Schnierle, Hermann 12
Schöttl, Maria 13
Schuster, Rupert, Familie 13
Schuster, Wolfgang 12, 15, Abb. 33
Schutzkleidung Abb. 158
Schwan 232
Schwein 157
Schwerdtner, Eberhard 13
Scirtus 145
Scorpus 136, 140, Abb. 134
Seia 114
*seiuga* 140, 142
Seligenstadt 9
*sella curulis* Abb. 228
Senat 215
Senatoren 80, 110
senatorischer Adel 198, 216
Senatspartei Abb. 263
Septimius Severus 81, Abb. 217
Septimius Severus–Bogen 30, Abb. 1
Sessorium 127
Sétif 129
Shetland-Pony 44
Shorer, Peter 12
Sidonius Apollinaris 154
Siegerehrung 154, Abb. 121, 124, 145
Silvanus 244, Abb. 138
Simkins, Michael 12, Abb. 259, 260
Sirmium 28
Sitzstufen 110
Sixtus V. Abb. 258
Sizilien 32, 33, 34, 48, 158
Sklaven 80, 81
Skyphios 228
Skythen 200
Sol 25, 216, 227, Abb. 217, 243, 244, 245, 257, 265
Solutréen-Pferd 46
Solymer 243
Sonnengott 128, 143, Abb. 230, 231
Sonnensegel 110
Sorraiapferd 34, 43
*Sorviodurum* siehe Straubing
Sousse 128
Spanien 32, 33, 34, 48, 128, 129, 134, 142, 157
*sparsor* 152, Abb. 110, 113 122, 123
Sparta 142, 232
*speculatores* 81, Abb. 83
Spiegl, Lynn 13
Spielmarke Abb. 133
Spieß 158
*spina* 25, 103, 107, 108, 109, 111, 114, 125, 128, 151, 154, 227, Abb. 94, 110, 113, 123, 146, 147, 150
Spree, Lothar 13
Staatspost siehe *curus publicus*
Staatssklave 216
Staatsstraßen 84
*stabula factionum* 131
Stadion 102, 103, Abb. 97
Stadium des Domitian Abb. 100
Städtler, Michael 13
Stall 52, 53
Stallburschen Abb. 54
Startboxen siehe *carceres*
Starttore 89, 102, 107, Abb. 102, 106–109, 11
Statussymbole 32
Sterne 232
Stheneboia 243
Stier 162, 208, Abb. 275
Strabon 32
Straßennetz 77
Straßensystem 84
Strategikon des Mauricius 162
Straubing (*Sorviodurum*) Abb. 272
Streitwagen 39, 68
Stroh, Wilfried 12, 28
Sueton 56, 80
Sulla 95, 98, 201, 227, Abb. 263
Suntal, Otto 13
Symmachus 149
Syrien 128, 129

*tabellarii* 80
*tabernae* 107
Tacitus 42, 87
Taranis 224, Abb. 240
Tarentum 104
Tarquinius Priscus 208
Tarragona 129
Taurus (Pferd) 16, Abb. 116, 120
Tempel Abb. 234, 235
Tempel der Dioskuren siehe Castor-und-Pollux-Tempel
Tempel der Venus und der Roma 25
Tempel des Antoninus Pius und der Faustina 26, Abb. 13
*tensa* 68, 94, 221, Abb. 59, 60, 150, 221, 222
Terentius Scaurianus Abb. 174, 175
Tertullian 89, 93, 100, 101, 149, 249
Tetrarchen 127, 128, 129
Theater 101, 102, 103
Theaterspiele 134
Theben 111
Theodosius der Große Abb. 97
Thessalien 33, 142
Thessaloniki 128, 129
Thrakien 32, 243, 244
Thrakischer Reiterheros 243, 244, Abb. 275, 276
Thugga Abb. 114
Thüringer 33
Thutmosis III. 111
Thysdrus Abb. 121, 126
Tiber 103, 104
Tiberius 98, 205, 216, Abb. 220
*tibialia* 158
Tierarzt 53, 54, 81
Tierhetzen siehe *venationes*
Tierkreiszeichen 114, Abb. 232, 257
Tierliebe 56
Tierschauen 107, Abb. 100
Titus 25, 107, 216, Abb. 223, 224, 225
Titusbogen 15, 25, Abb. 5, 225
Toga 110
*toga picta* 215, Abb. 221, 222
*toga praetexta* 28, 151
*togatus* Abb. 99, 228
Toledo 129
*torques* 156, Abb. 174, 175, 220
Torsionsgeschütze 88
Torsionssystem 111
Totila 92
*trabea* 15, 28
Tragtiere 72, Abb. 72
Traian 36, 85, 107, 108, 110, 111, 185, 191, 193, Abb. 182, 187, 188, 208, 283
Traiansforum 205, Abb. 208
Traianssäule 30, 177, 193, Abb. 21, 173
*transvectio equitum* 15, 28, 30
Treibjagd 162, 169, Abb. 164
Treibjagdsarkophag Abb. 170, 171, 172
*tribunal iudicum* siehe Schiedsrichterloge
*tribunal* 149, 151, 154
Trier (*Colonia Augusta Treverorum*) 128, 129, Abb. 63, 136
Trierer Amphitheater Abb. 115
*triga* 104, 140, 142, Abb. 92
Trigarium 103, 104, 131
*Trimontium* siehe Newstead
Triumph 208–219, Abb. 225, 226, 229
Triumphator 80, 94, 221
Triumphbogen 107, 208, Abb. 207
Triumphquadriga 208, 219 Abb. 217, 220
Triumphzug 16, 25, 30, 93, 94, 103, 208–219, Abb. 220, 225, 226, 234, 235
Troianisches Pferd 232
Tropaeum 191, Abb. 194, 229
Trost, Helfried 12
*tuba* 191
Tubabläser (*tubicen*) 155, Abb. 99, 121, 124, 187, 188, 226
Manius Tullius Longus 215
Tunica 158, 201, 205, Abb. 114, 129
*tunica palmata* 215, Abb. 221, 222
Türken 157
*turma* 16, 201
Tusculum 130, 232
Tyrus 129

Übereinanderstaffeln 190
Ulbert, Günther 12
Urne 100
Utica 129

Valkenburg Z. H. 43
Varro 32, 50 53, 54
Vatikanischer Circus 116, 125, 127
Vegetius 32, 33, 34, 52, 53, 54
Veii 216, 221, Abb. 92
Velleius Paterculus 197
Velletri Abb. 92
*venationes* 56, 92, 107, 134, 157, 162, Abb. 94
*venator* 169
Venatorsarkophag Abb. 168
Venedig 208, Abb. 217
Venezianer 158
Venus 102, 128, 169, Abb. 95
Venus Genetrix 98
*veredus* 81
Vergil 25, 48, 50
Verlag Philipp von Zabern 10, 12, 13
Verona 9
*vertragus* 158

Verus 134
Vespasian Abb. 268
Vestalinnen 68, 80
*vestes quadrigariae* Abb. 129
*veterinarius* 53
Veterinärwesen 53, 5
*vexillum* 28, Abb. 174, 175, 187, 188
Via Appia 16, 127, 128, Abb. 64, 112, 116, 133
Via Campana 128
Via Flaminia 136
Via Sacra 25, 26, 30, 208, Abb. 5
Victoria 25, 102, 128, 197, 205, 221, 227, 232, Abb. 60, 99, 110, 122, 187, 188, 225, 229, 230, 233, 247, 265
Victoria Augusti 227
Vienna 129, Abb. 236
Viergötterstein 221
*vir felix* 215
Virtus 169, Abb. 169, 187, 188, 225
Vitellius 134
*vivaria* 158
Vollblut 34
Volterra Abb. 228
*Volucer* 56
Vormann, Luise 12

Wagen 68–72, 142–145, 211–215
Wagenlenker siehe *auriga*
Wagenrennen 25, 89–156
Wälder 157, 158
Waldmann, Kurt 43
Waldwirtschaft siehe Wälder
Walheim 9, Abb. 237
Wasserbecken 128
Weide 52, Abb. 37, 38
Weißenburg in Bayern 9, Abb. 33
Weißenhof-Löchgau Abb. 238
Weißlinie Abb. 102
Welsh Cob 43
Welsh-Mountain-Pony 39
Welzheim 9
Wendepfosten 103
Wesseling-Keldenich 190, Abb. 192
Wetten 100, 101
Widerristhöhe 38, 42
Wien 84
Wiesbaden-Schierstein Abb. 239
Wildeberkot 148
Wildgehege 158
Wildschwein 157, 158, 244
Wildschweinjagd Abb. 157
Windhund 158
Wirkmesser 53, Abb. 42
Wirtin Abb. 84
Wochengötter 221
Woltz, Jürgen 12
Wörner, Isolde 3
Wurfhölzer 158
Wurfspeer 158, 162, 244
Württembergisches Landesmuseum 11
Wyler, William Abb. 50, 89, 90, 91

Xanten 43
Xenophon 50

Yakima Canutt Abb. 89, 90, 91

Zamora Abb. 271
Zeh, Siegbert 13
Ziege 157
Ziellinie 111, Abb. 102
Zierer, Georg und Hannelore, Familie 9, 12
Zierfibeln Abb. 24, 25
Zucht 48
Zügelführungsringe Abb. 78